Ich bin da

Religion 2
Lehrerhandbuch

Mit Kopiervorlagen

Erarbeitet von
Friedrich Fischer, Wolfgang Gies,
Monika Oesterwind, Peter Ueter

Illustriert von
Julia Flasche

Ⓐ Auer Verlag GmbH

Verwendete Abkürzungen:

OHP = Overhead-Projektor
EA = Einzelarbeit
PA = Partnerarbeit
GA = Gruppenarbeit
RU = Religionsunterricht
AT = Altes Testament
NT = Neues Testament
GL = Gotteslob
SB = Schülerbuch
M = Materialien

Gedruckt auf umweltbewusst gefertigtem, chlorfrei gebleichtem
und alterungsbeständigem Papier.

1. Auflage 2007
Nach den seit 2006 amtlich gültigen Regelungen der Rechtschreibung
© by Auer Verlag GmbH, Donauwörth
Umschlagfoto: Volker Minkus, MINKUSIMAGES
Satz: Fotosatz H. Buck, Kumhausen
Druck und Bindung: Kessler Druck + Medien GmbH, Bobingen
ISBN 978-3-403-03826-9

www.auer-verlag.de

Inhalt

Fachdidaktische Leitlinie

Die „Verdunstung des Religiösen" in unserer Gesellschaft ist längst auch in der Grundschule angekommen. Der mangelnde oder gar fehlende Verständnishintergrund für religiöses Lernen erschwert oder verstellt sogar manchenorts die unmittelbare Vermittlung religiöser Bildungsinhalte im RU.

Die Symboldidaktik versucht mit ihrer mehrdimensionalen Sichtweise der Wirklichkeit, den Verlust an Zugänglichkeit zur religiösen Dimension und Transzendenz aufzufangen. Sie betont die große Bedeutung der Symbolsprache für die religiöse Ausdrucksfähigkeit. Doch längst haben die Werbeindustrie und die neuen Medien dieses Terrain erobert. Zentrale Symbole der Glaubensüberlieferung vom Brot bis zu Madonna wurden umgedeutet, neu besetzt, trivialisiert und entleert. „Immer da – immer nah" erscheinen Kindern die Werbeengel mit ihren Konsumappellen, sodass auch die religiöse Metapher in diesen alles verschleißenden Sog der Banalität gerät.

Die Korrelationsdidaktik hat die Beziehung zwischen Erfahrung und Glaube, Lebenswirklichkeit und Glaubensüberlieferung fokussiert. Schrittweise wurde dieser Vermittlungsprozess immer mehr vom Kind aus gesehen. Inzwischen weiß die Religionspädagogik um den Wert der Beziehungen der Lernenden untereinander beim Lernen im gruppendynamischen Spannungsgeflecht. Kommunikative und kooperative Lernmöglichkeiten sind gefragt, um Kinder in eine konstruktive, ganzheitliche und handlungsorientierte Auseinandersetzung mit dem „Glaubensgut" zu bringen.

Wenn Religion das ist, was Menschen unbedingt angeht, was kommt bei den Kindern wirklich an von all den Bildungsansprüchen? Und warum prallen religiöse Bildungsangebote an den Kindern ab? Welche Verfahren bieten sich aus Lehrersicht an, eine quirlige Lerngruppe in einen fruchtbaren Interaktions- und Kooperationsprozess zu den Inhaltsangeboten des RUs zu führen und zu begleiten?

Eine Hermeneutik der Aneignung ist heute stärker gefragt als eine traditionelle Vermittlungsdidaktik und sucht Antworten auf die Fragen einer Religionspädagogik vom Kind aus:

- In welcher Sprache reden Kinder über das, was ihnen bedeutsam und wichtig ist?
- Welche großen und kleinen Fragen beschäftigen sie und lassen sie hellhörig werden für Antworten aus dem Glauben?
- Wie bilden sich Kinder heute ihr Selbst-, Welt- und auch Gottesbild in einer säkularisierten, globalisierten und multikulturellen Gesellschaft?
- Wie treten sie in Beziehung zu den Inhalten und Werten christlicher Überlieferung?
- Wie lernen sie miteinander, Gott und die Welt, sich selbst mittendrin in einem komplexen sozialen Gefüge zu deuten und zu verstehen?

Es geht so weniger um „Erinnerungslernen" als um das eigene, individuelle Sehen und Entdecken, Fragen und Verstehen, Wahrnehmen und zum Ausdruck bringen, Träumen und Fantasieren, Vertrauen und sich Einlassen, um aus der Glaubensüberlieferung heraus das eigene Leben, den eigenen Lebensraum sinnvoll mitzugestalten und einen eigenen Standpunkt zu finden. Sinnstiftendes Lernen ist aber nur in sinnvollen Zusammenhängen denkbar. Die Komplexität der Lebenswelt erschwert dabei allerdings die Verständigung.

Das zwingt zur Elementarisierung. So geht es auch in unserem Unterrichtswerk um elementare Lernformen, elementare Erfahrungen und Zugangsmöglichkeiten zu den elementaren Wahrheiten, die Grundlage jeder elementaren Bildung sind. Religiöse Bildung bereichert uns dabei mit den Schätzen der Glaubensüberlieferung und bietet christliche Grundmuster des Glaubens als lang bewährte Orientierungshilfe.

Zur Arbeit mit dem Unterrichtswerk

Das Handbuch zum neu gestalteten Schülerbuch „Ich bin da" (Band 2) will mit seinen vielseitigen, konkreten Anregungen und praxiserprobten, innovativen Vorgaben die tägliche Planungsarbeit erleichtern und unterstützen. Wer schon mit dem ersten Band des Unterrichtswerkes gearbeitet hat, wird jetzt in der 2. Jahrgangsstufe von der konzeptionellen Kontinuität profitieren. Die Themen, Verfahren und Konzepte des 1. Schuljahres werden sukzessive weitergeführt.

Zentrale Anliegen

- Fragen nach der eigenen Person und sozialen Identität
- Der Weg von der Stilleübung zur Gebetsfähigkeit
- Wertorientierung an den Grundmustern des christlichen Glaubens durch korrelative Erschließung menschlicher Grunderfahrungen
- Aufbau eines tragfähigen Gottesbildes, wie es Jesus Christus verkörpert und mit seinem Leben bezeugt hat
- Vertraut werden mit kirchlichen Strukturen, Festzeiten, Riten und Sakramenten sowie fremden Religionen
- Narrative Begegnung mit exemplarischen Texten der Bibel und schrittweise Erweiterung des Deutungswissens
- Lernpsychologische, gruppendynamische und religionspädagogische Leitlinien sind eingearbeitet und den methodischen Vorschlägen unterlegt.

Fachdidaktische Grundlegung

Das bewährte Korrelationsprinzip durchwebt das Unterrichtswerk. Es wird als wechselwirksame Erschließung von Lebenswirklichkeit und Glaubenserfahrung im Sinne einer rekonstruktiven Didaktik verstanden. Dabei baut sich der Lernende selbst aus dem Angebot des überlieferten Glaubens, seiner biblischen Urkunden und den Zeugnissen exemplarischer Menschen eine eigene Lebensdeutung und Geisteshaltung auf, wenn er sich gemeinsam mit anderen auf den Weg der existenziellen Sinnsuche und elementaren Wertorientierung im christlichen Glauben begibt.

Unterwegs gibt es vieles zu *sehen* und zu *entdecken*. *Fragen* drängen sich auf und wollen eine eigene Antwort *finden*. Was weiß man vom *Hörensagen*, wie denken andere darüber? Neues tritt in Widerspruch mit bisherigen Vorstellungen, subjektive Theorien bilden sich, treten in Konkurrenz mit anderen Meinungen. Der Lernende braucht Zeit und Raum, will *träumen* und nachsinnen, inwieweit er neuen Denkansätzen *trauen* und alten Grundmustern der Überlieferung *glauben* kann, bevor er sich zu ihnen *bekennen* wird. Biblischer Zuspruch mit dem notwendigen Deutungswissen erleichtert es am Ende, das Leben kreativ, konstruktiv und sinnvoll zu *gestalten*.

Damit ist ein Weg des Lernens in sechs Schritten vorgezeichnet, dem die Unterrichtsreihen systematisiert folgen. Dabei wird weniger dem Vermittlungslernen als vielmehr dem Aneignungsprozess durch die Eigendynamik der Korrelation im Kind selbst großes Gewicht beigemessen. Es geht nicht vorrangig um Themen, sondern um Qualifikationen. Kinder sind nicht Objekte, sondern Subjekte des Lernens, die durch informative, anregende, ansprechende, nachdenklich machende Impulse in einen vielseitigen, mehrdimensionalen Interaktions- und Kooperationsprozess geleitet werden.

Beispieltabelle:

Kapitel	Prozess-Schritte	Methoden	Medien	
			Leitmedium (z. B.)	Begleitmaterial (z. B.)
1. sehen + entdecken	Beobachtungen, die aufmerksam und neugierig machen und in einen Themenbereich einführen.	Wir hören uns um. Was gibt es zu dem Thema zu sehen, zu beobachten, zu begreifen und zu erfahren?	Schülerbuch Seite XX	Sonstige Arbeitsmittel
2. fragen + finden	Kleine und große Fragen führen weiter, auch wenn nicht auf alles gleich eine Antwort gefunden wird.	Wir forschen weiter, sammeln Fragen zu unseren Entdeckungen und suchen gezielt Antworten.	Lehrerhandbuch (MX) Seite XX	MX: Arbeitsblatt
3. hören + sagen	Geschichten von nah und fern regen zum Nachdenken an und bringen neue Sichtweisen ins Spiel.	Wir schauen in Bücher, hören/lesen Geschichten, sprechen darüber und gestalten dazu.	Schülerbuch Seite XX	MX: Erzählvorlagen, weitere Texte
4. träumen + trauen	Fantasien, Assoziationen und Träume regen an, Visionen fordern heraus und machen Mut.	Wir geben der Fantasie viel Raum, vertrauen uns gegenseitig unsere Träume und Ideen an.	Schülerbuch Seite XX	MX: Impulskarten
5. glauben + (be)kennen	Gefragt ist vor allem Deutungswissen, das zum Verständnis der biblischen Überlieferung und des gelebten Glauben beiträgt und hilft, eine eigene, begründete Glaubenshaltung aufzubauen.	Wir lernen auf unterschiedlichen Wegen von Gott und der Welt, erwerben Glaubenskenntnisse und Deutungswissen und bilden uns eine eigene, begründete Meinung.	Lehrerhandbuch (MX) Seite XX	Lernkartei
6. leben + gestalten	Was beschäftigt uns weiter? Was fangen wir damit an? Was nehmen wir uns vor?	Wir singen, schreiben, spielen, malen und gestalten ein Stück unseres (Schul-)Lebens miteinander.	Schülerbuch Seite XX	CD

Aufbau des Schülerbuches

Die für alle Kapitel gleichbleibende Grundstruktur der Reihenkonzeption ermöglicht eine schnelle Übersicht und Orientierung für die Planung und Führung des Unterrichts. Es werden so zwölf Unterrichtsreihen in den Kapiteln vorgestellt. Jede Reihe ist in sechs Unterrichtssequenzen strukturiert, von denen meist vier auf das Buch selbst zurückgreifen. Zwei der sechs Lernschritte einer Reihe werden dabei nur im Lehrerhandbuch konkret mit Leitmedien und handlungsorientierten Methoden außerhalb des Schülerbuches erarbeitet. Dadurch wird das Methodenrepertoire über das Schülerbuch hinaus erheblich erweitert. Dennoch wird das Reihenkonzept des Schülerbuches dabei nicht unterlaufen, sondern kann sogar um eigene Ideen und Vorlieben inhaltlich wie methodisch reibungslos ergänzt und bereichert werden.

Lehrplankonformität

Die Qualifikationserwartungen an die Kinder werden in den sechs Lernschritten systematisch mit den Themenbereichen verflochten. Die Unterrichtsgegenstände konkretisieren und kristallisieren sich dann im Buch an ausgewählten Leitmedien. Eine lehrplankonforme Gewichtung der Themen ist garantiert, weil wir die Vorgaben hier konstitutiv vorausgesetzt haben.

Unterrichtsgegenstände, die der Lehrplan für die Klassenstufe 1/2 verbindlich anführt, werden in einen unterrichtlichen Gesamtzusammenhang gebracht und alle Bereiche systematisch über alle Schuljahre miteinander verflochten. Ein Einzelnachweis findet sich am Ende des Lehrerhandbuches.

Jahrgangsübergreifendes Arbeiten

Eine jahrgangsübergreifende Arbeit mit den beiden Religionsbüchern wird durch die klare thematische Struktur erheblich erleichtert, weil nicht Themen die Lernprozesse bestimmen, sondern die Qualifikationen, die Schülerinnen und Schüler erwerben sollen, während sie sich mit ausgewählten Themen der beiden Jahrgangsstufen auseinandersetzen. So lassen sich die meisten Themen der beiden Schülerbücher 1 und 2 miteinander verbinden und jahrgangsübergreifend behandeln.

In der folgenden Tabelle werden die thematischen Vernetzungen und korrelativen Bezüge beider Jahrgangsstufen auf einen Blick ersichtlich und thematische Stränge ablesbar. Die Verschiebung der Kapitelnummerierung in der Chronologie liegt in der Anpassung an die zentralen Themen des Kirchenjahres begründet.

Übersicht über die Themen der Jahrgangsstufen 1 und 2 und ihre Vernetzung							
Lebens-bereiche	ICH			ANDERE		WELT	
Band 1	1. Ich	2. Gott suchen	3. Ich – du – wir	5. Advent	6. Jesus von Nazaret	7. Die Bibel
Band 1	9. Beten lernen	8. Gott ruft Menschen	4. Sehen lernen	12. Kirche	10. Schöpfung	11. Jesus erzählt
Band 2	1. Ich kann etwas	4. Wasser des Lebens	2. Streiten	5. Weihnachten	3. Gottes Welt – uns anvertraut	6. Die Bibel entdecken
Band 2	7. Gott begleitet	10. Vertrauen	9. Zusammenleben	8. Feste feiern	11. Worauf hoffen?	12. Dem Wort vertrauen
Glaubens-dimension	GOTT			KIRCHE		BIBEL	

Vorstellung der Unterrichtsreihen

Im Lehrerhandbuch wird jedes Kapitel nach einer orientierenden Einführung nach den vorgestellten sechs Schritten einer stringenten Unterrichtsreihe skizziert und kommentiert. Alle notwendigen Leitmedien und Arbeitsblätter finden sich am Ende jedes Kapitels als Anlage. Die Gestaltungsvorschläge wollen Anregung geben, nicht fixieren. Sie sind so konkret wie möglich gehalten. Selbstverständlich liegt es in der Hand der Lehrkraft, die Ideen mit eigenen zu verweben, zu ergänzen und der Lernausgangslage anzupassen.

Im 2. Schülerbuch finden sich konkrete Arbeitsaufträge. Sie werden im Lehrerhandbuch näher erläutert, falls das

notwendig sein sollte. Auch Alternativen werden dort vorgeschlagen. Natürlich können auch eigene Gestaltungswünsche und Ideen einfließen.

Darüber hinaus können Lernkarteien und Freiarbeitsmaterialien reibungslos eingepasst, Bilder oder Texte gegen geeignete Alternativen ausgetauscht oder eigenen Vorlieben mehr Raum eingeräumt werden, wenn es die Situation erlaubt oder erfordert. Manche Seite im Schülerbuch will mehrfach aufgeschlagen werden, wie zum Beispiel das Bibelteilen oder Lieder. Anregungen wie der Gebetskreis im 1. Schülerbuch sollten auch in Klasse 2 wieder aufgegriffen und weiter genutzt werden.

Das gesamte Methodenrepertoire aus Klasse 1 wird kontinuierlich entwickelt und erweitert, etwa durch die Öffnung von Unterricht durch freie Lernformen wie die Lernkartei zur Bibel. Das Lehrerhandbuch bietet entsprechende Schnittstellen dazu an.

Aufbauend auf die methodischen Grundlagen des ersten Schuljahres, werden Lernstrategien weiterentwickelt oder neu eingeführt.

Stundenverlauf

Bei der Planung einer Unterrichtsstunde hilft ein Standardverlaufsschema, von dem je nach Lage abgewichen werden kann.

Standardverlaufsstruktur einer Unterrichtsstunde:

- **Eröffnungssituation:** Hier begrüßen wir uns und stimmen uns auf den RU ein. Feste Rituale oder denkbare Bausteine sind Lied, Stilleübung, Eisbrecher oder meditativer Impuls.
- **Vermittlung des Lernanliegens:** Jede Lerngruppe muss nun zu ihrem Thema finden, das zugkräftig ist und klare Ziele als Motiv des gemeinsamen Lernhandelns transparent macht.
- **Klärung des Verfahrens:** Dann wird abgesprochen, welche Vorgehensweisen, welche Lernstrategien zielgerichtet und aussichtsreich sind, sodass sich jeder innerlich darauf einlassen kann. Ein visualisierter Verlaufsplan schafft Übersicht.
- **Präsentation eines Leitmediums:** Ein anregendes Bild, ein interessanter Text, eine spannende Erzählung, die Neugier weckende Lernstationen oder eine vorbereitete Lerntheke, ein Erfahrungsspiel, ein Experiment oder ein Fragen aufwerfender Ausgangsimpuls schaffen einen die Aufmerksamkeit polarisierenden Lernmittelpunkt mit möglichst hoher Lernbrisanz und Attraktivität in der Sache.
- **Differenziertes Lernhandeln:** Von diesem Lernmittelpunkt aus werden differenzierte Lernmöglichkeiten eröffnet mit individuellem, kooperativem Handlungsspielraum. Ein klares Handlungsziel als Motiv und Klärung der Ertragserwartung sind Voraussetzungen für das Gelingen.
- **Auswertung:** Nach einer solchen Arbeitsphase wird eine Bilanz gezogen, der Lernertrag vorgestellt und ein Gedankenaustausch im Gespräch gesucht. Es sollte Zeit bleiben für Erfolgserleben, Ertragssicherung und Metakommunikation als Rück- und Ausblick.
- **Ausklang:** Ein Lied, ein meditativer Impuls, ein Resümee oder ein Ausblick auf die Weiterarbeit (Hausaufgabe) lassen die Stunde ausklingen.

Gehen wir von einem solchen Standardverlaufsplan als Verständigungsgrundlage aus, dann finden sich hier im Lehrerhandbuch zu den wichtigsten Phasen jeweils konkrete Vorschläge, die ggf. ergänzt und situativ gefüllt werden müssen mit eigenen Ideen, denn nicht alle denkbaren Bausteine können minutiös vorgegeben werden. Die Ideenpalette und die Varianten sind derart vielseitig, dass trotz der gleichbleibenden Grundstruktur keine starre Uniformität zu befürchten ist, dafür jedoch eine wachsende Verhaltenssicherheit und Planungskontinuität gewonnen wird. Eigene Wege werden als Abweichungen von der gewohnten Form ausweisbar.

Öffnung von Unterricht

Viele Kapitel eignen sich bei kleinen Umstellungen auch zur Öffnung von Unterricht zu mehr Autonomie und Selbstverantwortung der Kinder. Dies geht zum einen, indem ein Lernschritt als Stationsbetrieb oder Lernstraße vorbereitet wird, wie zum Beispiel die Entdeckungsreise zur Bibel (SB S. 36–37).

Oder die einzelnen Lernschritte eines Kapitels werden nicht chronologisch nacheinander abgearbeitet, sondern parallel in Arbeitsteilung, Freiarbeit oder an Lernstationen in Einzel-, Partner- oder Kleingruppenarbeit zu Lernaufgaben.

Eine dritte Möglichkeit besteht darin, den einfachen und klar strukturierten Aufbau des Unterrichts selbst zum Anlass zu nehmen, um mit den Kindern einzelne Sequenzen vorzubereiten und um eigene Entdeckungen, Fragen, Erzählungen, Fantasien, Glaubenserfahrungen und Ideen zur Lebensgestaltung zu erweitern. Das Lernhandlungsspektrum weitet sich dabei vom Forscherauftrag über individuelle Lernaufgaben bis hin zu kleinen Projekten, die Kinder in Eigenregie durchführen möchten: Interviews, Internetrecherche oder was immer Kindern selbst dazu einfällt.

Methodenalmanach

Im Folgenden werden Bausteine für den RU aufgelistet, die nicht in jedem Kapitelkommentar wieder neu beschrieben und vorgestellt werden, aber auf die immer wieder zurückgegriffen werden kann – auch über den RU hinaus.

Methoden zur Freien Arbeit

1. Differenzierte Stillarbeit

Die traditionelle Stillarbeit mit differenzierten Lernangeboten in EA, PA oder GA ist der erste Schritt zur Freien Arbeit und kann auch in Einzelstunden leicht realisiert werden. Hierbei werden die notwendigen Verhaltensregeln, sozialen Kompetenzen und Grunderfahrungen mit selbstverantwortlichem Lernen vermittelt. Die Arbeitsform ist noch eng mit gebundenen Unterrichtsformen verknüpft.

2. Wochen-/Monatsplan

Der thematische Rahmen, das Pensum und die Lernschritte des Unterrichts werden transparent dargestellt, Lernintentionen als Handlungsziele vermittelt. Die einzelnen Handlungsanteile mit ihren individuellen Lernmöglichkeiten werden in Form von konkreten Lernaufgaben in einem Arbeitsplan vorgegeben, den die Kinder dann in freien Arbeitsphasen (inkl. Hausaufgabe) individuell in eigener Verantwortlichkeit bearbeiten.

3. Lernkartei

Da Freiarbeit individuelle Lernarbeit favorisiert, bietet sich die Karteikarte in der Hand des Lernenden besonders an. Die Inhaltsstruktur, der Umfang und der Weg durch die Kartei ist abhängig von der Zielgruppe. Karteien werden inzwischen im Fachhandel angeboten, lassen sich aber auch kollegial erstellen und austauschen, sodass der Arbeitsaufwand durch den mehrfachen Gebrauch relativiert wird. Einige Anregungen finden sich hier im Lehrerhandbuch.

4. Lerntheke

Zu einem überschaubaren Themenbereich wird eine Lerntheke mit Lesestoff, interessanten Informationen oder kleinen Aufgaben (Arbeitsblätter) für Freiarbeitsphasen vorbereitet und angeboten. Hier eignen sich besonders Themen aus dem aktuellen RU (auch fächerübergreifende Themen wie Streit – Versöhnung, Schöpfung, Feste/Brauchtum …). Handelsübliche Karteien können einbezogen werden (Psalmwortkartei u. a.).

5. Lernkisten

Das ist die Idee, Materialkisten zusammenzustellen und für freie Arbeitsphasen zur Verfügung zu stellen. Dabei ist der Gefahr des Aktivismus durch informative Beigaben und fachspezifisch prägnante Aufgabenideen vorzubeugen. Gut handhabbar für den RU sind z. B. Kisten mit Naturprodukten, Tüchern, Spielpuppen, Malutensilien, Foliensets oder Requisiten. Auch Themenkisten sind denkbar: Schreiben im alten Orient, Baukasten-Dorf in Israel, Kirche/Synagoge …

6. Lernstationen

Lernstationen sind ähnlich wie Arbeitstische bei herkömmlicher GA, allerdings mit einem höheren Anspruch an die Selbstorganisation und individuellen Wahlmöglichkeiten. Die Stationen werden zunächst anschaulich vorgestellt und die einzelnen Lernmöglichkeiten erklärt. Es empfiehlt sich im RU ein zentrales Thema, zu dem dann differenzierte Aufgaben angeboten werden (zeitlich, methodisch, inhaltlich und leistungsabhängig). Dabei kann eine Thematik je nach Konzept Pars pro Toto oder im (Ring-)Tausch erschlossen werden.

7. Parcours/Lernlandschaft

Ein verdichtender oder sich verästelnder Lernweg ist durch eine Lernlandschaft vorgegeben, sodass die Reihenfolge der Bearbeitung der Stationen nicht beliebig ist. Jedes Kind wird dabei an obligatorischen Basisaufgaben vorbeigeführt, von denen aus weitere optionale Lernmöglichkeiten additiv ausgewählt werden dürfen. Die Planung ist umfangreicher als bei gelegentlichen Lernstationen (Kooperation, Wiederholbarkeit). Eine unterrichtliche Begleitung ist sinnvoll (Zwischenbilanz, Ertragssicherung).

8. Projektorientierter RU

Den größten Spielraum bieten überschaubar kleine projektorientierte Vorhaben mit klarem Handlungsziel: „Wir bereiten einen Basar, gestalten ein Hungertuch, eine kleine Ausstellung." Im Projekt planen die Kinder auf ein vereinbartes Ziel hin weitgehend selbstständig ihren Beitrag. Eine stabile Rahmenorganisation (Wechsel zwischen Plenum und Arbeitsphasen zur Zwischenbilanz und Revision, arbeitsfähige Kleingruppen, Hilfestellungen durch Lehrkräfte, Fachleute/Eltern) ist ratsam.

Aufgabentypen für die Freie Arbeit

1. Impulskarten

Zu einer übergeordneten Aufgabenstellung werden auf Karteikarten differenzierte Teilaufgaben ausgelegt oder ausgegeben, die einen Aspekt der Thematik aufbereiten: Kindheitsgeschichten Jesu sequentiert, je eine der 14 Kreuzwegstationen, Berufe im Lande Jesu, je eines der 10 Gebote, je ein Teilbild eines Hungertuches, Rollenspiel mit offenem Ende …
Ein Zeitfenster wird geöffnet für individuelle oder kooperative Arbeit.

2. Aufgabentische

Statt einer groß angelegten Kartei werden Lernstationen als Aufgabentische mit Impuls-/Informationsmaterial angeboten, nach festen Regeln, wie bei kooperativen Lernformen üblich (think – pair – share). Kinder haben oft eigene, gute und zielführende Gestaltungsideen oder Vorstellungen davon, wie sie am besten lernen möchten. Wichtig bleiben die Zielklarheit, die Überschaubarkeit, die innere Stimmigkeit und die Erfolgssicherung.

3. Unterrichtsbausteine

Im Laufe eines Unterrichtsprozesses werden Aufgaben konkretisiert, an denen Kinder differenziert und mit hoher Eigenverantwortlichkeit themenbezogen über einen vereinbarten Zeitraum arbeiten können. Solche Unterrichtsbausteine fließen dann in ihrem Ertrag wieder in den Klassenunterricht ein. Klare Handlungsziele und zeitlich eng umrissene, durchführbare Aufgaben sind dabei wichtig, damit Kinder sich nicht verzetteln oder die Effizienz leidet (Motivationsverlust).

4. Cluster/Placement

Zu einer konkreten Ausgangsfrage setzen sich je vier Kinder um ein großes Packpapier, schreiben die Aufgabe/Frage oder den Impuls in die Mitte. Rundherum sammelt jeder Aussagen in Wort oder Bild. Am Ende werden die Ergebnisse geordnet, Verbindungslinien gezogen, Überschriften gesucht und vorgestellt. Möglich ist auch, dass jeder zuerst eine Ecke des Papiers für sich ausfüllt, dann erst werden alle Beiträge gesichtet und selektiert. In der Mitte steht am Ende ein klares Gruppenergebnis.

5. Forschungsauftrag

In EA, PA oder GA suchen die Kinder Antworten zu je einer ausgewählten oder ausgelosten Aufgabe(nkarte). Erstes Informationsmaterial sollte zur Verfügung stehen. Weitere Antworten durch Umfragen, Internetrecherche, Telefoninterviews oder Quellensuche sollen in Form eines Forschungsauftrages zusammengetragen werden. Am Ende kann eine kleine Lernkartei zu Schlüsselfragen/-begriffen entstehen für weitere freie Arbeitsphasen der Lerngruppe.

6. Freiarbeitsordner

Zu zentralen Themen oder Teilaspekten eines Themenkomplexes wird je ein Ordner angelegt (gestaltetes Deckblatt), in dem sich Arbeitsimpulse, instruierendes Aufgaben- oder Informationsmaterial in „Dateien" befinden. Das kann in Form von CD-ROM oder Diskette, durchaus aber auch nach herkömmlichen Arbeitsblattverfahren vorbereitet sein. Jeder Lernende hinterlässt ggf. seine Erträge als Anregung für Nachfolger, sodass der Ordner ständig wächst.

7. Informationstheke

Ein Info-Stand mit Lesestoff, interessanten Informationen oder kleinen Aufgaben (Arbeitsblätter) wird für Freiarbeitsphasen vorbereitet und für freie Arbeitsphasen angeboten, auch außerhalb des RUs. Hier eignen sich besonders Themenaspekte mit Bezug zum aktuellen Unterricht (auch fächerübergreifende Themen wie Streit – Versöhnung, Schöpfung, Feste/Brauchtum, Tod und Leben …)

8. Persönliches Lerntagebuch

Besonders für den RU bietet sich die Tagebuchform an. Kinder schreiben am Ende einer Unterrichtssequenz in einer stets freigehaltenen Freiarbeitsphase ihr persönliches Tagebuch. Dabei ist es natürlich dem Kind freigestellt, ob es Inhalte aus dem RU aufgreift (was als wünschenswert betont werden darf), aus dem Schulalltag oder privaten Erfahrungsraum. Eine Kontrolle oder Veröffentlichung des Tagebuches verbietet sich grundsätzlich, es sei denn, es bleibt ein sachbezogenes Protokollbuch zum Unterricht.

Naturbegegnungen

1. Augen auf

Suchaufgaben werden vor einem Landschaftsbummel ausgegeben, z.B. bestimmte Tiere, Insekten, Steinformen, Pflanzen oder Pflanzenteile (als Beschreibung, Bild oder gepresstes Muster, Blatt, Gräserpollen, Rinde, Zapfen, Blüten …) Wer hat zuerst ein Beispiel entdeckt?

2. Am Wegesrand gefunden

Jeder bekommt einen Beutel (zur Not gebrauchte Plastiktüte). Darin darf er unterwegs alles (außer Lebewesen und geschützte Pflanzen/Pilze!) einsammeln, was ihm besonders auffällt: bunte Steine, interessante Ästchen, Zapfen (ggf. auch Abfallprodukte). Bei einer Rast stellen wir uns unser Kleinod gegenseitig vor und gestalten ein Bodenbild daraus oder Tastspiel.

3. Mein Freund, der Baum

Wir versuchen eine Baumbetrachtung an einem besonders auffälligen Baum, malen ihn oder schreiben ihm, singen und tanzen um ihn herum oder umarmen ihn … Jeder sucht sich einen Baum als seinen Freund, gibt ihm einen Namen, nimmt ein Blatt mit als Talisman (trocknen und pressen) …

4. Ich staune!

„Man kann nur etwas lieben, das man sich vertraut gemacht hat." (Der kleine Prinz und der Fuchs). Jeder sucht sich unterwegs *ein* kleines Stückchen Natur (abgefallene Blüte, Blatt von seinem Baum, Stein, Ast) und schreibt dazu einen kleinen Text, einen Liebesbrief oder eine Gegenstandsbeschreibung. Ggf. malt er ein Stück Natur möglichst genau ab.

5. Fragen nach dem Ursprung

Viele Entdeckungen werfen Fragen nach dem Ursprung auf. Woher kommt die Welt? Wem verdanken wir das alles? Wo wird darin Gottes schöpferisches Wirken spürbar? Solche Augenblicke sollten aufmerksam wahrgenommen werden: ein Fragespeicher, ein kleiner Ausstellungstisch mit stauenswerten Entdeckungen, ein meditativer Anstoß oder wir schreiben einen Brief an ein kostbares Fundstück: „Woher kommst du?"

6. Wiesenträume

Wir suchen einen besonders ruhigen Ort auf, eine Blumenwiese oder einen tiefen Wald, eine Quelle oder einen Aussichtspunkt und versuchen, die Natur aufzusaugen, uns auf Stille einzulassen, mit geschlossenen Augen oder nur mit den Ohren zu sehen. Wir tauschen unsere inneren Erlebnisse aus oder hören dazu eine passende Erzählung.

7. Imaginationsübung

An einem besonders schönen Rastplatz nehmen wir uns Zeit um innezuhalten.

- Wie war es hier wohl vor 1000 Jahren?
- Würden wir hier immer leben wollen/können?
- Wir denken uns ganz tief in einen Baum, in ein Waldtier oder eine Pflanze hinein …
- Wir gehen unseren eigenen Träumen nach.

8. Meditation

Wir suchen eine Waldkapelle, ein Wegekreuz auf oder gestalten selbst einen Naturaltar/ein Mandala aus Naturprodukten am Waldrand und feiern einen Waldgottesdienst mit vorbereiteten Elementen oder aus dem Augenblick heraus. Zur Erinnerung gestaltet sich jeder ein Holzkreuz oder nimmt einen Stein aus dem Mandala mit nach Hause.

Produktive Verlangsamung

1. Eine Minute innehalten

Im Lernprozess wird auf Vereinbarung oder auf ein eingeführtes Zeichen hin (z. B. Schnecke für „zu schnell") eine Zäsur eingelegt. Der Lernprozess wird dadurch nicht unterbrochen, sondern verlangsamt und intensiviert, Stress und Spannungen werden abgebaut und Zeit zum intensiven Nachdenken an einem wichtigen Punkt gewährt.

2. Besinnung halten

1. äußerliche Ruhe einkehren lassen
2. bequeme Haltung einnehmen/korrigieren
3. Augen schließen
4. zur inneren Ruhe kommen
5. Innenwahrnehmung anregen (Atem)
6. Rückblick mit dem inneren Auge zur Thematik
7. bisherigen Lernweg Revue passieren lassen
8. Augen öffnen/sich umschauen
9. recken und strecken
10. laut ausatmen: Ich bin da!

3. Betrachtung

Ein Gegenstand (mit thematischem Bezug zur Stunde) wird im Kreis herumgereicht oder in die Mitte gestellt (Symbol, Senfkorn, Kreuz, Bild, Spruchkarte, Kurzformel …). Die erste Runde sollte still verlaufen (Hintergrundmusik). In einer zweiten Runde kann jeder seinen Gedanken dazu sagen. Ggf. findet die Lehrkraft einleitende/begleitende Worte, um die Wahrnehmung zu fördern und den Bogen zur Thematik zu spannen.

4. Was hat das mit mir zu tun?

Leitmedium, Unterrichtsprodukt(e) oder ein dokumentierendes Bodenbild liegen in der Kreismitte. Jeder darf in einem Satz seine persönliche Beziehung, einen individuellen Gedanken zu dem Lerngegenstand im Mittelpunkt äußern. Einreden oder Diskussionen sind nicht erlaubt.
Der Gesprächsleiter fasst allenfalls die Beiträge zusammen (ohne zu interpretieren oder zu korrigieren).

5. Stummer Impuls

Im Sitzkreis oder Plenum wird ein stummer Impuls (Textkärtchen, Folie, Tafel) eingegeben, der das bisher Erarbeitete neu anfragt:

- die Kehrseite der Medaille (Antithese)
- ein Sprichwort oder Bibelzitat
- ein wichtiger, aber nicht beachteter Beitrag
- ein Spiegel zur Selbstreflexion
- Fragezeichen (Was nun? Und du?)
- Impuls zur Metaebene

6. Nachgedanken

Jeder bekommt Zeit und Gelegenheit, sich zur augenblicklichen Problematik still zu äußern:

- einen kurzen Text schreiben
- ein persönliches Protokoll verfassen
- einen Brief an jdn. in der Lerngruppe senden
- aufkommende Fragen formulieren
- ein Cluster entwerfen zum Lernweg/-stand
- eine Überschrift oder ein Fazit in einem Satz versuchen

7. Kreatives Nachgestalten

In einer Gestaltungsaufgabe wird Freiraum und Anregung gegeben, kreativ zu dem bisher Gelernten originelle Ideen zu sammeln:

- freies Malen (verschiedene Maltechniken)
- freies Schreiben (z. B. Elfchen dichten)
- Pantomime oder Stegreifspiel
- Bodenbild mit Naturprodukten, Tüchern o. Ä.
- Klänge, Lieder oder Tanzbewegungen finden

8. Andacht halten

Etwas gerade Erarbeitetes wird zum Mittelpunkt einer Fantasiereise, einer kleinen Andacht oder eines Gebetskreises als Stundenausklang:

- ein Schülerprodukt oder Gruppenertrag
- die Kernfrage oder „des Pudels Kern"
- ein (Bibel-)Text, Bild wird (noch einmal) meditativ vorgetragen
- was uns besonders berührt (hat), wird noch einmal ins Gebet genommen

Sehen lernen 1

1. Ich seh' etwas, was du nicht siehst

Das bekannte Kinderspiel, bei dem anhand der Farbe ein Gegenstand im Raum erraten werden muss („Ich seh' etwas, das du nicht siehst, und das ist rot") wird später abgewandelt auf andere Eigenschaften: fröhlich, traurig, langweilig … und ggf. bei tragfähigem Vertrauensgrund sogar auf die Teilnehmer und ihre Mimik/Gestik.

2. Fotografieren

Die Teilnehmer werden aufgefordert, sich im Raum zu bewegen und ein Fotomotiv zu suchen. Mit dem inneren Auge wird dieses Bild dann aufgenommen, genau gemerkt und abgespeichert. Am Ende von einer Fotoserie tauschen wir unsere Bilder gegenseitig aus. Hält die Erinnerung bis zum nächsten Tag?
Haben wir mehr tote (Gegenstände) oder lebendige Motive (Gesichter, Menschen) fotografiert?

3. Zeichnen

Ein Gegenstand wird mit Bleistift möglichst naturgetreu gezeichnet. Dabei ist der Prozess wichtiger als das Ergebnis. Möglichst mit ganz einfachen Motiven beginnen: Bleistiftspitze, Glas, Streichholzschachtel, Fingerkuppe, Blatt … Erst mit viel Übung gelingen auch kompliziertere Gegenstände.
Das Schätzen der Größenverhältnisse fällt Kindern enorm schwer, ebenso Perspektive.

4. Selbstporträt

Mit einem Spiegel ausgerüstet kann jeder in aller Ruhe versuchen, sich selbst oder andere zu malen. Leichter ist natürlich das Fotografieren, Fotos geben aber manchmal eine erschreckendere Rückmeldung vom tatsächlichen Aussehen als ein nur verunglücktes Gemälde. Manchmal reicht eine stumme Spiegelbetrachtung als Sprechanlass.

5. Videoaufnahmen

Wer eine Videokamera einsetzen will, kann Kindern ggf. eine Rückmeldung über ihr Aussehen, ihre Tonbandstimme und ihr Verhalten aus Fremdperspektive vermitteln. Dies bedarf jedoch der Bereitwilligkeit und eines gewachsenen Vertrauens in der Lerngruppe. Leichter fallen neutrale Aufnahmen von einem Ausflug oder einem außerschulischen Lernort.

6. Wiedererkennen

Nach einer Gegenstandsbetrachtung (Steine, Blätter) werden die Kinder gebeten, sich ihren Gegenstand genau anzuschauen und sich Besonderheiten zu merken, um ihn später unter etlichen anderen wiederzuerkennen. Dann werden alle Gegenstände in der Mitte gesammelt und gemischt, bevor jeder seinen eigenen wieder herausfinden soll. Woran hat er ihn identifizieren können?

7. KIM-Spiele

Nach dem kleinen Detektivlehrling Kim in einem Buch von R. Kipling werden Ratespiele benannt, die mit genauer Beobachtung zu tun haben: Ein Sortiment von Gegenständen wird eine Zeit lang betrachtet, dann mit einem Tuch zugedeckt. Auswendig notieren alle oder sagt einer, was er davon noch behalten hat. Dies lässt sich auch auf Bildbetrachtung oder Textsicherung übertragen.

8. Wahrnehmungsparcours

Vom Fühlkino oder Riechdöschen bis zu umfangreichen Wahrnehmungs-Tests mit verbundenen Augen reicht ein weites Spektrum an Lernmöglichkeiten zur Sensibilisierung der Wahrnehmung mit allen Sinnen. Auch optische Täuschungen gehören hierzu und technische Hilfen wie Brennglas, Fernglas, Fernrohr, Mikroskop oder Stethoskop (ggf. fächerübergreifend anlegen).

1. Ich kann etwas

Theologische Perspektive

„Ich bin da", so lautet nicht nur der Titel unseres Unterrichtswerkes. Ich bin, der ich bin!, das ist auch der Name, unter dem sich Gott dem Mose zu erkennen gab: Jahwe. Man findet auch ausführlichere Übersetzungen: Ich bin da als der ich für dich sein werde. Wie immer auch der Name gedeutet werden will, so geheimnisvoll er auch bleibt, aus ihm spricht ein nicht zu zerrüttendes Gottvertrauen im korrelativen Anspruch. Gott vertraut zuerst uns das Leben, seine ganze Schöpfung an. Der Mensch darf sich als Kind Gottes im Glauben festmachen und festhalten, sein ganzes Selbstvertrauen darauf aufbauen.

Religionspädagogische Leitlinie

Hier knüpft auch das erste Kapitel an: Ich kann etwas – mit meinen Kräften und Talenten bin ich begabt, (be)fähig(t) und bereit, mein Leben aus der Hand Gottes in die eigene Hand zu nehmen und in der ganzen Fülle auszukosten. Gottes Geist selbst beseelt und beflügelt mich, gibt meinen Aktivitäten und Gedanken Ordnung und Richtung. Manchmal stoße ich an Grenzen und bin auf Zuwendung anderer angewiesen. Aber ich kann selbst auch trösten und anderen helfen. Manchmal wachsen Menschen über sich hinaus, springen über ihren eigenen Schatten und fühlen sich dabei von Gott getragen oder gar berufen, wie der Hirtenjunge David, der zum großen König Israels in Gottes Namen aufstieg.

Lernanliegen

So wird es darum gehen, die eigenen Fähigkeiten und Möglichkeiten jedes Kindes als Geschöpf Gottes zu entdecken und auszukosten. Bewusst fragen wir nach und stellen unsere Talente in den Mittelpunkt. Die Impulse zielen darauf ab, auch schwache Kinder aus der Reserve zu locken: Jeder kann etwas, keiner ist zu klein, um großartig vor Gott zu sein. Vor ihm ist jeder Mensch von Anfang an ein vollwertiger Mensch, mit allem ausgestattet und begabt, was zum Leben gehört. Die Idee, ein Kind müsse erst durch Schulbildung und Erziehung zu einem ganzen Menschen gemacht werden, führt nur dazu, Kinder abhängig und unmündig zu halten. Schauen wir zuerst auf ihre tatsächlichen Fähigkeiten und Begabungen, was jeder für sich kann und welche Ideen und Ziele er leben möchte. Mut und Hoffnung für ein Leben in Fülle dürfen wir aus dem Gottesglauben schöpfen. Orientierung und Ansporn finden wir in Lebensbildern auch biblischer Persönlichkeiten. Ihr Grundmuster des Glaubens hat Generationen geprägt und durch viele Krisen begleitet. „Mit dir überspringe ich jede Mauer." – So heißt es im Psalm. So reichen unsere Sehnsüchte und Träume bis in den Himmel und lassen jeden in Gottes Hand ruhen: Du bist einzigartig, einmalig und unverwechselbar! Gut, dass du da bist! Aus diesem Grundvertrauen, von anderen, ja von Gott geliebt zu sein, kann sich erst soziales Empfinden entwickeln und Leben positiv erlebt und gestaltet werden.

Lernertrag

Jeder kann etwas, jeder ist wertvoll und soll sich angenommen fühlen. Die Erfahrungen im Spiel und im Alltag zeigen uns unendlich viele Möglichkeiten, manchmal jedoch auch Grenzen auf. Selbstvertrauen nährt sich aus dem biblisch überlieferten Glaubenszuspruch aus tiefem Gottvertrauen. Davon darf jeder zehren, der sich ihm anvertraut. David weiß ein Lied davon zu singen: Er wuchs über sich hinaus, weil er sich von Gott berufen und begleitet fühlte. Am Ende soll sich jeder auf seine Talente und Lebensmöglichkeiten in sich besinnen, sie wachsen und reifen lassen, damit die darin schlummernden Potenziale und Lebenschancen nicht ungenutzt verkümmern. Verlieren wir uns nicht in alten biblischen Zeiten. Jeder Tag ist ein neues Geschenk Gottes. Er gibt Anlass und Kraft, ihn so zu gestalten, dass das Leben als Ganzes gelingt – jeden Tag neu. Das soll auch im kleinen Kreis der Lerngruppe spürbar und erlebbar werden: Das Leben, das Lernen und Zusammensein als Gottes Kinder auf Erden kann so schön und großartig sein – wenn wir das wirklich wahrhaben wollen.

Prozess-Schritte: Übersicht

Ich kann etwas	Prozess-Schritte
1. **sehen +** **entdecken**	Ich kann etwas Besonderes, du auch? Dieser Themenkreis eröffnet den RU in der 2. Klasse. Evtl. hat sich die Zusammensetzung der Lerngruppe nach den Ferien geändert. Es gilt neu oder wieder neu miteinander vertraut zu werden. Die Kinder werden in diesem Lernschritt aufmerksam gemacht auf ihre **eigenen Fähigkeiten**. Diese sollen entdeckt und anderen vorgestellt werden mit dem wachsenden Vertrauen in eigene Begabungen und Fähigkeiten.
2. **fragen +** **finden**	Nicht immer gelingen uns die Dinge, die wir gerne machen möchten. Kinder im 2. Schuljahr erfahren diesen Umstand nun immer öfter. In verschiedenen Situationen erleben sie, dass sie auf die Hilfe anderer angewiesen sind. In der kurzen Erzählung von Tim und Tina wird dies deutlich. Tim braucht Hilfe beim Schreiben, Tina traut sich nicht auf das Klettergerüst. Sie geben sich gegenseitig Hilfe und sind sich Stütze. Wie verhalte ich mich, wenn ich etwas tun soll, und es nicht klappt, **bei wem finde ich Trost, wer macht mir Mut?** Wo bekomme ich Hilfe? Wie verhalte ich mich, wenn jemandem etwas nicht gelingt?
3. **hören +** **sagen**	Zuspruch und Mut braucht es manchmal, um etwas zu tun, von dem wir uns nicht sicher sind, ob wir es wirklich können. **Die eigenen Grenzen zu überspringen** kann auch bedeuten, jemand anderem etwas zu sagen, was wir uns sonst nicht trauen würden. Ein Lob erhalten fällt leicht und stärkt uns. Ein Lob aussprechen hingegen ist nicht immer so leicht. In diesem Schritt wollen wir dem anderen sagen: „Du bist etwas Besonderes für mich, weil ..." Dies geschieht mit kleinen Botschaften für jeden – in einer meditativen Umgebung.
4. **träumen +** **trauen**	Einmal das Unmögliche vollbringen. Davon träumen nicht nur Kinder. Die **Träume und Fantasien des eigenen Könnens zur Sprache zu bringen** und in Wort und Bild lebendig werden zu lassen, darum geht es in diesem Lernschritt. Märchen und fantastische Geschichten können dabei helfen, die eigenen Vorstellungen zu beschreiben oder zu wecken.
5. **glauben +** **(be)kennen**	**Die Bibel erzählt von einem, der über sich hinauswächst.** David bezwingt den großen Goliat. Mit Gotteshilfe kann er seinem Volk einen großen Dienst erweisen. Er tut etwas, was ihm keiner zutraut. Sein Vertrauen in Gott gibt ihm für dieses Handeln Stärke und Mut. Wir hören die Geschichte und erschließen sie als Glaubensgeschichte Davids. David verlässt sich auf Gott und die Menschen machen ihn schließlich zum König.
6. **leben +** **gestalten**	In einer Andacht kann jeder seine Fähigkeiten einbringen. Einzelne Elemente entstammen den vorangegangenen Stunden. Darüber hinaus kann sich jeder mit seinen Fähigkeiten einbringen. Im Gebet wird der **Blick auch auf die Schwächeren unter uns** gelenkt.

Methoden	Medien	
	Leitmedium	Begleitmaterial
Bildbetrachtung: Was können die Kinder auf den Fotos Besonderes? Gibt es Kinder in unserer Klasse, die Ähnliches können? Was kannst du Besonderes? **Pantomime:** Die Kinder stellen pantomimisch vor, was sie besonders gut können.	**SB S. 4–5:** Fotocollage mit Kindern, die etwas Besonderes können	**M 1:** Das kann ich besonders gut (Arbeitsblatt)
Erzählung und Nachspielen: Die Erzählung „König und Königin" kann vorgetragen oder selbst erlesen werden. Die Kinder versetzen sich in die verschiedenen Rollen hinein. **Gesprächsrunde:** Die Kinder bringen eigene Erlebnisse zur Sprache. Gemeinsam überlegen wir, wann und wie wir uns gegenseitig helfen und Mut machen können.	**SB S. 6–7:** „König und Königin" (Erzählung)	**SB 1, S. 10:** „Halte zu mir, guter Gott" (Lied), **SB 1, S. 22:** „Ich bin so gern bei dir!" (Lied), **SB 1, S. 40:** „Das wünsch ich sehr" (Lied)
Reflexion: Die Kinder versammeln sich um eine meditativ gestaltete Mitte. In dieser ruhigen Atmosphäre werden die Kinder angeleitet, über die Fähigkeiten der anderen Kinder nachzudenken. Die Kinder vervollständigen den Satz: Du bist für mich etwas Besonderes, weil …	Zusprüche der Kinder	**M 2:** „Du bist für mich …" (Zuspruchskarten) SB 1, Kapitel 3: Ich – du – wir, S. 53 ff.
Gedicht: Die Kinder hören das Gedicht „Einfach alles." Fragestellung: Kannst du einen Teil des Gedichtes wiederholen?	**M 3:** „Einfach alles" (Gedicht)	**M 4:** Ich möchte ein … (Arbeitsblatt)
Lehrervortrag: Die Kinder erhalten Informationen zur Lebenssituation des Hirtenjungen David. **Texterschließung und Nachstellen:** Die Erzählung wird gelesen und erschlossen. Die Kinder erhalten Gelegenheit, auf die Erzählung zu reagieren. Im Anschluss wird die Geschichte vertiefend nachgestellt.	**SB S. 8–9** „David besiegt Goliat" (Erzählung)	**M 5:** David besiegt Goliat (Erzählvorlage)
Gemeinsame Abschlussrunde: Einzelne Elemente aus den vorangegangenen Stunden werden in einer Andachtsfeier zusammengefasst. Dabei bilden Psalmworte und ein eigenes Dankgebet den zentralen Mittelpunkt.	**SB S. 10:** „David als König dankt Gott" (Psalm)	**M 6:** Psalmkarten

So gehen wir günstig vor

 1. sehen + entdecken

Leitmedium: Fotocollage mit Kindern, die etwas Besonderes können (SB S. 4–5)

Kinder mit den unterschiedlichsten Begabungen und Fähigkeiten zeigen in verschiedenen Situationen, was sie besonders gut können. Dazu gehören auch Alltagssituationen wie das lesende und das schreibende Kind. Kinder leisten auch in verschiedenen Sportarten Besonderes. Der Blick wandert von Kind zu Kind und in jedem ist etwas Besonderes verborgen. Das Kind im Rollstuhl erweckt sicher besondere Aufmerksamkeit. Wer hätte gedacht, dass es Sport treibt? Wer von den Kindern in der Klasse ist ähnlich mutig wie die Kinder auf der Theaterbühne? Was können die Kinder der Klasse Besonderes?

Lernmöglichkeiten

Nach einem geeigneten Einstieg (evtl. mit einem Lied aus dem 1. Schuljahr, Schülerbuch S. 46 „Keiner ist zu klein" oder S. 70 „Kleines Senfkorn Hoffnung") schlagen wir die Seiten 4–5 auf. Die Kinder können nun die einzelnen Bilder beschreiben und die Tätigkeiten der Kinder benennen. Es sind Kinder zu sehen, die besonders gut

- auf einer Bühne Theater spielen,
- Fußball spielen können,
- mit dem Skateboard umgehen können,
- vorlesen können,
- schreiben können,
- auf einem Einrad fahren,
- Hockey spielen können,
- ein Musikinstrument spielen.

Im anschließenden Klassengespräch sollen die Kinder auch ihre eigenen besonderen Fähigkeiten zur Sprache bringen.
Zum Vertiefen dieses Austausches über die eigenen Fähigkeiten können sich die Kinder nun verschiedene Fähigkeiten und Talente pantomimisch vorspielen. Als Spielvariante können dabei auch die Fotos auf der Doppelseite genutzt werden.
Für die Titelseite des Hefters können die Kinder das Arbeitsblatt „Das kann ich besonders gut" (➡ **M 1**) benutzen und mit einem Symbol (Fußballer einen Ball, Musiker ihr Instrument usw.) oder einer kurzen Beschreibung dessen, was sie besonders gut können, gestalten.

Weitere Anregungen

- **Gestaltungsaufgabe:** Die Symbole der Kinder können auch zu einem Klassenbild zusammengestellt und im Klassenzimmer aufgehängt werden.

- **Vorbereitung:** Die Kinder können für die nächste Stunde etwas mitbringen bzw. vorbereiten, was sie besonders gut können. Zu Beginn der nächsten Stunden können die Kinder sich dann diese Dinge gegenseitig vorstellen.

 2. fragen + finden

Leitmedium: Die Erzählung „König und Königin" (SB S. 6)

Die kurze Geschichte von Tim und Tina erzählt eine Situation, wie sie sich tagtäglich in unseren Schulen ereignen könnte. Tim macht beim Schreiben viele Fehler und wird dafür von seinen Mitschülern ausgelacht. Tina traut sich nicht, in der Pause auf das Klettergerüst zu steigen, und wird ebenfalls ausgelacht.
Gegenseitig helfen sich die beiden Kinder. Tina schreibt Tim die Wörter immer wieder richtig vor und Tim zeigt Tina dafür, wie er auf das Klettergerüst klettert. Beiden gelingt schließlich das, was vorher unmöglich schien, und die anderen Kinder sehen staunend zu, wie Tina auf dem Klettergerüst steht.

Lernmöglichkeiten

Die Kinder können zunächst die Geschichte selbstständig lesen und mithilfe der Bilder erschließen. Ein Lesevortrag durch die Lehrkraft und ein anschließendes Gespräch kann sicherstellen, dass allen Kindern der Inhalt der Erzählung präsent ist.
Durch das Nachspielen der Geschichte erhalten die Kinder die Gelegenheit, die Erzählung aus den verschiedenen Perspektiven zu betrachten. Dabei sollte darauf geachtet werden, dass die Kinder jeweils ausreichend Zeit bekommen, ihre Gedanken und Gefühle in den verschiedenen Rollen darzustellen.
Die Geschichte von „König und Königin" sollte daher mehrmals in unterschiedlichen Rollenbesetzungen gespielt werden. Leitfragen können dabei sein:

- Wie fühlst du dich als Tina, Tim oder Kind der Klasse?
- Was denkst du gerade als Tina, Tim oder Kind der Klasse über den/die anderen?
- Was würdest du gerne als Tina, Tim oder Kind der Klasse tun?

In einer Sprechsteinrunde können die Kinder von eigenen Situationen berichten. Leitgedanken können dabei sein: Wann hast du dich so gefühlt wie Tina oder Tim? Erzähle eine Begebenheit, in der du jemandem geholfen hast. Erzähle eine Begebenheit, in der du jemanden ausgelacht hast.
Zum Abschluss der Stunde kann ein Lied gesungen werden (z. B.: Schülerbuch 1, S. 10 „Halte zu mir, guter

Gott", Schülerbuch 1, S. 22 „Ich bin so gern bei dir!",
Schülerbuch 1, S. 40 „Das wünsch ich sehr").

Weitere Anregungen

- Hans May: Bömmels Traum, in: Vorlesebuch Religion 2, S. 28

 3. hören + sagen

Leitmedium: Die gegenseitigen Zusprüche der Kinder

Zentrales Leitmedium dieses Lernschrittes sind die Äußerungen der Kinder. Sie sollen angeleitet werden, die Fähigkeiten bzw. Stärken des anderen wahrzunehmen und zu benennen. Die Kinder erfahren sich nicht nur als diejenigen, die Mut zusprechen können, sondern erhalten in dem, was sie hören oder lesen, selber Zuspruch. Dem anderen in geeigneter Form einen solchen Zuspruch zu geben, fällt nicht leicht. Das Arbeitsblatt soll diesen Prozess unterstützen. Auf kleinen Zetteln können die Kinder den Satz: „Du bist für mich etwas Besonderes, weil …" vervollständigen (➡ **M 2**). Die Formulierung lässt wenig Raum für Negatives und zwingt dazu, den anderen mit seinen besonderen Fähigkeiten in den Blick zu nehmen. In dem geschützten und vertrauten Raum einer Klassengemeinschaft wird dies unter der Anleitung der Lehrkraft zusätzlich erleichtert. Die Lehrkraft sollte genau darauf achten und es gegebenenfalls in geeigneter Form unterbinden, wenn einzelne Kinder durch diese Vorgehensweise verletzt werden könnten. Es kann bei verschiedenen Konstellationen der Lerngruppe nötig werden, einzelne Schritte der Unterrichtssequenz wegzulassen oder nach eigenem Ermessen zu ändern. Ebenfalls wichtig ist sicherzustellen, dass jedes Kind einen Zuspruch erfährt, gegebenenfalls durch die Lehrkraft.

Lernmöglichkeiten

Die Kinder versammeln sich bei ruhiger Musik um die gestaltete Mitte (Tücher, Kerze, Blumenschmuck o. Ä.). Für die Kinder liegen Stifte und die Karten „Du bist für mich …" bereit (➡ **M 2**).
Nach einem Lied (z. B. SB 1, S. 10 „Halte zu mir, guter Gott") erläutert die Lehrkraft die Bedeutung der Zettel und gibt Hinweise zum Ausfüllen:

- Schreibe den Namen des Kindes auf den Zettel, für den er vorgesehen ist.
- Schreibe möglichst so, dass das andere Kind es lesen kann.
- Schreibe nur Dinge, die du ernst meinst.
- Schreibe Dinge, die den anderen nicht verletzen.
- Du kannst deinen Namen auch auf den Zettel schreiben.

Die Kinder erhalten nun Zeit, einen oder mehrere Zettel zu schreiben. Die fertigen Zettel geben sie der Lehrkraft.

So kann diese prüfen, ob jedes Kind einen Zettel zurückbekommt. Wenn es nötig ist, kann sie noch Zettel für einige Kinder schreiben.
Die Kinder erhalten dann Zeit, sich ihre Zettel durchzulesen und sich darüber auszutauschen.
Ein gemeinsames Lied bildet den Abschluss der Stunde: „Kindermutmachlied" (s. Lehrerhandbuch 1, Kap. 2, S. 62).

 4. träumen + trauen

Leitmedium: Gedicht „Einfach alles" (M 3)

Die drei Strophen des Gedichts von Klaus Kordon beginnen jeweils mit dem Satz: „Ich möchte ein …". Die Strophen folgen einem klaren Aufbau. Zunächst wird vorgestellt, was der Sprecher sein möchte: „Ein Sack voll Blödsinn, ein Baum im Walde, einfach alles". In den folgenden Gedichtversen werden verschiedene Aktivitäten beschrieben. Dabei beschreiben die ersten beiden Strophen Unmögliches. Gerade diese Strophen animieren die Kinder zu eigenen Vorstellungen über das, was sie gerne sein oder können möchten. Sich das Unmögliche vorstellen zu dürfen und in Worte zu fassen, wird anschließend mit dem Arbeitsblatt aufgegriffen und verstärkt.

Lernmöglichkeiten

Zu Beginn des nächsten Lernschrittes greift die Lehrkraft einige Sätze auf, die die Kinder in der letzten Stunde auf die Zettel (➡ **M 2**) geschrieben haben. Evtl. können auch die Kinder die Sätze vortragen.
Das „Kindermutmachlied" (s. Lehrerhandbuch 1, Kap. 2, S. 62) aus der letzten Stunde macht noch einmal deutlich, wie schön es ist, wenn es jemanden gibt, der zu einem hält.
In einer ruhigen Atmosphäre trägt die Lehrkraft das Gedicht „Einfach alles" (➡ **M 3**) im Stuhlkreis vor. Danach können die Kinder sich spontan zu den Aussagen im Gedicht äußern. Die sprachlichen Besonderheiten des Gedichtes können entdeckt und erläutert werden. Kinder können aus der Erinnerung einzelne Passagen des Gedichtes wiederholen.
Nach einem zweiten Vortrag beginnt die Lehrkraft eine neue Strophe mit dem Satzanfang „Ich möchte einfach alles sein, möcht …". Die Kinder werden nacheinander gebeten, diesen Satz zu beenden. So entsteht ein eigenes Klassengedicht.
Auf dem Arbeitsblatt (➡ **M 4**) haben die Kinder die Möglichkeit, ihre eigene Strophe festzuhalten. Diese können sie dann der Klasse vorstellen.

Weitere Anregungen

- **Märchen:** Zum Abschluss der Stunde kann das Märchen „Das tapfere Schneiderlein" vorgelesen werden.

- **Gleichnis:** Das Gleichnis vom Wachsen der Saat (Mk 4,26–29) kann erzählt und mit Gesten nachempfunden werden.

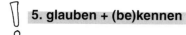

5. glauben + (be)kennen

Leitmedium: „David besiegt Goliat" (SB S. 8–9)

Die Erzählung aus 1 Samuel 17 gehört zu den bekanntesten Erzählungen des Alten Testamentes. Die Erzählvorlage im Schülerbuch kann von einigen Kindern selbstständig erlesen werden. Die Überarbeitung des biblischen Textes führt die Kinder zunächst in die Lebenswirklichkeit des Hirtenjungen David ein. Darüber hinaus wird die Kriegssituation zwischen den Philistern und den Israeliten aus der Sicht Davids erzählt und wird somit auch für Grundschulkinder nachvollziehbar. Im Gegensatz zur Einheitsübersetzung ist der Text bezüglich der Auseinandersetzung zwischen den beiden Kriegsparteien stark gekürzt. Die entscheidenden Schlüsselworte fallen am Ende der Erzählung: „Du verlässt dich auf Schwert und Spieß, ich vertraue auf Gott". Diese letzten Worte im Schülerbuch geben Anlass, über das Ende dieser Erzählung ins Gespräch zu kommen.
Darüber hinaus bietet die Betrachtung der Zeichnungen die Möglichkeit, auf die Umstände des Zusammentreffens näher einzugehen und die beiden Hauptfiguren vorzustellen.

Lernmöglichkeiten

Die Kinder schlagen die Seite 8–9 auf und erhalten Gelegenheit, sich zu den beiden Bildern zu äußern. Gemeinsam mit den Kindern stellt die Lehrkraft fest, dass auf der Seite 8 ein Hirtenjunge und auf der Seite 9 ein Soldat zu sehen ist. Die entsprechenden Merkmale (Hirtenstab, Rüstung und Schwert) werden benannt. Die Kinder erhalten Informationen über die Lebensumstände von David.

> **Die Feindschaft zwischen den Philistern und dem Volk Israel** hatte während der Regierungszeit von König Saul an Schärfe zugenommen. Saul fiel allerdings vor Gott in Ungnade (1 Samuel 15,1 ff.). So kommt es dazu, dass der von Gott erwählte David (1 Samuel 16,1–13) Saul bei dem Kampf gegen die Philister hilft. Der einfache Hirtenjunge David und Jüngster in der Familie versteht es, mit seiner Steinschleuder gegen Löwen und Bären zu kämpfen. In seiner kindlichen Naivität will er es mit dem großen und starken Goliat aufnehmen. Diese Art des Zweikampfes spielt in der Antike eine große Rolle und durch ihn werden mehrere Schlachten entschieden.

Die Erzählung kann von den Kindern zunächst selbstständig erlesen werden, anschließend trägt die Lehrkraft die Geschichte vor.
Im anschließenden Gespräch werden die Unterschiede zwischen David und Goliat noch einmal hervorgehoben. Die Kinder stellen erste Vermutungen an, wie die Geschichte wohl ausgeht. Einige Kinder werden den Schluss der Geschichte bereits kennen.
In Gruppen kann nun ein Wandfries entstehen, auf dem die Geschichte in Bildern nacherzählt wird. Mögliche Motive sind:

- Der Hirtenjunge David bei seiner Herde
- König Saul und sein Soldatenlager
- Die Philister mit Goliat in der Mitte, wie sie das Volk Israel herausfordern
- Ein Bote kommt zu David
- David steht Goliat gegenüber

Zum Abschluss der Stunde erzählt die Lehrkraft in kindgerechter Form (➡ **M5**), dass es David tatsächlich gelang, Goliat mit seiner Steinschleuder zu besiegen.

Weitere Anregungen

- **Vertonung:** Die einzelnen Bilder können mit Instrumenten vertont werden.

- **Erfahrungsaustausch:** Die Kinder erhalten die Möglichkeit, sich an eigene Situationen zu erinnern, bei denen ihnen etwas Außergewöhnliches gelungen ist.

6. leben + gestalten

Leitmedium: „David als König dankt Gott" (SB S. 10)

Die Erzählung von David und Goliat findet auf dieser Seite ihren Abschluss. Nachdem die Philister besiegt und in die Flucht geschlagen wurden, erlangte David großes Ansehen bei den Israeliten. Nach dem Tod von Saul wurde er König. Das Bild von Marc Chagall (1987–1985) „David mit der Harfe" zeigt eine andere Seite des ehemaligen Hirtenjungens. Den Blick gesenkt, spielt der mächtige König David die Harfe. Vorsichtig, nahezu zärtlich, hält David das Instrument in seiner Hand. In seinem Gesicht lässt sich die zarte Melodie, die er diesem alten Instrument entlockt, erahnen. Im Spielen der Musik versunken wird er eins mit dem Instrument, einem Instrument, von dem die Bibel an unterschiedlichen Stellen berichtet, und das eine wichtige Bedeutung für die Verehrung Gottes hatte (z. B.: 1 Chr 25,1; Chr 15,16; 2 Chr 5,12). Als Saul (1 Sam 14–23) vor Gott in Ungnade fällt und von bösen Geistern beherrscht wird, gelingt es David mit seiner Harfenmusik, Saul Erleichterung zu verschaffen. Somit wird der Harfe die Kraft zugeschrieben, Böses zu vertreiben.
David bleibt auch als König der Musik verbunden. Von den 150 Psalmen werden rund 70 ihm zugesprochen.

Der Psalm 25 ist einer von zahlreichen Lobpsalmen. In ihm wird das Gottvertrauen des Königs David zum Ausdruck gebracht. Er stellt sich ganz in den Dienst seines Gottes ohne eigene Machtansprüche.

Lernmöglichkeiten

Die Erzählung der letzten Stunde wird mithilfe des Wandfrieses noch einmal aufgenommen. Dabei kann die Lehrkraft auch die Erzählvorlage (➡ M 5) benutzen. Besonders herausgestellt werden soll, dass David schließlich König in Israel wird.

Im Schülerbuch finden wir eine Abbildung dieses Königs (S. 10). Im Klassengespräch erzählen die Kinder, was sie auf dem Bild erkennen. Als etwas Besonderes für einen König wird dabei die Harfe erwähnt. Die Kinder können auch überlegen, welche Gegenstände ein König auf anderen Bildern in den Händen hält (Schwert, Lanze, Zepter, Kelch …). Die Lehrkraft erläutert den Kindern die besondere Bedeutung der Harfe. Außerdem erhalten die Kinder die Information, dass viele Lieder, die David gesungen hat, in der Bibel zu finden sind. Als ein Beispiel für den Lobpreis lesen wir gemeinsam den Psalmtext unter dem Bild.

Die Kinder erhalten die Gelegenheit, einzelne Worte zu wiederholen. Nun kann mit den Psalmkarten (➡ M 6) Aufgabe 1 im Schülerbuch unterstützt werden.

Die ausgewählten Texte werden in eine gestaltete Mitte gelegt und eine Abschlussrunde nach folgendem Muster kann entstehen:

- Wir sprechen einen Psalm.
- Wir sprechen einen Text als Gebet.
- Wir singen ein Lied (z. B. „Kindermutmachlied", Lehrerhandbuch 1, Kap. 2, S. 62)
- Wir stellen uns gegenseitig Dinge vor, die einzelne besonders gut können.
- Wir betrachten noch einmal den Wandfries.
- Wir hören noch einmal die Erzählung von David und Goliat.

Weitere Anregungen

- Auf vorbereiteten kleinen Kärtchen können die Kinder sich ihr **Psalmwort mit nach Hause** nehmen.

- In weiteren Unterrichtssequenzen kann der **Blick auf „die Kleinen"** in der eigenen Klasse oder Gruppe gerichtet werden.

- In der Andacht kann es eine **Aussprache** geben über den Themenkreis: Das fällt mir leicht, das fällt mir schwer.

M 1: Das kann ich besonders gut (Arbeitsblatt)

Fischer u. a.: Ich bin da 2, Lehrerhandbuch
© Auer Verlag GmbH, Donauwörth

Du bist für mich etwas Besonderes, weil _____
_____
_____
_____
_____
_____

Du bist für mich etwas Besonderes, weil _____
_____
_____
_____
_____
_____
_____

Du bist für mich etwas Besonderes, weil _____
_____
_____
_____
_____
_____

M3: Einfach alles (Gedichtvorlage)

Ich möchte ein Sack voll Blödsinn sein
möcht tagelang nur lachen
und kreuz und quer
und vorneweg
und hintendrein
die tollsten Sprünge machen.

Ich möchte ein Baum im Walde sein
und sanft im Wind mich wiegen
und mutig und voll Lust
stets neue Blätter kriegen.

Ich möchte einfach alles sein
möcht stille stehn
und springen.
Und wenn ich einmal traurig bin,
hört ihr mich leise singen.

Klaus Kordon

M5: David besiegt Goliat (Erzählvorlage)

Als der König Saul hört, was David ruft, geht er zu ihm. Er sagt zu ihm: „Geh nicht ohne eine Rüstung in den Kampf." Saul zieht seine Rüstung aus und zieht sie David an. Doch David kann in der schweren Rüstung nicht einen Schritt gehen. Da sagt er zu Saul: „Deine Rüstung ist mir zu schwer. Ich bin es nicht gewohnt, sie zu tragen." Und er zog sie wieder aus.

David nahm seinen Hirtenstab, suchte sich im Bach fünf glatte Steine und steckte sie in seine Hirtentasche. Dann ging er auf Goliat zu.

Schon von Weitem rief Goliat: „So willst du mit mir kämpfen? Du trägst ja nicht einmal eine Rüstung!" Und zu seinem Begleiter sagte er: „Schaut euch den an, er hat nicht einmal ein Schwert!" David antwortete ihm: „Ich brauche keine Rüstung und kein Schwert. Gott ist mit mir. Du vertraust auf dein Schwert und deine Rüstung. Ich vertraue auf Gott."

Nun rannten beide schnell aufeinander zu. Noch bevor Goliat David erreichte, holte er aus seiner Hirtentasche einen Stein und schleuderte ihn gegen Goliat. Der Stein traf ihn schwer am Kopf. Goliat fiel in seiner Rüstung zu Boden und blieb liegen.

Als die Philister das sahen, liefen sie alle davon. Die Israeliten aber jubelten. Sie trugen David auf den Schultern nach Hause.

Viele Jahre später starb König Saul. Die Israeliten erinnerten sich an die große Tat des kleinen David. David sollte schließlich König der Israeliten werden.

nach 1 Sam 17,1–58

Ich möchte ein   sein,

möcht

Ich möchte ein   sein,

möcht

Fischer u. a.: Ich bin da 2, Lehrerhandbuch
© Auer Verlag GmbH, Donauwörth

Du neigst dich mir zu und machst mich groß.

(Ps 18,36)

Der Herr ist mein Hirte, nichts wird mir fehlen.

(Ps 23,1)

Er lässt mich lagern auf grünen Auen und führt mich zum Ruheplatz am Wasser.

(Ps 23,2)

Wenn mich auch Vater und Mutter verlassen, der Herr nimmt mich auf.

(Ps 27,10)

Du bist mein Schutz, bewahrst mich vor Not.

(Ps 32,7)

Bei Gott allein kommt meine Seele zur Ruhe, von ihm kommt mir Hilfe.

(Ps 62,2)

Recht verschafft er den Unterdrückten.

(Ps 146,7)

Den Hungernden gibt er Brot.

(Ps 146,7)

2. Streiten

Darum geht es

Theologische Perspektive

Von Anfang an ringt der Mensch um seinen Lebensraum. Er muss seine Existenz gegen Anfeindungen nach allen Seiten absichern. Der Kampf ums Überleben gehört zur menschlichen Natur, braucht Aggressionspotenziale, aber auch Regeln und Toleranzbereitschaft. So ist Streit kein Kinderspiel. Das führt uns die Weltgeschichte vor Augen. Von Kain und Abel an durchzieht die gesamte Weltliteratur eine Blutspur aus Neid und Habgier, Eifersucht und Wut. Friedenserziehung ohne falsche Unterwerfungsmoral, verstanden als Fähigkeit zur Abgrenzung, Deeskalation und konstruktive Konfliktbewältigung, kommt letztlich nicht ohne die Menschenbildannahme von der Würde, Gleichberechtigung und Einmaligkeit jedes Menschen aus, die im Gottesbild Jesu ihre christliche Ausprägung findet. Er unterstreicht und bekräftigt das Gebot der Nächstenliebe, ja sogar Feindesliebe, wie es schon in der jüdischen Thora-Tradition hoch angeschrieben ist.

Religionspädagogische Leitlinie

Streit ist ein immerwährendes Bewährungsfeld im Alltag. Hier gilt es, eine konstruktive Konfliktfähigkeit und Streitkultur zu fördern. Oft steht hinter offener Aggression die Unfähigkeit zur Artikulation eigener Befindlichkeiten und Bedürfnisse, um in Konfliktsituationen die eigenen Interessen mit Worten angemessen vertreten zu können, damit Streit nicht ausartet, ungerecht oder unberechenbar endet. Die Bereitschaft zur inneren Umkehr und zum Verzeihen und zur Versöhnung sind daraus resultierende ethische Grunderfahrungen, die im Grundschulalter in ersten Schritten einsichtig werden sollen. Grundlage dazu bietet die christliche Ethik mit ihren entsprechenden Grundmustern des Glaubens an den Gott, der Liebe und Versöhnung ist.

Lernanliegen

Es geht zunächst darum, mögliche Ursachen und Streitkonstellationen wahrzunehmen, Eskalationsprozesse zu durchschauen und den Gegner mit anderen Augen sehen zu lernen. Daraus lassen sich Deeskalationsstrategien zur Konfliktlösung in gegenseitiger Achtung gewinnen. Voraussetzung dazu ist die Fähigkeit zur Kommunikation, Kooperation und die Bereitschaft zur Versöhnung. So werden eigene Erfahrungen ins Gespräch gebracht, um sie analysierend durchschauen zu lernen. Typische Verhaltensmuster werden herausgearbeitet, Zwangsläufigkeiten und die Gefahr zur Eskalation entdeckt. Hinter aggressivem Verhalten stehen meist schlechte Gefühle und festgefahrene Vorurteile. Ein aufbrechender Konflikt entzündet sich dabei an vorgeschobenen Streitobjekten. Das Symbol des Zankapfels aus der Mythologie mag hier anschaulich wirken. An exemplarischen Beispielen oder der archetypischen Bibelgeschichte von Kain und Abel werden die verborgenen Ängste und negativen Emotionen hinter der Streitbereitschaft aufgedeckt. Dabei kommt es weniger auf die exegetischen Hintergründe der biblischen Urgeschichte als vielmehr auf die narrative Qualität der Erzählung an, in der sich der Neid verhängnisvoll in Hass auf den eigenen Bruder bis hin zum Mord auswirkt. Die Stimme des Gewissens, die Stimme Gottes pocht und verfolgt den Täter zeitlebens. Wer nicht Opfer sein will, muss Grenzen setzen und gleichzeitig Verständnis aufbringen. Denn Macht allein ist kein Lösungsmittel, sondern tendiert ohne die Friedfertigkeit zur Eskalation. So bleibt der biblische Appell „Trau nicht der Gewalt" (Ps 64,11) ein zeitlos guter Ratgeber. In diesem Anspruch können dann konkrete Konfliktlösungsstrategien für den eigenen Lebensraum besprochen und alltagstauglich auch fächerübergreifend (SU) eingeübt werden: vom „Ich-bin-sauer-Gespräch" bis zum Klassenrat, bereichert um die Glaubensdimension im RU.

Lernertrag

Wir haben an Beispielen gelernt, über unser Streitverhalten nachzudenken und unsere Konflikte zunehmend besser mit Worten statt mit Fäusten auszutragen. Dazu haben wir Regeln und Verfahren verabredet, die im Ernstfall helfen können, Streit friedlich auszutragen. Ganz wichtig ist zu wissen, dass jeder, auch der vermeintliche Gegner, seine eigene Sichtweise haben und seinen Standpunkt vertreten darf. Doch sogar die Liebe zum eigenen Bruder kann durch schlechte Gefühle wie Neid in Hass umschlagen. Mit Zuhörbereitschaft und Kompromissfähigkeit lässt sich jeder Konflikt besser lösen als mit Gewalt. Dabei hilft uns der Glaube, dass vor Gott jeder Mensch gleich wichtig und wertvoll ist.

Prozess-Schritte: Übersicht

Streiten	Prozess-Schritte
1. sehen + entdecken	Auf den ersten Blick wird eine stereotype Streitkonstellation vor Augen geführt. Beim genauen Hinsehen werden Verhaltensmuster erkennbar, die ablaufen, wenn sich zwei Kontrahenten streiten. Zu erkennen ist aber auch, **dass Interessenskonflikte normal sind**, auch unter Erwachsenen. Gerade deswegen brauchen wir eine konstruktive, gewaltfreie Streitkultur. Auf diese Visualisierungshilfen kann auch später wieder zurückgegriffen werden.
2. fragen + finden	**Immer das gleiche Spiel!** Der eigene Erfahrungshorizont wird erweitert um Streitgeschichten aus der Kinderliteratur oder Filmwelt. Fremde und eigene Konflikterfahrungen werfen so Fragen nach Ursachen, Gründen und Zwangsläufigkeiten auf: Warum streiten wir? Worum dreht sich der Streit (Zankapfel)? Wie verläuft ein Konflikt normalerweise? Warum eskaliert Streit oft? Wie fühlt sich der Sieger? Was empfindet der Verlierer? Auch Erwachsene streiten – bis hin zum Krieg.
3. hören + sagen	Auf dem Hintergrund des Kain-Bildes von S. Rehberg hören wir die uralte **Bibelgeschichte vom Bruderzwist**. Der Neid, der sich als schlechtes Gefühl hinter der eigentlichen Streitlust verbirgt, wird entlarvt. Die Geschichte stellt das mangelnde Gottvertrauen Kains als die eigentliche Ursache seines Neides heraus. Gott rächt sich nicht an Kain, sondern Kain ist gezeichnet durch seine schreckliche Tat. Im rezitativen Sprechchor findet das Gehörte neue, eigene Ausdruckskraft und Eindringlichkeit.
4. träumen + trauen	Fantasie und Wortschatz sollen angeregt werden, nach **Konfliktlösungen** Ausschau zu halten und sich zu trauen, sie anzuwenden. Solange Worte der Verständigung fehlen, fliegen Fäuste. Worte und Gesten der Abgrenzung und der Entschuldigung werden erarbeitet. Biblischer Zuspruch kann Mut machen, nicht auf Gewalt zu bauen und das eigene Verhalten zu überdenken, einer Aggression mutig und fair entgegenzutreten oder fantasievoll und beherzt den ersten Schritt zur Versöhnung zu wagen.
5. glauben + (be)kennen	Zwischen Friedensutopie und gesundem Realismus begegnen wir Franz von Assisi bei der Zähmung des Wolfs von Gubbio. In der Legendenform wird die bedingungslose Liebe zur Kreatur und der Glaube an das Gute auch im bösen Feind fantasievoll zum Lösungsschlüssel in einem angstbesetzten Konflikt, der zum Nachdenken herausfordert, Maßstäbe setzt, ohne zu moralisieren. Natürlich lassen sich auch andere **vorbildliche Menschen und Friedensstifter** einbeziehen und nach Motiven hinterfragen. Das Wagnis, dem Feind zu trauen, soll als Chance zu Umkehr und Versöhnung deutlich werden.
6. leben + gestalten	In Übertragung auf die Lebenswirklichkeit der Kinder bedeutet das: Streit ist nur überwindbar, wenn eine Brücke zum anderen, zwischen Ich und Du, gefunden und begangen wird. Dazu braucht es jedoch einen Paradigmenwechsel im Kopf, der durch die **bewusste Wahrnehmung des Gegenübers** angebahnt und im Schulalltag gepflegt werden muss. Jeder kleine Schritt ist wertvoll, der erste ist der schwerste. Der Geist der Freundschaft weht, wo er will. Der Geduldsfaden konkretisiert als Symbol eine Streitschlichtungsmöglichkeit durch Besänftigung eigener Aggressionen.

Methoden	Medien	
	Leitmedium	**Begleitmaterial**
Bildbetrachtung: Die Schüler lesen sich in die Bildfolge ein und beschreiben sie sich gegenseitig. **Rollenspiele:** Eigene Streiterfahrungen werden dargestellt. Dabei wird das Augenmerk auf die Rollen Opfer und Verfolger und auf die Eskalation gerichtet. Die Impulskarten helfen dabei, typische Szenen zu finden.	**SB S. 11:** Stereotyper Streitverlauf in vier Bildern	**M 1:** Erzählvorlage zur Bildergeschichte **M 2:** Stegreifspiel (Impulskarten)
Streitgeschichten erarbeiten: Ausgehend vom Text „Warum sich Raben streiten" können weitere Beispiele aus Kinderliteratur oder -filmen eingebracht werden. Sie weiten das Konfliktspektrum. **Impulskarten:** Die Karten helfen beim Fragen und verlangen nach eigenen Antworten.	**M 4:** „Warum sich Raben streiten" (Gedicht)/ Zankapfel (Ausmalbild)	**M 3:** Streiterfahrungen (Impulsfragen)
Bildbetrachtung: Das Bild von Kain, der seinen Bruder Abel gerade erschlug, lädt zum Betrachten und Erzählen ein: Was mag da passiert sein? **Sprechmotette:** Der passende Bibeltext zum Bild wird erzählt, nachgelesen und besprochen, dann in eine Sprechmotette übertragen und einstudiert und/oder nachgestaltet als Bild-Text-Geschichte.	**SB S. 12–13:** S. Rehberg: „Kain und Abel"/„Die Geschichte von Kain und Abel" (Text nach Gen 4)	**M 5:** Kain und Abel (Sprechmotette)
Bildbetrachtung: Durch Ausdeutung der Gestik und Mimik der Jungen auf dem Bild lesen wir uns in die Beziehungsebene ein. **Inszenierung der Redewendungen:** Dies bietet Grundlage für einen Sprechanlass über ähnliche Erfahrungen mit Streit und Versöhnung. Das Psalmwort „Vertraut nicht auf Gewalt" wird Kurzformel und kann zu einem Plakat/ einer Spruchkarte ausgestaltet werden.	**SB S. 14–15:** Damit kein Streit beginnt …	Weiterer Bibelimpuls: „Liebt eure Feinde. Tut Gutes denen, die euch hassen!" (Lk 6,27).
Erzählung: Die Legende von der Zähmung des Wolfs durch Franziskus wird erzählt und ins Gespräch gebracht. **Nachgestaltung:** Es bieten sich u. a. die Nacherzählung, ein Szenenspiel oder ein Doppelbild an: der böse, grimmige Wolf vorher und der besänftigte nach der Begegnung mit Franz.	**M 6:** „Der Wolf von Gubbio" (Erzählvorlage)	
Freie Ausgestaltung: Der Text bietet Sprechanlass und Anreiz zum Nachlesen mit verteilten Rollen, zum freien Nachspielen oder zum Verfassen einer eigenen Versöhnungsgeschichte in einem ähnlichen Wortbild. **Geduldsfaden knoten:** Ein Geduldsfaden wird nachgeflochten und geknotet als Handlungssymbol zum Innehalten bei Konflikten. Ein Friedenstext beschließt die Reihe.	**SB S. 16:** „Du und ich" (Gedicht) **Rahmenillustration:** Geduldsfaden	rote und blaue Wollfäden zum Flechten und Knoten eines Geduldsfadens **M 7/8:** Gedichte zur Auswahl

1. sehen + entdecken

Leitmedium: Streitpüppchen (SB S. 11)

Die vier Konstellationen der Spielpüppchen erzählen eine typische Streitgeschichte (M 1). Aus anfänglich heiterem Spiel wird plötzlich Ernst. Einer wird zum Opfer, das sich ausgelacht oder ausgetrickst fühlt und auf den Verfolger sauer ist. Aus dem Gefühl der Unterlegenheit entwickelt das vermeintliche Opfer Gegenaggression und sinnt auf Rache. Die Rollen werden getauscht und die Motive umgepolt. Dieser Interaktionsprozess zwischen Opfer- und Verfolgerrolle eskaliert zumeist, bis am Ende nur Verlierer stehen. So typisch diese Eskalation auch ist, wir verfangen uns allzu oft und allzu leicht darin. Die Rolle eines Helfers kann einbezogen werden. Die Skizzen helfen, später auch andere Beziehungskonflikte zu visualisieren.

Lernmöglichkeiten

Mit der Bilderfolge als Leitmedium kann diese Zwangsläufigkeit transparent und somit entlarvt werden. Sie gilt es herauszulesen und auf verschiedene Alltagssituationen zu übertragen durch freies Erzählen oder kleine Rollenspielszenen. Die Kinder kommen über die abgebildete Streitsituation ins Gespräch über eigene Erfahrungen in Konflikten. Daraus lassen sich die Opfer- und Verfolgerrolle und die wechselseitig eskalierende Rivalität als ein typischer Prozess ableiten, bei dem es meist nur Verlierer gibt. Streitgeschichten der Kinder sollen dabei miteinander auf Ähnlichkeiten verglichen werden, sodass die Zwangsläufigkeit erkannt werden kann, in der sich Kontrahenten wie in einen Teufelskreis der Wut immer dann verstricken, wenn sie nicht rechtzeitig gegensteuern und den Augenblick verpassen, in dem aus Spaß Ernst wird.

Nach einer Bildbetrachtung ist daher Zeit für einen Gesprächskreis über eigene Erfahrungen mit Streit. Die Darstellung typischer Streitgeschichten in kleinen Szenen mithilfe der Redewendungen auf den Impulskarten (M 2) oder eine Beispielgeschichte aus der Kinderliteratur bieten sich immer dann an, wenn die Ideen der Kinder versiegen oder weiter angereichert werden sollen. Die Bildergeschichte selbst wird einige Kinder auch zum weiteren Erzählen oder Schreiben anregen.

Weitere Anregungen

- Einen **akuten Streitfall** zum Anlass nehmen, um daran zu lernen

- Von Gewalt und **Streitszenen erzählen**, Comics oder einen Film entsprechend analysieren

- Streitsituationen mit Püppchen schrittweise **nachstellen und analysieren**

 2. fragen + finden

Leitmedium: Impulstext (M 4)/Impulsfragen zu Streiterfahrungen (M 3)

Der Impulstext aus der Kinderliteratur „Warum sich Raben streiten" (M 4) greift die Thematik der vorangegangenen Sequenz wieder auf. Hier werden alltägliche Konflikte und mögliche „Zankäpfel" angesprochen, aber auch in das rechte Verhältnis zur Versöhnung gerückt. Weitere Streitgeschichten aus der Kinderliteratur können alternativ oder bei Bedarf zusätzlich ausgewählt werden.

Die Impulsfragen (M 3) bringen Fragen zu Streiterfahrungen ins Spiel, die das Konfliktfeld näher beleuchten. Ohne diese Fragen alle endgültig beantworten zu wollen, führen sie doch auf den Weg, möglichen Ursachen und Hintergründen für Streit nachzuspüren und sich in das Problemfeld einzudenken. Sie werfen zentrale Fragen zur Konfliktverarbeitung auf. Sie dienen gleichzeitig als Anregung, eigene Fragen nach Streit, möglichen Ursachen und Zwangsläufigkeiten anzuregen und ihnen im Gespräch nachzugehen. Im Sinne des einkreisenden Verstehens wird das komplexe Lernfeld damit allmählich erfassbar.

Der Zankapfel auf der Textseite (M 4) wird jetzt zum Schlüsselsymbol. Hier können wir hineinschreiben, worum sich Raben streiten oder eigene Streitobjekte oder Anlässe eintragen und so das eigentliche Motiv dahinter wie Neid, Hass, Rache, Wut, Machtanspruch oder Eifersucht identifizieren und entlarven. Gleichzeitig hilft er, einen Konfliktherd aufzuspüren und auf den Punkt zu bringen. Er warnt aber auch vor der drohenden Eskalation.

Lernmöglichkeiten

Das Gedicht aus der Kinderliteratur (M 4) eröffnet gedanklich und sprachlich das Themenfeld. Es wird günstig je nach Situation der Lerngruppe nach den üblichen Texterschließungsverfahren eingebracht, regt zum Gespräch oder gar eigenen kleinen Textversuchen an. Es bleibt der Lehrkraft überlassen, hier länger zu verweilen und ggf. auch fächerübergreifend weitere Streitgeschichten aus der Kinderliteratur einzuflechten oder weitere Fernseh- und Filmerfahrungen der Kinder zu diesem Thema ins Spiel zu bringen.

Die Satzstreifen mit den Streitfragen (M 3) werden in die Kreismitte gelegt, einzeln an Kinder verteilt oder an Gruppentischen ausgelegt, um direkt über den Themenkomplex Streit ins fragend-nachdenkliche Gespräch zu finden. Je nach Lerngruppe können Kinder in Einzelarbeit nachdenken, in Partnerphasen in Gedankenaustausch oder in kleinen Gruppen ins Gespräch kommen. Sicher nähren die Impulsfragen auch einen Gesprächskreis oder ein Plenumsgespräch.

Der Begriff **Zankapfel** kommt aus der griechischen Mythologie. Der Zankapfel war der goldene Apfel der Göttin Discordia (Eris), mit dem sie Zwietracht säte und der am Ende zum Trojanischen Krieg führte. Die Sage „Der Apfel des Paris" erzählt davon:

Die Göttinnen Hera, Athene und Aphrodite waren zur Hochzeit des Peleus mit der Göttin Thetis eingeladen. Discordia (Eris), die Göttin der Zwietracht, war nicht eingeladen. Sie warf zornentbrannt einen goldenen Apfel mit der Aufschrift „Der Schönsten" in die Runde. Darauf brach Streit zwischen Hera, Athene und Aphrodite um diesen Titel aus. Die drei Göttinnen baten Zeus um eine Entscheidung. Dieser zog sich aus der Affäre, denn Aphrodite und Athene waren seine Töchter und Hera seine Ehefrau und Schwester. Diplomatisch schob Zeus die Entscheidung dem unglücklichen Hirten Paris zu. Die drei Konkurrentinnen in diesem antiken Schönheitswettbewerb versuchten nun, den armen Paris durch ihre Verführungskünste zu umgarnen und für sich zu gewinnen: Hera versprach politische Macht, Athene die Gabe der Weisheit. Aphrodite sagte ihm die schönste Frau auf Erden zu: Helena. Doch leider war sie schon vergeben als Frau des Menelaos von Sparta. Damit nahm die Eskalation ihren Lauf. Aphrodite wurde von Paris zur Schönheitskönigin erkoren und erhielt den Zankapfel als Trophäe, ohne zu ahnen, dass er damit den Trojanischen Krieg auslöste.

Der Zankapfel auf dem Arbeitsblatt (➡ **M 4**) eignet sich dann als Schlüsselsymbol zur Analyse von Streitanlässen. Er verweist auf die oft hinter vorgeschobenen Streitobjekten versteckten Streitsüchteleien, die einen Konflikt langfristig schwelen und zum Dauerbrenner werden lassen, wenn sie nicht aufgedeckt werden. In den Apfel hinein schreiben oder malen die Kinder, worum Raben streiten oder auch eigene Streitgründe, tragen sie so zusammen und gewinnen dabei neue Einsichten in Zusammenhänge und tiefer liegende Ursachen von Streitereien.

Weitere Anregungen

■ Weitere Streitgeschichten erzählen, auf **glaubwürdige Lösungen** hin abklopfen oder alternativ in Szene setzen

 3. hören + sagen

Leitmedium: S. Rehberg: „Kain und Abel"/„Die Geschichte von Kain und Abel" (SB S. 12–13)

Das Bild wurde von Silke Rehberg für die neue Schulbibel zur Geschichte von Kain und Abel gestaltet. Es bietet in seiner klaren und auch für Kinder lesbaren Sprache eine aktualisierte Erzähllandschaft, wodurch die Zeitlosigkeit der Bibelgeschichte betont wird.

Die Ackerfurchen erscheinen in ihrer horizontlosen Monotonie wie die endlosen Kolumnen jeder Tageszeitung, in deren Zeilen wir von menschlichen Tragödien lesen, die dem Hass und Neidkomplex der Menschheit entspringen. Dabei ist es wohl nicht der Besitzneid an sich, um den es hier geht. Denn das Feld scheint gut bestellt und ertragreich, dort, wo wir den Bauern in der Ackerfurche überraschen. Nein, das Motiv hat eine archetypische Wurzel, sonst stünde die Geschichte von Kain und Abel so nicht in der Bibel.

Die Situation des Menschen auf dem Bild ist eindeutig: Auf frischer Tat beim Brudermord gestellt, muss Kain der Wahrheit ins Auge schauen, als er von Gott zur Rechenschaft gezogen wird. Entlarvt vom grellen Licht des Tages, dem Auge der Gerechtigkeit, kann er das Opfer hinter seinem Rücken nicht verbergen. Damit ist die Antwort auf Gottes Fragen „Wo ist dein Bruder? Was hast du gemacht?" schon im Bild vorgezeichnet.

Der Erzähltext weicht im Blick auf die Altersstufe weit von der biblischen Vorlage ab und konzentriert sich ganz auf den Neidkomplex Kains und seine Eskalation bis zur menschlichen Katastrophe. Er reduziert die Perikope auf den zugänglichen Erzählkern, so wie er uns vom Hörensagen im Ohr ist. Gottes Stimme erscheint als Stimme des Gewissens und als Schrei nach Gerechtigkeit. In diesem Licht bietet die Doppelseite ein Leitmedium, das menschliche Grenzerfahrungen von Streit, Wut, Hass und Bruderneid und die Folgen der Eskalation zur Sprache bringt und in Anlehnung an die archetypische Erzählung der Bibel behutsam in einen theologischen Kontext führt.

Lernmöglichkeiten

Mit der Betrachtung des Bildes im Schülerbuch auf Seite 12 wird die Erzähllandschaft für die Bibelgeschichte gleich zum Stundenbeginn vorbereitet. In seiner Gestaltung wirkt das Bild zeitlos und hilft, die Thematik auch im Kontext korrespondierender Erfahrungen der Kinder mit unbändigem Neid und blutiger Gewalt im Film und in der Wirklichkeit zu aktualisieren. Zur Erarbeitung des Bildgehaltes können erste Vermutungen treten, welche Geschichte die Künstlerin wohl vor Augen hatte oder was sich im Bild abspielt, kurz vorher oder in Folge. Es sollten aber auch Assoziationen ernst genommen werden, die durch das Bild bei den Kindern situativ ausgelöst werden. Der Erzähltext (S. 13) erhellt dann den biblischen Kontext und stellt die Geschichte von den beiden Brüdern Kain und Abel (Gen 4) als Archetype vor. Die Urerfahrungen von Neid und bis zur Katastrophe eskalierender Wut kommen in der Sprechmotette (➡ M 5) noch weiter gesteigert zu Wort. Das Lesen mit verteilten Rollen, das Sprechen im Chor und Variationen von Stimme und Volumen, Betonung und Klangfarben brauchen etwas Einfühlung und Übung. Hier sollte man nicht zu früh aufgeben oder zu viel erwarten. Einfache Rhythmusbegleitung steigert die Dramaturgie und die Grunderfahrung von eskalierender Bosheit, überhöht auch das Pochen des Gewissens als Stimme Gottes. Alternativ oder ergänzend bietet das Nachstellen der Handlungsebene während der freien Nacherzählung mit Spielpüppchen – ähnlich der Darstellung auf der ersten Kapitelseite (S. 11) – eine weitere Lernmöglichkeit zur Erschließung der Geschichte.

Weitere Anregungen

- **Malen:** Die Aufnahme der Geschichte verlangt nach entsprechender bildnerischer Nachgestaltung. Hier bietet sich als weitere Möglichkeit das Malen geeigneter Bildszenen ähnlich der 1. Kapitelseite (ggf. Kopie der Seite 11 zum Ausschneiden) zum Text an.
- **Lesen des Quellentextes:** Am Ende wird bei Bedarf die Bibelquelle (Kinderbibel) selbst noch einmal aufgeschlagen und erlesen.

 ### 4. träumen + trauen

Leitmedium: Damit kein Streit beginnt …
(SB S. 14–15)

Grenzen setzen – Grenzen überwinden: Die Doppelseite setzt sich aus schillernden Komponenten verschiedener Erfahrungsebenen zusammen. Zuerst springen die Bilder ins Auge. Der Junge vorne links setzt skeptisch Grenzen und distanziert sich von dem Gegenüber, das aus dem Hintergrund versöhnungsbereit auf ihn zukommt. Gestik und Mimik harmonisieren nicht auf den ersten Blick. Wer ist der Gute – wer der Böse? Wer sucht Streit, wo sind Angriffsflächen? Die Geschichte dahinter muss erst noch gefunden werden, damit beide Kontrahenten verstanden werden. Was ist hier vorgefallen? Wie geht die Begegnung weiter?
Die Worte, die den beiden in den Mund gelegt werden, öffnen ein weites Spektrum an Möglichkeiten, das mit der Fantasie der Kinder sicher noch erweitert wird. In Streitsituationen fehlen oft die richtigen Worte auf beiden Seiten. Stattdessen hört man Beschimpfungen oder es fliegen gar die Fäuste. Oft eskaliert die Situation bis zum bösen Erwachen. Am Ende gibt es nur Verlierer. Alle Optionen sind hier noch möglich. Die Überschrift deutet darauf hin, dass ein Streit vermieden werden soll. Welche Redewendungen aus dem Alltag vermögen es, klare Grenzen zu ziehen oder Versöhnungsbereitschaft glaubwürdig zu signalisieren, damit ein Streit vermieden wird?

Ein biblischer Impuls aus dem AT will einen Akzent setzen aus der Glaubenssprache, der hier nicht fremd klingt, sondern jedem wohl aus dem Herzen spricht, der sich schon einmal in einer ähnlichen Situation verfangen hat. Damit ist ein dichtes Tableau vorgezeichnet, das Anregungen zum gemeinsamen Nachdenken und Besprechen bietet.

Lernmöglichkeiten

Vergegenwärtigen wir uns zu Beginn der Stunde noch einmal die vielen Fragen, die das Streitthema umranken, stimmen uns ggf. mit dem Streitlied in die Stunde ein und lassen uns dann auf die Lernschritte vom Bild zum biblischen Impuls ein. Was wird hier eigentlich gespielt? Wie gehören die Bilder und Texte zusammen? Differenzierte Zugangswege sind möglich, wenn ein erstes Plenumsgespräch erschöpft ist. Zum Beispiel

- wie im Buch angeregt die Szenerie in Gruppen als Standbild nachstellen, im Zeitlupentempo verlebendigen, pantomimisch ausgestalten und am Ende passende Redewendungen aus dem Buch ergänzen
- die Redewendungen in kleine Spielszenen bringen
- die Redewendungen spielerisch oder schriftlich um eigene Worte erweitern
- den biblischen Impuls einer Realitätsprüfung unterziehen und probeweise ins Spiel einbeziehen als Pointe oder möglichen Schlusssatz
- die Kurzformel der Bibel als Plakat in Text und Bild ausgestalten
- das Nachstellen ähnlicher Situationen und Dokumentation mit einer Digitalkamera. Daraus werden kleine Fotogeschichten mit Sprechblasen

Weitere Anregungen

- **Literaturarbeit:** Erzählungen und Kurzgeschichten aus dem Bereich der Kinderliteratur können ergänzend (auch fächerübergreifend) erschlossen werden, um den Themenbereich zu erweitern. Sie bieten weitere Teilaspekte, Sprachbilder und Sichtweisen, flexibilisieren so die Anschauung und geben vorbildliche Verhaltensmuster der Solidarität und Zivilcourage vor, die Kindern aus dem Herzen sprechen. Zum Beispiel: „Die Kinderbrücke" von Max Bolliger, Bohem Press 2005

 ### 5. glauben + (be)kennen

Leitmedium: Die Legende von Franziskus und dem Wolf von Gubbio (M 6)

Die Legende erzählt von einer seltsamen Begegnung zwischen Mensch und Tier, wie sie wohl nur jemand nachempfinden kann, der ein Herz und ein Gespür für die Kreatur bewahrt hat. Kinder sind meist noch empfänglich für die Sprache der Tiere. Und das Wundersame an der Begegnung ist gerade das Wunderbare.

Am 4. Oktober gedenkt die Katholische Kirche des **Franziskus von Assisi**. Der Name bedeutet „der kleine Franke". Er zählt wohl zu den bekanntesten Heiligen. Geboren ist Franziskus 1181 oder 1182 in Assisi in Italien, wo er am 3. Oktober 1226 starb. Zu seinen Attributen zählt die Stigmatisierung mit den Wundmalen Jesu. Er wird auch abgebildet mit Tieren wie Wolf, Lamm oder Vögeln. Er wird als Schutzpatron von Italien und Assisi und der Armen, Lahmen, Blinden, Strafgefangenen und Schiffbrüchigen besonders verehrt. Sein eigentlicher Name war Giovanni Bernardone. Er war Sohn eines reichen Kaufmannes, bekam den Rufnamen Francesco von seiner französischen Mutter. Nach seiner wohl recht glücklichen Kindheit wurde er Ritter. Doch eine böse Krankheit, die er sich in der Kriegsgefangenschaft nach einer verlorenen Schlacht zuzog, ließ ihn zur Besinnung und neuen Ausrichtung seines Lebens finden. Nach der Befreiung aus der Gefangenschaft unternahm er eine Pilgerreise nach Rom, fand immer mehr zur christlichen Glaubensüberzeugung in der radikalen Nachfolge Jesu, wandte sich Leprakranken zu und galt bei seinen ehemaligen Freunden immer mehr als weltfremder Sonderling. Nach einem Streit mit seinem Vater verzichtete Franz freiwillig auf seinen Besitzanspruch und sein Erbe. Er stieg, sagen wir heute, ganz aus der Gesellschaft aus und tauchte mehrere Jahre unter als Einsiedler. Er fühlte sich berufen zur Armut, zu hilfreicher Tat und Predigt. Nach diesen Regeln gründete er mehrere Klöster, machte sich als rastloser Wanderprediger auf den Weg zum Heiligen Land. Die einen hielten Franziskus für verrückt, andere faszinierte er mit seiner unbekümmerten Liebe zu Gott und der ganzen Schöpfung. Gegen die Gewalt stellte er Jesu Gewaltverzicht, gegen die aufblühende Geldwirtschaft die Armut. Geld spielte für ihn keine Rolle. Er wollte nicht mehr besitzen als der ärmste Mensch, der ihm begegnete. Das Reisen erschöpfte ihn, dass er fast erblindete. Statt sich behandeln zu lassen, starb er in seiner Kapelle nackt auf bloßem Boden, um auch im Sterben Jesus ähnlich zu sein. Sein Körper war – so erzählen Quellen – mit den Wundmalen Jesu stigmatisiert. Seine Brüder bestatteten ihn in Assisi. Viele Legenden bildeten sich um ihn und halten seine Verehrung auch heute lebendig. Franziskus zeichnete auch für unsere Kapitalgesellschaft ein herausforderndes Gegenbild in seinem radikal gelebten Glauben an Jesus Christus.

Nur durch die einfühlsame Annäherung an die „böse" leidende Kreatur des Wolfes gelingt es, jedem zu seinem Lebensrecht zu verhelfen und ohne Gewalt Frieden zu schaffen.

Franziskus gewinnt diese Empathiefähigkeit aus seinem tiefen Glauben an Gott, den Schöpfer aller Kreaturen, und bewahrheitet damit die biblische Botschaft, wie sie in der Kurzformel oben angesagt wurde.

Lernmöglichkeiten

Die ausgewählte Franziskuslegende wird am besten frei erzählt. Je nach Interesse wird die Geschichte nach einer ersten Sprechsteinrunde nacherzählt, nachgespielt oder bildnerisch nachgestaltet. Mögliche Motive, die den Erzählkern herausarbeiten, könnten sein:

- der grimmige, böse Wolf, so wie ihn die Bewohner von Gubbio in ihrer Angst dämonisieren und überzeichnen – und quasi als Gegenbild der besänftigte, gezähmte Wolf, jeweils mit den entsprechenden Mimiken und Gesten der Leute
- den Annäherungsprozess zwischen Franziskus und dem Wolf in eine dialogische Szene oder ins Bild bringen, möglicherweise in Klänge übertragen oder in Tiersprache mit sich zum sanften Ton wandelnder Wolfsstimme

Weitere Informationen über die Biografie und die Glaubenshaltung des heiligen Franziskus können den Kindern helfen, den Hintergrund und vielleicht auch schon die Textform Legende besser zu verstehen.

Weitere Anregungen

- **Fächerübergreifendes Arbeiten:** Das Folgekapitel im Schülerbuch zum Thema Schöpfung widmet sich im Sinne der thematischen Vernetzung weiter Franziskus (S. 18–19). Alternative Texte zum Themenkreis Streit sollten möglichst auch im Deutsch- oder Sachunterricht fächerübergreifend einbezogen werden.
- **Musical:** „Franz von Assisi", Peter Janssens Musik-Verlag

 6. leben + gestalten

Leitmedium: „Du und ich" (SB S. 16)

Der Text von Karlhans Frank ist formal aufgebaut als Zwiegespräch zwischen zwei Kindern, die sich miteinander vertraut machen wie Franziskus mit dem bösen Wolf. Einfühlsam öffnet er Ohr und Herz für das Fremde am Gegenüber. Der Prozess des Kennenlernens ist der Weg zum Verständnis und am Ende gar zur Freundschaft. Er wird vorgezeichnet als Dialog und inneres Einsichtsgeschehen, wo der Geist der Freundschaft sich Raum schafft.

Lernmöglichkeiten

Der Text „Du und ich" (S. 16) wird zunächst vorgetragen, besprochen und nachgelesen, womöglich mehrfach mit verteilten Rollen. Daraus soll auch eine kleine Sprechmotette werden. Wer kann die Szene am Ende auswendig oder frei vortragen? Ausgesuchte Zeilen werden abgeschrieben oder zu kleinen Spruchkarten verarbeitet, Textalternativen werden angeboten, die weitere Teilaspekte aufgreifen und dem Prozess der Freundschaftsfindung und Bindung in ansprechender Form und Sprache Ausdruck verleihen (➡ **M 7, M 8**).

Der Rahmen des Textes „Du und ich" entpuppt sich am Ende als Geduldsfaden, den die Kinder aus verschiedenfarbigen Wollfäden selbst flechten oder quirlen können:

In das Kordelband werden 5 Knoten gelegt und die Enden zusammengeknotet, sodass eine Endlosschlinge entsteht. Wer in Zukunft wütend ist und sauer auf andere, darf sich seinen Geduldsfaden solange durch die Hand ziehen (wie beim Rosenkranzgebet) und bei jedem Knoten einmal tief durchatmen, bis die Wut sich gelegt hat.

Die Reihe klingt mit einem spirituellen Friedenslied aus, z. B. „Herr, gib uns deinen Frieden" oder „Gib uns Frieden jeden Tag" (GL).

M1: Bildergeschichte (Erzählvorlage)

Immer das gleiche Spiel: Aus Spaß wird Ernst!

Zwei spielen miteinander. Sie haben viel Spaß dabei. Sie achten darauf, dass der Ball nicht auf den Boden fällt.
Bis einer anfängt zu stänkern: „Du hast den Ball fallen lassen, du Blödmann!" „Du hast mich umgeschubst, du Spielverderber!"
„Das lasse ich mir von dir nicht gefallen! Das kriegst du wieder! Ich zeig es dir!" Schnell wird aus Spaß böser Ernst. Das geht immer so weiter, hin und her. Keiner will der Verlierer sein. Keiner will klein beigeben. So wird es immer schlimmer.
Beide haben sich sehr wehgetan. Sie weinen. Das schöne Spiel ist aus. Keiner hat gewonnen. Am Ende siehst du nur Verlierer.

M6: Der Wolf von Gubbio (Erzählvorlage)

In der Nacht streunte der Wolfshund von Gubbio umher, griff Haustiere und Menschen an. Er hielt die ganze Stadt in Angst und Schrecken. Niemand ging ohne Waffe aus dem Haus. Kinder durften nicht mehr draußen spielen. Das war zu gefährlich. Jeder, der nicht unbedingt in der Stadt zu tun hatte, machte einen großen Bogen um Gubbio herum. Wer wollte schon gerne Bekanntschaft machen mit einem bissigen, vielleicht sogar tollwütigen Wolf? Franz von Assisi war auf dem Weg nach Gubbio, als er die Leute von dem bösen Raubtier klagen hörte. Er bekam Mitleid mit dem armen Geschöpf. Franz wusste, was Hunger bedeutet. Auch Menschen können zu wahren Bestien werden, wenn Hunger sie quält. Er wollte den Wolf zur Rede stellen, um ihm eine Chance zu geben. Die Leute versuchten mit allen Mitteln, ihn davon abzuhalten: „Der Wolf wird dich töten!", warnten sie. Doch Franz hörte auf die Stimme des Herzens, nicht auf die der Menschen. Er ging dem Wolf entgegen. Die Menschen flohen in die Häuser und verfolgten das Geschehen mit gespannten Augen vom Fenster aus. Sie sahen, wie der Wolf Franz drohend ankläffte. Doch Franz verließ sich auf sein Gottvertrauen und stellte sich ihm ohne Angst in den Weg. „Mein Bruder Wolf, komm zu mir!", sprach er ihn freundlich an. Das erstaunte den Wolf so sehr, dass er verstummte. „Lieber Wolf, hör mir bitte zu! In Gottes Namen, beruhige dich! Ich tue dir nichts. Hab Vertrauen. Ich möchte dir helfen, hörst du?" Der Wolf spitzte die Ohren, als er die sanfte Stimme hörte. „Was richtest du an, mein Bruder! Die ganze Stadt fürchtet sich vor dir. Du hast Menschen getötet. Du hast Strafe verdient. Sie werden dich erschlagen, wenn sie dich nur erwischen. Ich aber will zwischen dir und den Bewohnern der Stadt Frieden vermitteln, wenn du versprichst, niemandem mehr ein Leid zuzufügen!" Der Wolf wedelte mit dem Schwanz und nickte mit dem Kopf, als habe er alles verstanden. Franz fuhr fort: „Ich weiß, dass du nur aus Hunger gehandelt hast. Wenn du Frieden hältst, brauchst du nie wieder zu hungern, denn die Bewohner von Gubbio werden dir von nun an jeden Tag Futter bereitstellen und dich versorgen. Nun zeig mir, dass du Frieden schließen willst!" Treu wie ein dressierter Wachhund gab der Wolf dem Franz Pfötchen und folgte ihm brav in die Stadt. Die Menschen liefen zusammen und trauten ihren Augen nicht. Franz erklärte ihnen die Abmachung, die er mit dem Wolf getroffen hatte. Alle waren einverstanden. Das letzte Misstrauen wich, als sie merkten, dass der Wolf tatsächlich friedlich mit ihnen zusammenleben wollte. Sie gaben dem Wolf täglich zu essen, sodass er nie wieder hungern musste und bis zu seinem Tod keinen Menschen mehr bedrohte.

**Das lasse ich mir
von dir nicht gefallen!**

Dir werde ich es zeigen!

Hau ab! Zieh Leine!

**Lass mich in Ruhe,
du Blödmann!**

Der hat angefangen!

Selber schuld!

**Wenn du das nicht machst,
bist du nicht mehr
mein Freund!**

**Wenn nicht, machen wir
dich fertig!**

Gib das wieder her!

**Lass mich doch
endlich in Ruhe!**

Mädchen sind Zicken!

Jungs sind bescheuert!

**In der Pause kannst
du was erleben!**

**Warum störst du uns
beim Spielen?**

**Mit dir rede
ich nicht mehr!**

Das gehört mir!

Fischer u.a.: Ich bin da 2, Lehrerhandbuch
© Auer Verlag GmbH, Donauwörth

Warum streiten wir uns?

Wie fühlt sich der Sieger?

Wie fühlt sich der Verlierer?

Hat immer der Stärkere recht?

Wie verläuft ein Streit meistens?

Um welchen Zankapfel geht es oft?

Wann wird aus Spaß böser Ernst?

Muss ich mir alles gefallen lassen?

Mit wem streitest du dich gerne?

Wie kann man Streit vermeiden?

Was findest du unfair beim Streiten?

Welche Streitregeln sind sinnvoll?

Wie wird ein Streit entschieden?

Wie streiten Erwachsene?

Wie beruhigt man Kampfhähne?

Wie kann man einen Streit gut beenden?

Was lernst du aus einem Streit?

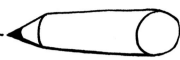

Warum sich Raben streiten

Weißt du, warum sich Raben streiten?
Um Würmer und Körner und Kleinigkeiten
Um Schneckenhäuser und Blätter und Blumen
Und Kuchenkrümel und Käsekrumen
Und darum, wer recht hat und unrecht,
und dann auch darum, wer schöner singen kann.
Mitunter streiten sich Raben wie toll
darum, wer was tun und lassen soll,
und darum, wer erster ist, letzter und zweiter
und dritter und vierter und so weiter.
Raben streiten um jeden Mist.
Und wenn der Streit mal zu Ende ist,
weißt du, was Raben dann sagen?
Komm, wir wollen uns wieder vertragen.

Frantz Wittkamp

Fischer u.a.: Ich bin da 2, Lehrerhandbuch
© Auer Verlag GmbH, Donauwörth

M 5: **Die Geschichte von Kain und Abel (Sprechmotette)**

Erzähler:
Dies ist die Geschichte von zwei Brüdern: Kain und Abel. Kain ist Bauer. Abel ist Hirte. Kain ist neidisch auf seinen Bruder Abel.

Kain: *alle als flüsterndes Echo im Chor:*
Abel kann alles besser als ich   – **besser als ich!**
weiß alles besser als ich   – **besser als ich!**
macht alles besser als ich   – **besser als ich!**

Kain: *alle als fragendes Echo im Chor:*
Mein Bruder ist schlauer als ich   – **schlauer als ich?**
stärker als ich   – **stärker als ich?**
schneller als ich   – **schneller als ich?**

Kain: *alle als zischelndes Echo im Chor:*
Mutter hat ihn lieber als mich   – **als mich!**   – **als mich!**
Vater hat ihn lieber als mich   – **als mich!**   – **als mich!**
Alle haben ihn lieber als mich   – **als mich!**   – **als mich!**
Hat auch Gott ihn lieber als mich?   – **als mich!**   – **als mich!**

Erzähler:
Als beide Gott ein Rauchopfer bringen, steigt Abels Rauch
hoch zum Himmel auf. Der Rauch von Kains Opferaltar
kriecht nur am Boden entlang. Nimmt Gott sein Opfer nicht an?
Da wächst sein Neid zu Hass. Er lockt Abel aufs Feld hinaus,
wo niemand sie sieht, wo niemand sie hört.

Zuerst Kain, dann alle lauter werdend als Echo im Chor:
Komm mit mir, ich zeig dir was! Komm mit mir,
ich zeig dir was!
Komm mit mir, ich zeig dir was!
Dir werde ich es zeigen!
– Pauke oder Beckenschlag –

Erzähler:
Abel folgt seinem Bruder. Plötzlich schlägt Kain blind vor Neid
auf seinen Bruder ein, bis der sich nicht mehr rührt.
Kain erschrickt. Zu spät.
Statt des Neides quält ihn nun die Schuld.
Angst steht ihm auf der Stirn. Sie geht ihm nach.
Er hört Gottes Stimme immer lauter in seinem Gewissen.

Einer: **Wo ist dein Bruder? Was hast du gemacht?**
Kain: **Was geht mich mein Bruder an?**
Alle lauter: **Wo ist dein Bruder? Was hast du gemacht?**
Kain: **Ich habe nichts gemacht!**
Alle lauter: **Wo ist dein Bruder? Was hast du gemacht?**
Kain: **Alle hatten ihn lieber als mich!**
Alle leise: **Wo ist dein Bruder? Was hast du gemacht?**
– Pauke oder Beckenschlag –

Erzähler:
Ob Kain je wieder lachen kann?
Ob er noch Gottes Liebe spürt?

Wolfgang Gies

Fischer u.a.: Ich bin da 2, Lehrerhandbuch
© Auer Verlag GmbH, Donauwörth

M7: Petra (Textangebot)

Das macht Petra, wenn sie sich
mit Steffen anfreundet:
Sie lächelt Steffen an.
Sie legt ihren Arm um Steffen.
Sie hält Steffen an der Hand.
Sie macht Steffen den Ranzen zu.
Sie setzt sich ganz nah zu Steffen.

Das macht Petra, wenn sie sich
von Steffen ab-freundet:
Sie dreht Steffen den Rücken zu.
Sie guckt Steffen bös an.
Sie streckt Steffen die Zunge raus.
Sie lacht Steffen aus.

Marianne Kreft

M8: Der Frieden (Textangebot)

Die Angst vor Streit und Hass und Krieg
lässt viele oft nicht ruhn.
Doch wenn man Frieden haben will,
muss man ihn selber tun.

Der Frieden wächst, wie Rosen blüh'n,
so bunt, so schön und still.
Er fängt bei uns zu Hause an,
bei jedem, der ihn will.

Vom Frieden reden hilft nicht viel,
auch nicht, dass man marschiert.
Er kommt wie Lachen, Dank und Traum,
schon wenn man ihn probiert.

Man braucht zum Frieden Liebe,
natürlich auch Verstand,
und wo es was zu heilen gibt:
jede Hand.

Eva Rechlin

3. Gottes Welt – uns anvertraut

Darum geht es

Theologische Perspektive

Das biblische Bekenntnis zu Gott als Schöpfer und Bewahrer der Welt begegnet uns in unterschiedlichen Darstellungsweisen. Zum einen sind im ersten Buch des ATs zwei Schöpfungsberichte überliefert, zum anderen sind die Psalmen 8 und 104 zu nennen. Es finden sich darüber hinaus Einzelaussagen. Allen diesen Texten liegt die gleiche Aussage zugrunde: Gott ist der Eine, der alles geschaffen hat. Er hat alles in seiner Hand. Die Menschen dürfen ihm trauen.

Nach biblischer Überzeugung ist die Schöpfung gut. Diese Qualifizierung als „gut" meint gleichzeitig, dass alles Geschaffene dem Menschen guttut und sein Leben sichert. Gott hat „alles nach Maß, Zahl und Gewicht geordnet". Dieser Vers bringt komprimiert das schöpfungstheologische „Urerlebnis" der alttestamentlichen Menschen zum Ausdruck: Dass das Leben in der Vielfalt und dem geordneten Miteinander der Lebensräume unerschöpflich vorgegeben ist. Dadurch ist der Mensch darauf angewiesen, dieses Leben immer neu entgegenzunehmen, weil keines der Lebewesen es für sich selbst machen kann. In den Worten „Maß, Zahl und Gewicht" wird die vom Schöpfergott gesetzte Ordnung zur Sprache gebracht. Wenn Er alles gemacht hat, folgt daraus, dass wir diese Ordnung respektieren müssen. Wir haben die Verantwortung, das vorgegebene Leben zu erhalten.

Religionspädagogische Leitlinie

Als selbstverständlich nehmen Kinder und Erwachsene das hin, was ihnen mit Regelmäßigkeit im Alltag begegnet. Der Unterricht will deshalb zu einer neuen Sichtweise verhelfen. Erst wenn das scheinbar Alltägliche in den Vordergrund gerückt wird, kann die erstaunliche Seite der Natur bewusst werden. Es gilt ganz gewöhnliche Vorgänge neu zu sehen und zu schätzen. Ebenso wie die biblische Schöpfungserzählung (Klasse 1) können die biblischen Texte hier das Vertrauen in das Leben und den Willen zu verantwortlichem Handeln bestärken. Die Noachgeschichte ist auch wegen der Zusage Gottes ein wichtiger Baustein bei der Entwicklung des Gottesbildes. Die Grundhaltung des Menschen gegenüber Gott ist der Dank. Der Unterricht will Kinder befähigen, Freude und Dank über die Gaben der Schöpfung auszudrücken und das Teilen als Aufgabe zu werten.

Lernanliegen

Es stellt sich die Frage nach dem adäquaten Verhalten des Menschen. Die Schöpfung als uns anvertrautes Gut und die Einsicht in die herrschende Ordnung sowie die Erfahrung von der Vernetzung allen Lebens in der Welt fordern zu einer verantwortungsbewussten Einstellung und Handlungsbereitschaft heraus.

Der Blick wird für natürliche Rhythmen (z. B. einatmen – ausatmen) geöffnet. Von da aus wird über eine Fragebox die Verantwortung des Menschen in den Blick gerückt, um zu einem bewussten Umgang mit der Natur als Schöpfung anzuleiten.

Franziskus ist dafür ein positives Beispiel. Prägnant wird an ihm der Wechselbezug von Schöpfungsglaube und Achtung vor den Mitgeschöpfen ablesbar. Die Legende „Franziskus als Bruder der Tiere" versinnbildlicht das Einfühlungsvermögen, zu dem die Anerkennung der Tiere als Mitgeschöpfe befähigt, und zeigt, welche Freude der Mensch dadurch empfängt.

Die Noacherzählung demonstriert die existenzielle Bedrohung, wenn Menschen der Ordnung Gottes zuwiderhandeln. Der didaktische Akzent liegt auf der Zuversicht. Die Kinder nehmen wahr, wie sich Noach auf die sein Leben rettenden Zusagen Gottes einlässt und im Zeichen des Regenbogens erfährt, dass Gott seine Schöpfung in den gegebenen Rhythmen und Ordnungen unter seinen Schutz stellt. Im Zusammenhang mit der Deutung der Schöpfung steht das Danken des Menschen.

Lernertrag

Wir sehen, dass Gott seiner Schöpfung Ordnungsmuster eingegeben hat, deren Anerkennung sich zum Guten auswirkt. Zu dieser Ordnung gehört auch, dass Mensch, Tier und Pflanzenwelt zusammengehören. Jedes Geschöpf ist wichtig und für uns eine Herausforderung für einen verantwortungsbewussten Umgang. Die Franziskuslegende hat uns die Augen für dieses Grundverständnis geöffnet. Die Noacherzählung zeigt uns zum einen Leid, Not und Umgang als Folge der Gleichgültigkeit des Menschen gegenüber Gottes gegebener Ordnung, zum anderen stärkt sie unser Vertrauen in die Treue Gottes. Der Regenbogen als Zeichen der Verbindung zwischen Gott und Mensch bestärkt diese Zuversicht. Wir kennen biblische Texte, die das Leben als Geschenk Gottes deuten, kennen den Grund für das Erntedankfest und wissen, was das Bild des Regenbogens und das Erntedankfest miteinander zu tun haben.

Prozess-Schritte: Übersicht

Gottes Welt – uns anvertraut	Prozess-Schritte
1. **sehen +** **entdecken**	Unser Ausgangspunkt sind geregelte Vorgänge im Leben von Pflanzen, Tieren, Menschen, der Kreislauf der Gestirne, Sonne, Mond, Erde, Herz- und Atemrhythmus, symmetrische Ordnungsmuster in der Natur; der Text „Du hast alles geschaffen nach Maß, Zahl und Gewicht" wird in seiner Bedeutung konkretisiert. Wir **Menschen sind fest in diese Ordnung des Schöpfers eingebunden.** Es gehört zu unserer Aufgabe, die Ordnung zu schätzen und zu bewahren.
2. **fragen +** **finden**	Kinder geben sich nicht mit dem Dasein der Schöpfung zufrieden. Sie möchten **hinterfragen und mehr wissen.** Nachdenken ist die Voraussetzung, um dankbar sein zu können. Hier erfahren sich die Kinder bewusst als Fragende und erleben das gemeinsame Ringen um Antwort.
3. **hören +** **sagen**	**Wir erarbeiten das Märchen „Die Bienenkönigin"** ohne Buch in der bewährten Abfolge: erzählen, nacherzählen, nachgestalten in verschiedenen Variationen. Die Texterschließung hilft, die konträren Verhaltensweisen der Brüder auf einen Begriff zu bringen. Das Angewiesensein des Menschen als Wahrheit des Märchens wird im Gespräch erschlossen und durch eine Gestaltungsarbeit vertieft.
4. **träumen +** **trauen**	Die Legende führt in Bild und Text in eine Welt, in der die Vision von dem **gemeinsamen Leben alles Geschaffenen** im Haus der Welt Wirklichkeit geworden ist. Die hohe Wertschätzung, die Franziskus der Tierwelt entgegenbringt, hat dabei einen letzten Grund: Alles Leben lebt von der Schöpferkraft und Liebe Gottes.
5. **glauben +** **(be)kennen**	Kann es angesichts der nicht auszurottenden Kriege, der Umweltverschmutzung und Klimakatastrophe noch Hoffnung auf eine humane Welt geben? Die Botschaft der Noacherzählung ist voller Verheißung: **Gott vernichtet nicht.** So wie der Regenbogen einer Brücke gleich Himmel und Erde verbindet und selbst das Unheil noch umfasst, so hat Gott in seinem Bund Hoffnung auf Rettung geschenkt. Der Glaube bekennt Gott als Bündnispartner und damit als Garant des Lebens. Der Mensch darf auf Rettung und Befreiung durch Gott bauen und ist nicht das Leben zerstörenden Mächten ausgeliefert. In dieser Bedeutung soll der Regenbogen als Sinnzeichen des Glaubens angeeignet werden.
6. **leben +** **gestalten**	Warum sollen wir danken? Wem gebührt der Dank? **Wie können wir danken?** Weil Kognition und Pragmatik zusammengehören, sind in diesem letzten Lernschritt die beiden Lerndimensionen miteinander verwoben. Weil der Glaube sich in konkreten Handlungen äußert, tauchen die Kinder in die Rolle des dankenden Menschen ein und geben diesem Dank für die Erntegaben Sprache und Gestalt.

Methoden	Medien	
	Leitmedium	**Begleitmaterial**
Betrachtungen/Wahrnehmungen besprechen: Leitfrage: Wo finden sich natürliche Ordnungen? Wir beschreiben und deuten das Foto und lesen den SB-Text. **Murmelgruppe und Gestaltungsarbeit:** Wir überlegen Beispiele für Ordnungen und Abläufe in der Natur und malen sie auf Papier-Quadrate (für ein Memory-Spiel). **Meditative Lernhandlung:** Mandala oder Blattformen ausmalen	**SB S. 17:** Weltraumbild und Bibelvers	**M 1:** Baum (Vorlage) **M 2:** Drei Schmetterlinge (Mandala) **M 3:** Hinschauen und finden (Arbeitsblatt)
Fotobetrachtung/Reporterspiel: Wir lassen uns von Fotos zu Fragen an die Schöpfung inspirieren. Aus dieser Fragenbox beantworten wir die wichtigsten. **Gestaltung eines Wunschbaumes:** Leitthema: Was wir der Schöpfung wünschen	Fragebox	Fotos zum Thema Schöpfung Musikbegleitung Karton als Fragebox Tonpapier Tapetenrolle/ Baumzweig
Diskussion: Wir diskutieren eine Schlagzeile. **Texterschließung/Unterrichtsgespräch:** Wir lesen das Märchen „Die Bienenkönigin" und gestalten es als Bildgeschichte. Im Unterrichtsgespräch finden wir Eigenschaftsworte für die Söhne.	**M 4:** Die Bienenkönigin (Märchen)	Folie mit Schlagzeile **M 5:** Die Bienenkönigin (Ausschneideblatt) **M 6:** Die drei Königssöhne (Arbeitsblatt) Tonpapierstreifen
Erzählrunde und Bildbetrachtung: Wir berichten von Erfahrungen mit Tieren und betrachten anschließend das Bild. Dabei formulieren wir offene Fragen. **Erzählen/Erlesen der Legende:** Die Lehrkraft erzählt die Legende auf S. 18. Die Kinder erlesen sie anschließend mit verteilten Rollen. Im Gespräch klären wir die Begriffe „Bruder", „Geschwister", „Familie Gottes".	**SB S. 18–19:** „Franziskus als Bruder der Tiere" (Erzählung)/A. Fuchshuber: „Franziskus redet zu den Vögeln"	**M 7:** Frankiskus (Puzzle)
Bildbetrachtung und Sprechsteinrunde: Die Fantasiereise führt uns zur Darstellung unseres eigenen Regenbogens. Bildbetrachtung und Text lassen uns eine Umsetzung der Noacherzählung versuchen. In einer Sprechsteinrunde überlegen wir, was uns der Regenbogen sagt. **Texterschließung:** Wir lesen den Noachtext und bestimmen die Kernaussagen. **Tanzeinübung:** Tanz unter dem Regenbogen	**SB S. 20–21:** Gott setzt ein Zeichen	**M 8:** Der Regenbogen (Fantasiereise) Schreibkärtchen Umriss der Arche **M 9:** Biblische Erzählung (Gen 6,1–9,17) **M 10:** Tanz unter dem Regenbogen (Lied)
Bildbetrachtung und Sprechsteinrunde: Ein halbierter Apfel dient als Gesprächsimpuls für die anschließende Bildbetrachtung. Gemeinsam überlegen wir, wofür wir danken. Wir erarbeiten das Erntedankritual. **Reflexion:** Wir erarbeiten den Kurztext auf S. 22.	**SB S. 22:** Erntedank feiern	Tapetenstreifen mit Regenbogen halbierter Apfel Tonpapierstreifen: Erntedank **M 11:** Erntedankritual (Lied)

So gehen wir günstig vor

 1. sehen + entdecken

Leitmedium: Weltraumbild und Bibelvers (SB S. 17)

Der fotografische Blick in den Weltenraum vermittelt bei genauerem Hinsehen den Eindruck von Harmonie und Ordnung. Unmittelbar aus der Fotografie heraus erschließen sich kosmische Weiten, die Zuordnung der Gestirne, Größenrelationen und die Sonne als Lichtquelle und ordnende Mitte für alles. Die Größendimensionen von Sonne, Mond und Sternen, die sie trennenden Weiten und die Tiefenwirkung des Raumes vermitteln den Eindruck einer herrschenden Ordnung und eine Ahnung von dieser unvorstellbaren Größe und Großartigkeit des Weltenraumes. Symbolisch zeigt dieses Foto, dass vieles in der Welt der Machbarkeit des Menschen entzogen ist und seine Vorstellungskraft übersteigt. Was uns Menschen schon von Anfang der Schöpfung an als Chaos erscheint, ist in Wahrheit geordnet, nur sind wir noch dabei, die kosmischen Ordnungssysteme zu erforschen. Während die Naturwissenschaften darauf aus sind, die Gesetzmäßigkeiten von Maß (Physik), Zahl (Arithmetik) und Gewicht (Chemie) zu erforschen, offenbart sich für den Glauben in dieser Ordnung der Schöpfer und seine Absicht, wie der kurze Textimpuls aus dem Buch der Weisheit 11,20 beispielhaft bezeugt.

Lernmöglichkeiten

Durch verschiedene Betrachtungen und Wahrnehmungen wird die Gegebenheit von Ordnung und Struktur in der Schöpfung von den Kindern entdeckt. An einem Baum, der als Folie präsentiert wird (➡ M 1), werden sie auf die Übereinstimmung zwischen dem oberen und unteren Teil aufmerksam. Danach zeigt die Lehrkraft durchgeschnittenes Obst/Gemüse (z. B. Apfel, Zitrone, Zwiebel, Tomate), bei deren Vergleich Ordnungsmuster als etwas Gemeinsames erkannt werden. Wir fühlen eine Minute lang unseren Puls und entdecken – bei gewissen Abweichungen – eine allen gemeinsame Anzahl von Pulsschlägen.

Die Beschreibung des Kapitelfotos gibt einen Einblick in die kosmische Ordnung, was zu der Erkenntnis führt: „Alles läuft geordnet ab." Der Text wird gelesen und Beispiele werden zusammengetragen, die zur Textaussage passen: die Erde, die sich mit immer gleicher Geschwindigkeit um die eigene Achse dreht; der Mond, der sich um die Erde dreht; die Sonne, die zu bestimmten Stunden Licht und Wärme gibt. Der Wechsel von Tag und Nacht als täglich erlebbares Ordnungsprinzip wird im abgedunkelten Klassenraum mithilfe eines Globusses und einer Taschenlampe nachgestellt.

In Murmelgruppen werden weitere Beispiele für Vorgänge und Abläufe in der Natur, die festgelegt sind oder zusammengehören, zunächst überlegt (Tag/Nacht, wach sein/schlafen, Sommer/Winter, Werden/Vergehen, ausatmen/einatmen usw.). Nun erhält jedes Kind zwei Quadrate aus festem Papier und malt zwei Bilder darauf, die von der Natur her zusammengehören. So entsteht ein Memory-Spiel.

Die farbenfrohe Ausgestaltung des Schmetterlingsmandalas (M 2) gibt die Chance, die Entdeckung der Bedeutung von Ordnungsmustern in der Natur zu verinnerlichen. M 2 ist mit dem Text von S. 17 zu beschriften. Reizvoll für die Kinder ist auch, Formen in der Natur zu vergleichen und identische herauszufinden (➡ M 3).

Weitere Anregungen

- Eine **Baumscheibe** ist ein idealer Gegenstand, um das Vorhandensein von strukturierter Ordnung in der Natur aufzuspüren.

- Kinder **symmetrische Formen herstellen** lassen, z. B. großer Farbklecks, anschließend das Blatt in der Mitte des Kleckses falten und von beiden Seiten andrücken.

- Als **Gestaltungsarbeit** bietet sich der Bibelvers von Seite 17 im Schülerbuch als Schmuckblatt an.

2. fragen + finden

Leitmedium: Fragebox

Eine grundlegende religionspädagogische Aufgabe besteht darin, Frageinteresse zu wecken und Fragefähigkeit zu fördern. Erst wenn das Kind lernt, Ereignisse und Abläufe in der Schöpfung zu hinterfragen, wird deren Selbstverständlichkeit erschüttert, wird ein Verstehen angebahnt und können sich Grundhaltungen wie Respekt, Ehrfurcht und Dankbarkeit bilden. So wird die Fragebox als Medium zum Fragen ermutigen und zugleich bewusst machen, dass die Fragen von unterschiedlichem Gewicht sind. Bei der gemeinsamen Bemühung um Antworten könnte sich auch herausstellen, dass einzelne Fragen gar nicht so leicht zu beantworten sind.

Lernmöglichkeiten

In der Raummitte liegen auf einem Tuch verschiedene – von den Kindern und der Lehrkraft mitgebrachte – Fotos zum Thema Schöpfung (Zeitungsausschnitte, Kalenderblätter, eigene Aufnahmen …). In Ruhe und Stille werden die Fotomotive betrachtet, was durch leise Musik begleitet werden kann. Die Kinder werden aufgefordert, das Foto, das ihnen besonders gefällt, den anderen im Stuhlkreis vorzustellen und die Wahl zu begründen. Eine Box (Karton) mit einem großen Fragezeichen wird in die Mitte des Bildmaterials gestellt (Fragebox). Welche Fragen bezüglich der Schöpfung haben die Kinder? In Tischgruppen werden Fragen überlegt, jede Frage wird auf einen Zettel geschrieben und in die Fragebox eingeworfen, z. B. Wem verdanken wir das alles? Wie gehen wir damit um? Wie können wir dafür danken? Dann werden alle Fragen gesichtet und die nach Meinung der Klasse vier wichtigsten auf die vier Seiten der Fragebox geschrieben. Es wird versucht, in der methodischen Form des Reporterspiels die vier Fragen zu beantworten.

Abschließend wird ein Wunschbaum gestaltet, um zum Ausdruck zu bringen, was wir der Schöpfung (Pflanzen, Tiere, Mitmenschen) wünschen. Der Baum steht hier als Sinnbild für die ganze Schöpfung. Die Kinder schneiden aus farbigem Tonpapier Blätter aus und schreiben jeweils einen Wunsch darauf. Die Blätter werden an die Zweige eines Baumes im Klassenzimmer (z. B. Tapete, Heckenzweig) gehängt.

 3. hören + sagen

Leitmedium: Märchen „Die Bienenkönigin" (M 4)

Das Märchen spricht eine Erfahrung an, die gerade in unserer Zeit in jeder Hinsicht spürbar wird. Der Mensch bekommt irgendwann die Quittung dafür, wenn er zerstörerisch in die Lebensräume von Pflanzen und Tieren eingreift. Diese Wahrheit wird in den Bildern des Märchens entfaltet. Während der Anblick der Tiere bei den beiden „klugen" Brüdern den Drang zu Zerstörung und Vernichtung auslöst, pocht der Dummling bei jeder Begegnung beharrlich darauf, die Tiere in Frieden zu lassen. Sein Motiv ist eindeutig: „Ich leid's nicht." Seelischer Kälte und Grausamkeit stehen Mitleid und Mitgefühl gegenüber. So schafft es der Dummling, den Vernichtungsdrang seiner vermeintlich klugen Brüder zu bremsen. Seine Güte und sein schützendes Handeln wirken nachhaltig positiv auf ihn zurück. Die Tiere lösen die ihm gestellte Aufgabe, die ihm ein großes Lebensglück eröffnet. Das Märchen zeigt, dass uns die Schöpfung nicht wertneutral gegenüber von Gut und Böse begegnet. Sie schenkt uns alle Lebensmöglichkeiten, wenn wir der Natur – exemplarisch in diesem Märchen der Tierwelt – geben, was ihr zusteht: Eigenwertigkeit, Ehrfurcht, Anerkennung und Mitgefühl. Alles Geschaffene ist durch die Dimension der Geschöpflichkeit miteinander verbunden. Damit ist zwar nicht alles Geschaffene gleichwertig – aber durch eine existentielle Verwiesenheit miteinander vernetzt.

Lernmöglichkeiten

Die Unterrichtsstunde beginnt mit einem Aufhänger: Auf einer Folie präsentiert die Lehrkraft die Schlagzeile „Autobahnpolizei stoppt Schweinetransport." Die Äußerungen der Kinder werden sich schwerpunktmäßig auf den Tierschutz und die Bedeutung der Tiere beziehen.

Die Lehrkraft erzählt das Märchen „Die Bienenkönigin" (M 4). Danach äußern sich die Kinder darüber, was sie an dem Märchen besonders beeindruckt und bewegt. Die tiefe Wahrheit des Märchens erschließt sich aus seiner Kontraststruktur (groß – klein, klug – dumm, Tränen – Freude) und seinem Spannungsbogen. Hier ist eine intensive Inhaltsbegegnung erforderlich: Die zwölf mit Buchstaben versehenen Einzelbilder zu dem Märchen (➡ M 5) werden von den Kindern ausgeschnitten und entweder auf einem Blatt geordnet oder in Form einer Bildreihe (Bildfries) gelegt und beziffert, um die Richtigkeit der Abfolge ihrer Bildgeschichte zu überprüfen. In der korrekten Reihenfolge ergibt sich das Wort „Streichelzoo". Mithilfe dieser Bildabfolge können die Kinder nun das Märchen mit eigenen Worten wiedergeben.

Das führt zum Gesprächspunkt: Inwiefern verhalten sich die beiden großen Königssöhne und der jüngste Bruder den Tieren gegenüber total verschieden? Welche Worte kennen wir, mit denen sich das unterschiedliche Verhalten der Königssöhne benennen lässt? Dann werden in Partnerarbeit auf dem Arbeitsblatt (➡ M 6) vorgegebene Eigenschaftswörter zum Verhalten der Königssöhne jeweils zugeordnet. Ein weiteres Wort – jeweils die beiden älteren und den jüngeren Bruder betreffend – ist von den Kindern selbst hinzuzufügen. Abschließend halten sie ihr Urteil fest, wer in Wirklichkeit von den drei Brüdern klug und wer dumm ist.

Weitere Anregungen

- Vielleicht bleibt noch Zeit für eine Gestaltungsarbeit zur Darstellung der eng verwobenen **Lebensgemeinschaft in der Schöpfung**: Streifen (ca. 3 cm breit) werden mit Namen von Tieren, Pflanzen und Kindern beschrieben und bemalt, zu einem Ring zusammengeklebt und mit anderen Ringen zu einer Girlande verbunden.

♡ **4. träumen + trauen**

Leitmedium: „Franziskus als Bruder der Tiere"/A. Fuchshuber: „Franziskus redet zu den Vögeln (SB S. 18–19)

Bild und Text ergänzen sich gegenseitig zu der Botschaft: Gott hat die Vögel erschaffen und liebt sie; weil auch der Mensch von Gott geschaffen ist, besteht zwischen ihnen eine Gemeinsamkeit. Dieser gemeinsame Ursprung in Gott macht ihre gegenseitige Nähe aus und begründet die Beziehung zwischen Tier (Vogel) und Mensch. Diese wechselseitige Nähe zeigt sich im Bild, weil sich die Blicke von Franziskus und den Vögeln treffen. Im erkennbaren Sprechen und Hören drückt das Bild die Vertrautheit miteinander und die Anerkennung des Franziskus für die Geschöpfe Gottes aus. Die Legende bringt diese enge Beziehung auch auf sprachlicher Ebene zum Ausdruck. Die Bezeichnungen

„Bruder", „Geschwister" und „Familie" signalisieren neben dem besonderen Beziehungsverhältnis auch das Moment der Vertrautheit und Verantwortung. Insofern kann der Satz aus dem Text „Wir gehören alle zu Gottes großer Familie" als Schlüsselsatz angesehen werden. Hierzu passt sprachlich gesehen, dass Gott dreimal im Text als Handlungsträger genannt wird. So führt die Zugehörigkeit zur Familie Gottes zu Freude und Dankbarkeit, wovon die letzte Strophe der Legende erzählt.

Lernmöglichkeiten

Zunächst erzählen die Kinder von ihren Erfahrungen mit Tieren (Lieblingstier, eigenes Haustier, Tiere im Zoo …), um hier schon die Bedeutung der wechselseitigen Beziehung von Mensch und Tier anklingen zu lassen.

Der nächste Schritt hebt auf das Kunstbild (S. 19) ab, wir ziehen also die Bildbetrachtung der Textarbeit vor. Die Bildbetrachtung wird in zwei Etappen durchgeführt: Zunächst wird mit der Hand die Figur abgedeckt und zusammengetragen, was wir sehen und was uns auffällt. Danach wird das gesamte Bild aufgedeckt: Wie ist dieser Mann (Franziskus) dargestellt? Was spielt sich zwischen ihm und den Vögeln ab? Wir befragen das Bild und schreiben die Fragen, die sich uns stellen, an die Tafel (z. B.: Wer ist dieser Mensch? Was sagt der Mann? Ist das wirklich so passiert usw.)?

Nun wird die Legende mit verteilten Rollen vorgelesen. Inwieweit lassen sich nun unsere gestellten Fragen beantworten? Die Deutung der Überschrift „Bruder" Buchfink und die Bezeichnung „Geschwister" und „große Familie Gottes" führt zur Absicht, zur Wahrheit der Legende: Als Geschöpfe Gottes sind wir alle mit ihm und miteinander verbunden.

Die Kinder setzen aus den Puzzleteilen (➡ M 7) auf einem DIN-A4-Blatt das Bild zusammen. Dabei ergibt sich eine Sprechblase, die die Kinder mit dem Satz aus der Ansprache des Franziskus ausfüllen, der ihnen besonders wichtig erscheint.

Die Rede des Franziskus eignet sich auch für eine abschließende pantomimische Umsetzung.

5. glauben + (be)kennen

Leitmedium: S. Köder „Arche"/„Gott setzt ein Zeichen" (SB S. 20–21)

Das Kunstbild ist ein ausgezeichneter Ansatz zum besseren Verständnis des biblischen Textes und wird bei diesem Planungsvorschlag dem Text vorangestellt. Auch ohne Kenntnis der biblischen Erzählung ist es den Kindern aufgrund der eindrucksstarken Symbolik möglich, die im Bild angesprochenen Grunderfahrungen des Menschen nachzuvollziehen und eine zunächst textunabhängige eigene Interpretation zu versuchen. Im Kontext aller Einzelsymbole (verendender Vogel, Taube mit dem frischen Zweig, Fels, Arche) kommt

dem Regenbogen die zentrale Bedeutung zu, denn als Bundeszeichen Gottes umfasst und durchdringt er im Bild alles – selbst die Dunkelzone im unteren Bildbereich. Aufgrund der visuellen Wahrnehmung, dass der Regenbogen alle Bildzonen berührt und das Dunkel aufhellt, somit Hoffnung und Zukunft verheißt, ist es kein weiter Schritt mehr zur Einsicht in die Absicht des Künstlers, die biblische Deutung zu bekräftigen, dass Gott die Welt niemals aufgibt, seine Schöpfung bewahrt und erhält. Unter dem Regenbogen, also im Bund mit Gott, kann die Schöpfung wieder aufatmen und es wird eine neue Welt im friedlichen Miteinander alles Lebenden möglich. Der Regenbogen ist deshalb ein Hoffnungszeichen, das Menschen auch in Situationen der Bedrängnis aufrichten kann.

Der Schülerbuchtext hält die wesentlichen Schritte des Menschen, die diesen Bund wirksam werden lassen, fest: „hören – antworten – vertrauen". Der letzte Textabschnitt konkretisiert im Zusammenhang mit dem Segen Gottes den Inhalt seiner Zusage.

Lernmöglichkeiten

Eröffnet wird die Stunde mit einer Fantasiereise: Der Regenbogen (➡ M 8). Im Anschluss gestalten die Kinder selbst einen Regenbogen, wobei darauf zu achten ist, dass die Konzentration der Stilleübung nicht sofort wieder verloren geht und das Blatt später als Arbeitsblatt wieder einsetzbar ist. Wenn die Klasse jetzt mit dem Bild von S. Köder konfrontiert wird, ist ihr Interesse bereits auf den Regenbogen ausgerichtet. Wir lassen uns bei der Bildbetrachtung von dem Regenbogen führen: Welche Gegenstände im Bild berührt er, was im Bild umkreist er? Nach der Nennung des Bildbestandes versuchen die Kinder, die Darstellung zu deuten, wobei ihre Deutungsansätze vermutlich in die Richtung gehen: Licht, Hoffnung, Zukunft, eine frohe Zeit, Aussicht auf Besserung, Verbindung zwischen Himmel und Erde (Tafelbild).

Damit stellt sich die Frage, woher dieses Licht, diese Hoffnung für Mensch, Tier und Welt kommt. Die biblische Erzählung von Noach und der großen Flut hilft uns bei unserer Suche weiter. Der biblische Text wird als Erzählung dargeboten (➡ M 9) und parallel spielerisch mitvollzogen (die Kinder bekommen unterschiedliche Tiernamen – mit Stühlen oder Klebestreifen ist eine Arche markiert – die Kinder werden in die Arche gerufen, wobei sie typische Bewegungen und Geräusche machen – sie hocken eng aufeinander – sie bewegen sich mit den Wellen – das Wasser geht zurück und die Arche steht still – alle verlassen die Arche). Nachdem alles vorbei ist, schreiben die Kinder auf kleine Kärtchen ihren Dank für die Errettung. Die Kurztexte werden vorgestellt und auf einen großen Umriss der Arche aus Tonpapier geklebt.

Die Hoffnung Noachs und seiner Familie lenkt unseren Blick wieder auf den Regenbogen. Wir betrachten nochmals das Bild und deuten nun in einer Sprechsteinrunde den Regenbogen im Zusammenhang mit der biblischen Erzählung: Was will der Regenbogen zeigen und sagen?

Wir lesen den Schülerbuchtext auf Seite 21. Was ist für jedes Kind der wichtigste Textabschnitt? Diesen übertragen wir auf unser Regenbogenblatt, das zu Beginn des Lernprozesses von den Kindern gestaltet worden ist, und malen uns selbst dazu.

In Vorbereitung auf die nächste Stunde sollte zum Abschluss das Lied „Tanz unter dem Regenbogen" (➡ M 10) eingeübt werden. Die Tanzbewegungen und Gesten sollen sich die Kinder selbst ausdenken. Ein Kind spielt vor und die anderen imitieren.

Die Kinder werden aufgefordert, zur nächsten Stunde eine Frucht mitzubringen.

6. leben + gestalten

Leitmedium: „Erntedank feiern" (SB S. 22)

Dank für die Ernte und Gottesverehrung gehören im Judentum und Christentum eng zusammen. „Mein Vater war ein Aramäer (…). Er zog hinab nach Ägypten (…) und brachte uns an diese Stätte und gab uns dieses Land, wo Milch und Honig fließen. Nun bringe ich die Erstlinge der Früchte des Landes, das du, Herr, mir gegeben hast" (Dtn 26,5–10). Aus diesem Glaubensbekenntnis geht hervor, dass „Erntedank" in der jüdisch-christlichen Tradition eine sehr alte Praxis darstellt, weswegen auch unser Kirchenjahr dieses Dankesfest eigens in seiner Liturgie berücksichtigt.

Die auf dem Foto gezeigte farbenfrohe Ansammlung verschiedener Früchte vor dem Altar gibt reichlich Anlass, über die Früchte der Erde zu sprechen. Die Vielfalt der Aspekte lässt sich gar nicht umfassend ausschöpfen: Vielfalt und Fülle unserer Nahrungsmittel, Wachstum, Verarbeitung und Verwertung unserer Früchte, Überfluss und Hunger, Umfang der menschlichen Arbeit, Früchte als Gabe usw. Der farbenprächtige Blumenstrauß auf dem Altar versinnbildlicht die Grundstimmung dieses Tages: Freude und Dank. Kerzen, Altar und Kirchenraum verweisen auf den Geber aller Gaben, auf Gott.

Der Text der Schülerbuchseite eröffnet über das Foto hinaus eine weitere Perspektive des Themas: die Verantwortung gegenüber hungernden Menschen.

Lernmöglichkeiten

Auch diese Lernsequenz steht unter dem zentralen Symbol des Regenbogens, deshalb stellt die Lehrkraft einen auf Styropor aufgebrachten Regenbogen auf einen vorbereiteten Tisch. Am Unterrichtsbeginn steht die Wiederholung des Liedes „Tanz unter dem Regenbogen" (➡ M 10). Im Sinne einer Gegenstandsbegegnung zeigt die Lehrkraft einen Apfel als Beleg dafür, dass Gott uns nicht vergisst. Die Kinder reagieren mit unterschiedlichen Gesprächsbeiträgen (Wachstum, Geschmack, Apfelsorten, Gesundheit usw.). Wir beziehen die Vaterunser-Bitte um das tägliche Brot mit ein.

Wir betrachten das Foto: Was erkennen wir? Von welchem besonderen Anlass spricht das Foto? Warum sind so verschiedene Früchte zusammengetragen worden? Das Wort „Erntedank", das in diesem Zusammenhang ausgesprochen wird, wird entsprechend seiner Wortzusammensetzung auf einen zweifarbigen Tonpapierstreifen aufgeschrieben. Dadurch wird eine Sprechsteinrunde zum Thema Danken angestoßen: Warum, wofür, wie und vor allem wem danken?

Im Folgenden werden die Kinder mit einem möglichen Sprachmuster für ihr Dankgebet vertraut gemacht. Sie schreiben die Bezeichnung der von ihnen mitgebrachten, gewaschenen Frucht (vorbereitende Hausaufgabe) auf ein Wortkärtchen. Diesen Einstieg bauen wir zu einem Erntedankritual aus. Gemeinsam wird ein Erntedankaltar aufgebaut: Auf einem Tisch werden eine schöne Decke, Kerzen und echte Früchte dekoriert. Die Klasse feiert das Herbeibringen der Gaben jeweils mit einer Liedstrophe, die auch als einfacher Reigen gestaltet werden kann (➡ M 11). Jedes Kind bringt seine Frucht mit dem entsprechenden Wortkärtchen (bei vielen Kindern paarweise) vor und spricht: „Ich bringe eine Gurke. Ich esse gerne Gurkensalat." „Ich bringe einen Apfel. Aus Äpfeln macht meine Mutter Apfelmus." „Ich bringe Pflaumen. Morgen backen wir Pflaumenkuchen." „Hier sind zwei dicke Birnen. Ich habe sie selbst gepflückt." usw. Darauf singen und tanzen jeweils alle das kleine Gabenlied, wobei dieser Ablauf wiederholt wird, bis alle Kinder ihre Früchte abgelegt haben. Wenn alle Kinder ihre Gaben gebracht haben, schließt die Lehrkraft mit folgender Einladung ab:

Kommt heran, kommt heran,
schaut die vielen Früchte an!
Reichlich ist der Tisch gedeckt.
Nehmt, damit es allen schmeckt!

Die Lehrkraft zerschneidet die roh essbaren Früchte und legt sie auf Teller, von denen die Kinder sich dann der Reihe nach bedienen dürfen. Alle sollen etwas bekommen. Zum Abschluss wird das Tanzlied noch einmal wiederholt.

Der Text der Seite 22 wird von einem Kind vorgelesen, allerdings mit Unterbrechungen. Nach jedem Satz erklingen drei Schläge der Klangschale. Den letzten Satz des Textes, der etwas verschachtelt ist, versuchen wir in eine positive Aussage umzuformulieren.

M 1: Baum (Folienvorlage)

Fischer u.a.: Ich bin da 2, Lehrerhandbuch

M 2: Die fünf Schmetterlinge (Märchen-Mandala)

Du _____

hast _____

_____

_____

_____

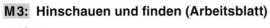

Welche Blattformen sind genau gleich?
Male die Blätter, die gleich sind, mit der gleichen Farbe aus.

M4: Die Bienenkönigin (Märchen)

Zwei Königssöhne gingen einmal auf Abenteuer und gerieten in ein wildes, wüstes Leben, sodass sie gar nicht wieder nach Haus kamen. Der Jüngste, welcher der Dummling hieß, machte sich auf und suchte seine Brüder: Aber wie er sie endlich fand, verspotteten sie ihn, dass er mit seiner Einfalt sich durch die Welt schlagen wollte und sie zwei könnten nicht durchkommen und wären doch viel klüger. Sie zogen alle drei miteinander fort und kamen an einen Ameisenhaufen. Die zwei Ältesten wollten ihn aufwühlen und sehen, wie die kleinen Ameisen in der Angst herumkröchen und ihre Eier forttrügen, aber der Dummling sagte: „Lasst die Tiere in Frieden, ich leid's nicht, dass ihr sie stört." Da gingen sie weiter und kamen an einen See, auf dem schwammen viele, viele Enten. Die zwei Brüder wollten ein paar fangen und braten, aber der Dummling ließ es nicht zu und sprach: „Lasst die Tiere in Frieden, ich leid's nicht, dass ihr sie tötet." Endlich kamen sie an ein Bienennest, darin war so viel Honig, dass er am Stamm herunterlief. Die zwei wollten Feuer unter den Baum legen und die Bienen ersticken, damit sie den Honig wegnehmen könnten. Der Dummling hielt sie aber wieder ab und sprach: „Lasst die Tiere in Frieden, ich leid's nicht, dass ihr sie verbrennt." Endlich kamen die drei Brüder in ein Schloss, wo in den Ställen lauter steinerne Pferde standen, auch war kein Mensch zu sehen, und sie gingen durch alle Säle, bis sie vor eine Tür ganz am Ende kamen, davor hingen drei Schlösser; es war aber mitten in der Türe ein Lädlein, dadurch konnte man in die Stube sehen. Da sahen sie ein graues Männchen, das an einem Tisch saß. Sie riefen es an, einmal, zweimal, aber es hörte nicht: Endlich riefen sie zum dritten Mal, da stand es auf, öffnete die Schlösser und kam heraus. Es sprach aber kein Wort, sondern führte sie zu einem reich besetzten Tisch; und als sie gegessen und getrunken hatten, brachte es einen jeglichen in sein eigenes Schlafgemach. Am andern Morgen kam das graue Männchen zu dem Ältesten, winkte und leitete ihn zu einer steinernen Tafel, darauf standen drei Aufgaben geschrieben, wodurch das Schloss erlöst werden könnte. Die erste war: In dem Wald unter dem Moos lagen die Perlen der Königstochter, tausend an der Zahl, die mussten aufgesucht werden, und wenn vor Sonnenuntergang noch eine einzige fehlte, so ward der, welcher gesucht hatte, zu Stein. Der Älteste ging hin und suchte den ganzen Tag, als aber der Tag zu Ende war, hatte er erst hundert gefunden; es geschah, wie auf der Tafel stand, er war in Stein verwandelt. Am folgenden Tag unternahm der zweite Bruder das Abenteuer: Es ging ihm aber nicht viel besser als dem Ältesten, er fand nicht mehr als zweihundert Perlen und ward zu Stein. Endlich kam auch an den Dummling die Reihe, der suchte im Moos, es war aber so schwer, die Perlen zu finden und ging so langsam. Da setzte er sich auf einen Stein und weinte. Und wie er so saß, kam der Ameisenkönig, dem er einmal das Leben erhalten hatte, mit fünftausend Ameisen, und es währte gar nicht lange, so hatten die kleinen Tiere die Perlen miteinander gefunden und auf einen Haufen getragen. Die zweite Aufgabe aber war, den Schlüssel zu der Schlafkammer der Königstochter aus der See zu holen. Wie der Dummling zur See kam, schwammen die Enten, die er einmal gerettet hatte, heran, tauchten unter und holten den Schlüssel aus der Tiefe. Die dritte Aufgabe aber war die schwerste, aus den drei schlafenden Töchtern des Königs sollte die jüngste und die liebste herausgesucht werden. Sie glichen sich aber vollkommen und waren durch nichts verschieden, als dass sie, bevor sie eingeschlafen waren, verschiedene Süßigkeiten gegessen hatten, die älteste ein Stück Zucker, die zweite ein wenig Sirup, die jüngste einen Löffel voll Honig. Da kam die Bienenkönigin von den Bienen, die der Dummling vor dem Feuer geschützt hatte, und versuchte den Mund von allen dreien; zuletzt blieb sie auf dem Mund sitzen, der Honig gegessen hatte, und so erkannte der Königssohn die rechte. Da war der Zauber vorbei, alles war aus dem Schlaf erlöst, und wer von Stein war, erhielt seine menschliche Gestalt wieder. Und der Dummling vermählte sich mit der Jüngsten und Liebsten und ward König nach ihres Vaters Tod; seine zwei Brüder aber erhielten die beiden anderen Schwestern.

Gebrüder Grimm

Fischer u.a.: Ich bin da 2, Lehrerhandbuch
© Auer Verlag GmbH, Donauwörth

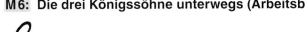

1. Wer ist klug? Wer ist dumm? Ordne die Wörter in die beiden Spalten ein.

lieblos	mitfühlend	fürsorglich	rücksichtsvoll
brutal	böse	tierlieb	gut	gefühllos

Die älteren Königssöhne
verhalten sich:

_____

_____

_____

_____

_____

_____

Der jüngste Königssohn
verhält sich:

_____

_____

_____

_____

_____

_____

2. Welches passende Wort fällt dir noch ein? Schreibe es dazu.

3. Wen hältst du für klug oder dumm? Tausche dich mit einem Partner aus.

Sie sind _____

Er ist _____

Fischer u. a.: Ich bin da 2, Lehrerhandbuch
© Auer Verlag GmbH, Donauwörth

1. Schneide die Puzzleteile aus und klebe sie auf einem Blatt zu einem Bild zusammen.
2. Schreibe in die Sprechblase den Satz aus dem Text von Seite 18 deines Schulbuches, der für dich der wichtigste ist.

M8: Der Regenbogen (Anleitung für eine Fantasiereise)

Lehrkraft:

Wir setzen uns bequem hin und lassen die Augen zufallen. Denn was wir jetzt sehen wollen, sehen wir mit unseren inneren Augen, und wir spüren, was wir bereits früher schon einmal gespürt haben.

(Pause)

Es ist ein schöner Sommertag. Die Luft fühlt sich weich und warm an. Wenn ich mich schnell bewege, muss ich schwitzen.

Am Himmel sind dicke helle und dunkle Wolken. Es sieht aus, als ob sie im Blau des Himmels schwimmen, wie große, breite Schiffe. Gegen Mittag wird es heißer und die Wolken am Himmel dehnen sich aus. Größer und dicker werden sie, nur noch wenig Blau sehe ich zwischen den Wolken durch. Und es wird dunkler. Dort drüben ist der Himmel wie eine dicke schwarze Wand geworden. Bald wird es ein Gewitter geben. Der Donner kündigt es an; von Ferne höre ich ein dumpfes Grollen. Es wird lauter. Das Gewitter kommt näher. Da, ein Blitz zuckt über den Himmel und laut tönt der Donner hinterher. Ich bin richtig erschrocken. Jetzt beginnt es zu regnen, tropfenweise, und nun gießt es. Strömender Regen ergießt sich über die Erde. So schnell kann das Nass gar nicht in die ausgetrocknete Erde versickern. Kleine Bächlein und Pfützen bilden sich, in die der Regen hineinprasselt.

So schnell wie das Gewitter gekommen ist, so schnell ist es vorübergezogen. Der Wind hat die grauen Wolken weitergeblasen, und die Sonne kommt wieder zum Vorschein. Wie hell sie jetzt strahlt und wie alles vom Regen glitzert!

Und da! Ich schaue zu der dunklen Wolkenwand hinüber; sie ist jetzt auf der anderen Seite des Himmels: Ein bunter Bogen spannt sich über den Regenhimmel. Aus farbigen Streifen ist er gemacht; sie leuchten rot, orange, gelb, grün, blau, violett – wie wunderschön! Bleibe, schöner Regenbogen, bleibe, geh nicht weg! – Gott, wie ist das schön!

(Stille, solange es die Situation erlaubt.)

Ich kann ihn immer noch sehen, den bunten Regenbogen, der sich über den Himmel spannt. Ganz still schaue ich, bis er allmählich verschwindet. Alle Menschen und Tiere, das Gras und die Bäume sind erfrischt von dem herrlichen Regen und die Straße dampft, denn nun scheint die Sonne wieder kräftig und heiß.

(Pause)

Wir kommen zurück, hierher in unser Klassenzimmer und öffnen die Augen.
Wir strecken und dehnen uns. Wir zeigen mit den Armen, wie der bunte Regenbogen sich über den Himmel spannte. Wir sagen die Reihenfolge der Farben.

Die Kinder bekommen Gelegenheit, von ihren Regenbogenerfahrungen zu erzählen oder sie erhalten sofort das entsprechende Material, um einen Regenbogen zu gestalten. Es ist darauf zu achten, dass die Konzentration der Stilleübung nicht sofort wieder durch Schwatzen und Geschäftigkeit verloren geht, sondern auch in die Phase des Sich-Mitteilens hinein wirken kann.

M9: Noach und die große Flut (Erzählvorlage)

Gott sah, dass die Menschen auf der Erde immer schlechter wurden. Denn alle Gedanken und Wünsche ihres Herzens waren immer nur böse. Da bereute es der Herr, dass er die Menschen gemacht hatte, und es tat seinem Herzen weh. Gott sagte: „Ich will die Menschen, die ich gemacht habe, töten und vom Erdboden wegwischen. Und mit ihnen sollen auch alle Herdentiere sterben, alle Kriechtiere und alle Vögel des Himmels. Denn ich bereue es, dass ich sie gemacht habe."

Nur Noach fand Gnade vor den Augen des Herrn. Denn Noach war ein gerechter und guter Mann und ging auf Gottes Wegen. Da sprach Gott zu Noach: „Ich will alle lebendigen Wesen auf der Erde töten. Denn durch sie ist die Erde erfüllt von Gewalt. Baue dir eine Arche aus Zypressenholz. Sie soll drei Stockwerke hoch sein und viele Räume haben. Bestreiche die Bretter von innen und außen mit Pech, damit kein Wasser hinein kann. Die Arche soll dreihundert Ellen lang, fünfzig Ellen breit und dreißig Ellen hoch sein. Mache ihr ein Dach und einen Eingang an der Seite. Ich will nämlich eine große Flut über die Erde bringen. Sie soll alles töten, was unter dem Himmel lebt. Mit dir aber schließe ich einen Bund. Geh in die Arche, du, deine Söhne, deine Frau und die Frauen deiner Söhne. Auch von allen Tieren nimm je zwei mit in die Arche, damit sie am Leben bleiben. Je ein Weibchen und ein Männchen sollen es sein. Nimm dir auch von allem Essbaren mit und lege dir Vorräte an." Noach tat alles genau so, wie Gott es ihm gesagt hatte.

Darauf sprach der Herr zu Noach: „Geh in die Arche hinein, du und deine ganze Familie. Denn es dauert nur noch sieben Tage, dann werde ich es regnen lassen auf die Erde. Vierzig Tage und vierzig Nächte lang wird es regnen und ich werde alles Lebendige töten."

Noach ging also in die Arche und mit ihm seine ganze Familie. Dazu auch die Tiere, immer zwei von jeder Art. Als die sieben Tage vorüber waren, kam das Wasser der großen Flut über die Erde. Alle Quellen aus der Tiefe brachen auf und alle Tore des Himmels öffneten sich. Und der Regen strömte vierzig Tage und vierzig Nächte lang auf die Erde. Das Wasser stieg hoch und hob die Arche immer höher. Das Wasser schwoll an und bedeckte alle hohen Berge, die es unter dem Himmel gab. Da starb alles Lebendige auf der Erde. Übrig blieben nur Noach und alle, die mit ihm in der Arche waren. Das Wasser aber stieg hundertfünfzig Tage lang auf der Erde an.

Gott aber vergaß Noach nicht; er sorgte sich um ihn und um alle Tiere, die mit ihm in der Arche waren. Gott ließ einen Wind über die Erde wehen. Das Wasser sank und die Arche lief auf festen Grund im Gebirge von Ararat. Nach vierzig Tagen öffnete Noach das Fenster der Arche und ließ eine Taube hinaus. Die Taube aber fand keinen Halt für ihre Füße, weil noch über der ganzen Erde das Wasser stand. Deshalb kehrte sie in die Arche zurück. Noach wartete sieben Tage und ließ die Taube wieder ausfliegen. Gegen Abend kam die Taube zu ihm zurück und siehe da: In ihrem Schnabel trug sie einen frischen Zweig vom Olivenbaum. Jetzt wusste Noach, dass nur noch wenig Wasser auf der Erde stand. Er wartete noch einmal sieben Tage und ließ die Taube noch einmal hinaus. Nun kehrte sie nicht mehr zu ihm zurück. Da öffnete Noach das Dach der Arche und blickte hinaus. Und siehe: Die Erde war trocken.

Da sprach Gott zu Noach: „Komm heraus aus der Arche, du, deine Frau, deine Söhne und die Frauen deiner Söhne. Und bring auch alle Tiere mit dir heraus. Sie sollen sich vermehren auf der Erde und sie wieder mit Leben erfüllen."

Dann baute Noach dem Herrn einen Altar und brachte ihm zum Dank ein Opfer. Und Gott sprach bei sich: „Ich will die Erde nicht noch einmal wegen der Bosheit der Menschen verfluchen. Nie wieder will ich alles Lebendige auf ihr töten. Solange die Erde besteht, soll es geben Aussaat und Ernte, Kälte und Hitze, Sommer und Winter, Tage und Nächte."

Und Gott segnete Noach und seine Familie und sprach zu ihnen: „Seid fruchtbar, vermehrt euch und füllt die Erde mit Leben. Ich schließe meinen Bund mit euch und euren Nachkommen. Nie wieder soll eine solch große Flut kommen und die Erde vernichten. Und das ist das Zeichen meines Bundes mit euch und mit allen Menschen: Meinen Bogen setze ich in die Wolken. Wenn ich die Wolken über der Erde zusammenballe und wenn der Regenbogen am Himmel erscheint, dann werde ich mich an den Bund erinnern, den ich mit euch geschlossen habe."

nach Gen 6,1–9,17

M 10: **Tanz unter dem Regenbogen (Lied)**

© Wolfgang Gies

Schau, ein bun - ter Re - gen - bo - gen wölbt sich leuch - tend ü - bers Land.

Dunk - le Wol - ken sind ver - zo - gen und die Sint - flut ist ge - bannt.

Un - ter die - sem Re - gen - bo - gen ste - hen Men - schen Hand in Hand.

Al - le Sor - gen sind ver - flo - gen, und sie se - hen wie - der Land.

Str.: Vor - bei sind al - le Sor - gen, vor - bei ist al - les Leid!___ Bei Gott: Wir sind ge -

bor - gen jetzt und für al - le Zeit!___ la la la la la la la la la la: *da capo*

55

Text und Melodie: Rolf Kreuzer

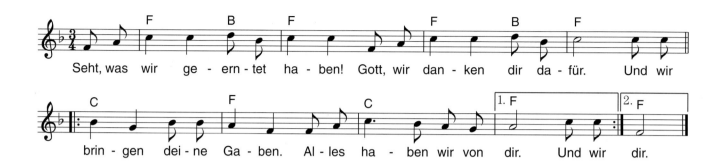

Seht, was wir ge - ern - tet ha - ben! Gott, wir dan - ken dir da - für. Und wir
brin - gen dei - ne Ga - ben. Al - les ha - ben wir von dir. Und wir dir.

Seht, was wir …	*Hand in Hand im Kreis in Tanzrichtung gehen*
Und wir bringen …	*Stehen: Gebärde des Zur-Mitte-Bringens*
Alles haben wir …	*Stehen: Arme nach oben öffnen*
Und wir bringen … (Wdh.)	*wie oben*
Alles haben wir …	*Hände klatschen*

4. Wasser des Lebens

Darum geht es

Theologische Perspektive

Wie alle Sakramente, so ist auch das Sakrament der Taufe eine Beziehungszusage Gottes, ein wirksames „Zeichen der Nähe Gottes" (Th. Schneider): So wie der Mensch schon aufgrund seiner Natur auf ein Beziehungsnetz angewiesen ist, um sich selbst zu finden, so ist er als Geschöpf Gottes zugleich eingebunden in die liebende Beziehung seines Schöpfers, die ihm ein Leben in Geborgenheit und Freiheit ermöglicht und neues ewiges Leben verheißt. Auch als Ebenbild Gottes ist der Mensch ein „Beziehungswesen" und von daher offen für das göttliche Beziehungsangebot. Das Sakrament der Taufe macht ein Beziehungsgeschehen sichtbar und aktuell: Das Beziehungsangebot Gottes für ein gelingendes Leben findet eine antwortende Beziehungsaufnahme durch den Menschen.

Die Taufe geschieht in der katholischen und evangelischen Kirche zeichenhaft mit Wasser und einem deutenden Wort. Wasser ist ein Synonym für Leben. Die Taufliturgie spricht viele biblische Stellen an, die von der Heilsbedeutung des Wassers sprechen, z.B. den Durchzug durch das Rote Meer (Ex 14,15–31). So deutet das Taufwasser auch auf ganz zentrale Erfahrungen im menschlichen Leben hin: Schöpfung, Errettung, Neubeginn, Heilung, Zugehörigkeit usw. Hier zeigt sich das Sakrament als Verbindungsschlüssel zwischen menschlicher Erfahrung und göttlicher Zusage. Durch die Symbolik der Tauffeier hindurch (das Auflegen der Hände, das Übergießen mit Wasser, das Überreichen der Taufkerze mit dem Osterlicht usw.) können Menschen Gottes Nähe, Wohlwollen und Lebenszusage erahnen und erspüren. Das Übergießen mit Wasser zeigt zum einen das Ende des alten Lebens, der Todesmacht, an, zum anderen das von Gott geschenkte neue Leben, was in der kirchlichen Sprache als „neue Geburt, Neuschöpfung" oder als Sakrament des neuen Lebens umschrieben wird. Das ist die eigentliche Aussage der christlichen Taufe: Die Wiedergeburt zu einem ewigen Leben in der Gemeinschaft mit Gott.

Religionspädagogische Leitlinie

Wer gibt mir Mut und Kraft für meinen eigenständigen Lebensweg? Diese Frage des jungen Menschen erfährt in der Taufe eine entscheidende Antwort, insofern die Kirche als Ursakrament in den unterschiedlichen Zeichen und Gesten der Taufe sinnenhaft zum Ausdruck bringt, dass Gott jedem einzelnen Menschen seine Liebe zuwendet, ihm nahe ist und ihn trägt. In der Taufe schenkt Gott durch die Gemeinschaft der Kirche neues Leben. Anhand der unterrichtlichen Begegnung mit den erfahrungsgesättigten Gegenständen (Wasser, Licht, Kleid, Öl) befähigt der Unterricht, die Taufe als Ausdruck der Zuwendung Gottes zu deuten. Dieser Zuwendung Gottes, die sich in der Auferstehung Jesu in einer nicht mehr zu überbietenden Weise zeigt, entspricht die Bereitschaft, sich diesem Angebot zu öffnen und seinerseits die Beziehung zu Gott zu suchen. Dieser Halt in Gott macht mich frei, aus seinem Zuspruch heraus zu leben, d.h. aus diesem Glauben heraus mein Leben zu gestalten.

Lernanliegen

Es geht zunächst darum, die Kinder auf das anthropologische Grundphänomen zu stoßen, getragen und angewiesen, gehalten und getragen zu sein. Die Beziehung zu anderen Menschen und zu Gott gilt es als Lebensgrundlage zu entdecken. Diese existenzielle Grundgegebenheit ist von der Erfahrungsebene aus aufzuarbeiten. So wird einsichtig, dass erst die Zuneigung anderer meinem Leben Bestand, Kraft und Zukunft gibt. Diese Erkenntnis wird dann auf das Element Wasser übertragen. Die Überzeugung, dass es ohne Wasser kein Leben gibt, ebnet den Weg zu einem anfanghaften Symbolverständnis von Wasser. Wasser wird zu einem „Zeichen für". Die Auseinandersetzung mit den Gesten, Gegenständen und der Taufformel eröffnet einen ersten Zugang zum Sakrament der Taufe, sodass dem Zweitklässler auch etwas von der persönlichen Bedeutung dieser Zeichenhandlung aufgeht.

Lernertrag

Der Unterricht führt dazu, dass die eigene Taufe in einem neuen Licht gesehen und als Ichstärkung erfahren wird. Am Beispiel Wasser wird das Symbolverständnis geweckt und die Kinder können die lebensgewährende Funktion des Wassers mit dem Sinn des Taufwassers in Verbindung bringen. Sie können das Sakrament der Taufe als Zuwendung Gottes in Zeichen deuten und kennen den Ablauf der Tauffeier. Es wird die Bereitschaft geweckt, sich im Sinne der Liebe Gottes im eigenen Beziehungsnetz und im Raum der Kirche zu engagieren.

Prozess-Schritte: Übersicht

Wasser des Lebens	Prozess-Schritte
1. **sehen +** **entdecken**	Halt, Vertrauen, Selbstbewusstsein, Leben mit Zuversicht sind immer verdankt. Sie beruhen auf unserer Beziehung zu einem Du und zu anderen. Wohlwollen, Zuneigung und Liebe sind **der tragende Grund unseres Lebens**. Das eindrucksvolle Foto macht „sehend" für unser existenzielles Getragen- und Angewiesensein. Dieses Foto steht repräsentativ für viele andere Situationen, in denen sich zeigt, dass aus der Zuneigung und Liebe anderer Zuversicht und Stärke für mich erwachsen.
2. **fragen +** **finden**	Die gewonnene Einsicht lässt uns nach weiteren konkreten Grundgegebenheiten fragen, auf die wir existenziell angewiesen sind. Dabei stoßen wir auf die **Bedeutung des Wassers als belebendes Element und wichtige Lebensquelle**. Das Fragen nach unserem Bedarf von Wasser mithilfe der Fotos auf S. 24–25 und die Verständigung über Wassererfahrungen lassen ahnen, dass manchmal mehr als nur die sichtbaren Funktionen gemeint sind, wenn wir von Wasser sprechen. Über das erzählende Umkreisen der Fotos und das Bedenken des Psalmtextes auf S. 25 wird das Verständnis für Wasser als Symbol angebahnt.
3. **hören +** **sagen**	Es gibt viele Erzählungen, Märchen und Legenden, in denen von einem Wasser erzählt wird, das mehr ist als nur Wasser: obgleich man es abgibt, wird es nicht weniger. Dieser erstaunliche Vorgang ist auch bezeichnend für das **Märchen „Der große Bär"**. Einerseits steht hier das Wasser für das Mitleid und die Liebe des Mädchens, zugleich aber auch für die Leben schaffende Macht. Die Begegnung mit diesem wunderbaren Wasser bereitet auch ein Verständnis für das Taufwasser vor.
4. **träumen +** **trauen**	Wasser als Gabe Gottes zu begreifen, setzt das Vertrauen in die Güte Gottes voraus. Wer von ihm als dem letzten Grund des Lebens überzeugt ist, weiß sich von ihm getragen und vermag das Taufwasser als Leben spendendes Wasser zu verstehen. **Mein eigenes Leben und die Güte Gottes zusammen zu denken**, das ist Ziel dieses Lernschrittes. Das Motiv des „Getragenseins", wovon bereits auf der einleitenden Kapitelseite die Rede war, kann dafür eine Verstehenshilfe sein. In diesem Vertrauen finden Dank und Bitte ihre Berechtigung. Der Umgang mit einzelnen Psalmversen lädt die Kinder ein, sich auf dieses Vertrauen einzulassen.
5. **glauben +** **(be)kennen**	Welche Gegenstände gehören zu einer **Taufe**, wie sehen sie aus und was zeigen sie für mich als einen getauften Christen an? Diese Aspekte bestimmen die Zielperspektive dieser Lerneinheit, geht es doch darum, ein erstes Verständnis von dem Glauben, der mit der Taufe verbunden ist, zu gewinnen. Da ein erstes elementares Grundverständnis angebahnt werden soll, stehen der Taufbrunnen und die Taufhandlung im Mittelpunkt der Doppelseite, zugeordnet sind die ausdeutenden Symbole, die zugleich den Ablauf der Taufe markieren.
6. **leben +** **gestalten**	Die Taufe belebt den Menschen, macht ihn hellwach. Sind die Sinne des Menschen durch die Anrede Gottes geöffnet, dann ist er auch in der Lage, die Wirklichkeit wahrzunehmen, die Stimme Gottes in seiner Lebenswelt zu hören sowie mit Herz und Hand auf den Anspruch seiner Zeit zu antworten, d. h. als Christ zu leben und zu handeln. Der **Effata-Ritus** greift dies auf und will daran erinnern, dass dem neugetauften Kind erschlossen werden muss, Gottes Wort zu hören und sich dazu zu bekennen. Die Lernelemente von S. 28 machen diesen Zusammenhang deutlich: Das Foto zeigt die offenen Sinne des getauften Kindes, während das Lied die Handlungskonsequenzen anspricht: „Wenn deine Augen offen sind …"

Methoden	Medien	
	Leitmedium	**Begleitmaterial**
Imaginationsübung/Arbeitsblatt: Wir erarbeiten die Erkenntnis, dass niemand, der gehalten wird, Angst haben muss. **Texterschließung und Text-Bild-Gestaltung:** Schlüsselwörter werden an der Tafel gesammelt. Die Kinder beziehen den Inhalt gestalterisch auf sich selbst. **Liedgestaltung:** Die Sehnsucht der Kinder nach Halt wird zum Ausdruck gebracht.	**SB S. 23:** Symbolfoto und Kurztext	**M 1:** Gehalten werden (Arbeitsblatt) **M 2:** „Weil du mich magst" (Lied)
Gegenstandsbetrachtung: Die Betrachtung einer Pflanze/Hörübung mit Wassergeräuschen stimmt auf das Thema ein. Die Fotobetrachtung führt zur GA: Wortkärtchen werden für ein Bodenbild erstellt. **Einzelarbeit (Arbeitsblatt):** Die Erkenntnisse werden mithilfe des Arbeitsblattes gesichert. **Gebetskreis:** Wir danken für das Wasser des Lebens.	**SB S. 24–25:** Fotos mit Auszug aus Ps 104	vertrocknete Topfpflanze Wassergeräusche Wortkärtchen Tonpapier **M 3:** Wasser ist wertvoll (Arbeitsblatt) Wasserschüssel, Kerze
Texterschließung: Dem Erzählen des Märchens folgt ein Unterrichtsgespräch zur Bedeutung des Wassers. **Bildnerische Gestaltung:** Die Kinder zeichnen die für sie prägnantesten Szenen des Märchens und stellen sie sich gegenseitig vor.	**M 4:** Der große Bär (Märchen)	Glaskrug mit Wasser Trinkbecher Malutensilien
Beobachtungsaufgabe: Die Kinder machen die symbolische Erfahrung des Getragenseins und erzählen von ihren Erlebnissen. **Puzzlearbeit:** Psalmverse werden gebastelt und im Gruppengespräch erläutert. Die Kinder gestalten Schmuckkarten und beschließen die Stunde mit frei formulierten Gebetsversen.	Psalmverse	Wasserschüssel und Styroporstücke Plakat mit Aufschrift („Ich bin von Gott …") **M 5:** Psalmworte (Ausschneideblatt) Tonpapier
Annäherung an das Taufritual: Mitgebrachte Gegenstände rund um die eigene Taufe bieten Gesprächsanlass. Es schließt sich eine Betrachtung der Fotos und ein Interpretationsgespräch an. **Vertiefung:** Arbeitskarten werden den eigenen Gegenständen zugeordnet und eine individuelle Taufurkunde gestaltet. **Vergleich:** Wir vergleichen die Taufhandlung in der Erzählung mit den Fotos.	**SB S. 26–27:** Die Taufe	Tauffotos, -kleid, -kerze, Weihwasser, Chrisamdose beschriftete Satzstreifen **M 6:** Veronika wird getauft **M 7/M 8:** Ich bin getauft **M 9:** Meine Taufe (Arbeitsblatt)
Sensibilisierungsübung: Wir erleben spielerisch, was uns unsere Umwelt bedeutet. **Liederarbeitung:** Das Lied „Effata, öffne dich" wird gemeinsam erarbeitet und Sprechblasen werden mit eigenen Bitten der Kinder ausgefüllt.	**SB S. 28:** „Effata, öffne dich" (Lied)	**M 10:** Die drei Kinder (Bildvorlage) **Folie:** Die drei Affen Sprechblasen aus Tonpapier Kerze und Teelichter Triangel

1. sehen + entdecken

Leitmedium: Kapitelseite (SB S. 23)

Der Mensch lebt in Beziehungen. Bis hin zum konkreten Alltag eröffnet sich ihm die Einsicht, nicht autark, sondern getragen und gehalten zu sein. Das Foto zeigt dieses Charakteristikum menschlicher Existenz ganz konkret: Ein Kleinkind steht auf den Händen eines Erwachsenen, wird von großen Händen gehalten, die starken Handflächen des Erwachsenen sind gleichsam der Boden unter seinen Füßen. Auf symbolischer Ebene deutet das Foto an, dass das Kind für seine weitere Entwicklung auf Stütze, Halt und Begleitung angewiesen ist. In seiner Offenheit ruft das Foto bei dem Betrachter unterschiedliche Erfahrungen und Erinnerungen wach, bei denen sich die stärkende und begleitende Hand anderer als Licht im eigenen Leben gezeigt hat. Das Foto zeigt somit, was zur Menschwerdung nötig ist: Zuwendung und Zuverlässigkeit. Dieser Grundvorgang von Tragen und Getragenwerden durchzieht das Zusammenleben der Menschen auf allen Ebenen und führt zu der entscheidenden Frage: Wer oder was trägt mich letztlich? Dieses Motiv, auf einen Größeren hingeordnet zu sein, wird von dem kurzen Text auf der sprachlichen Ebene entfaltet. Sowohl in konkreter (Essen, Trinken usw.) als auch in metaphorischer (Hände, Licht usw.) Sprache setzt er lebensnotwendige Erfahrungen in Beziehung zur Sehnsucht des Menschen, nämlich stark und zuversichtlich zu sein, was so viel heißt wie: Ichstärke und Hoffnung, Vertrauen zum Leben zu haben.

Lernmöglichkeiten

Eröffnet wird die Stunde mit dem Tafelimpuls: „Groß und stark will ich werden!" Das folgende Unterrichtsgespräch trägt zusammen, was jeder selbst dafür tun kann (richtig essen, Sport treiben, ausreichend schlafen …) und welche Hilfen wir von anderen (Eltern, Bekannten, Freunden) brauchen (z. B. Ermutigung, Ratschläge, Beispiele …). Auch das Foto erzählt davon, was Kinder stark macht. Die Betrachtung des Fotos lenkt die Aufmerksamkeit auf den Kontrast zwischen den großen, fast riesig wirkenden Händen und den kleinen Füßchen des Babys. Wir sammeln Wörter an der Tafel, die zu der Tätigkeit der großen Hände passen (halten, stützen, hochheben …). Die Kinder erzählen, bei welchen Gelegenheiten sie gehalten oder getragen worden sind und bei welchen Gelegenheiten sie jemanden gehalten oder getragen haben. Es folgt eine Imaginationsübung: Die Kinder schließen ihre Augen, versenken sich in die Situation des Kindes auf dem Foto und rufen aus, was das Kind in diesem Moment wohl sagen könnte. Die Erkenntnis, dass das Gehalten- und Getragenwerden guttut und lebenswichtig ist, wird durch ein Gruppengespräch über die auf dem Arbeitsblatt dargestellten Handlungsszenen (M 1) vertieft: Was geschieht auf den Bildern? Wie fühlt sich das Kind dabei? So wird bewusst: Wer gehalten wird, hat keine Angst und kann vertrauen. Mit dem Text, der zunächst gelesen wird, weitet sich der Gesichtskreis. Die hier genannten lebenswichtigen Dinge werden auf große Wortkärtchen geschrieben und gut sichtbar an die Tafel geheftet. Vertieft wird die gewonnene Einsicht durch eine Bild-Text-Gestaltung: Die Kinder zeichnen auf einem DIN-A4-Blatt ihren eigenen Körperumriss und schreiben anschließend mit verschiedenen Farbstiften die im Text als notwendig herausgestellten Dinge hinein. Als Überschrift dient die erste Zeile des Schülerbuchtextes, mit den letzten beiden Textzeilen wird die Gestaltung abgeschlossen. Auch das Lied „Weil du mich magst" (➡ M 2) nimmt den innigsten Wunsch des Kindes auf, groß und stark zu werden; es entspricht seiner Sehnsucht nach einem Gegenüber, das Halt gibt.

2. fragen + finden

Leitmedium: Fotos mit Psalmauszug (SB S. 24–25)

Die Erfahrung des Angewiesenseins schlägt die Brücke von der ersten zu dieser zweiten Lerndimension. Alle Religionen schätzen die Leben spendende Kraft des Wassers. Was der Psalmvers „Du, Gott, du bist es, der Quellen entspringen und zu Bächen werden lässt" ausspricht, versuchen die Fotos visuell einzufangen. Von der zerstörerischen Macht des Wassers haben die Kinder bereits durch die Nacherzählung (S. 20–21) erfahren, deswegen beschränken sich die Fotos auf die positive Bedeutung des Wassers, um so Erfahrungen bewusst zu machen, die für ein Verständnis dieses Elements als Lebenssymbol Voraussetzung sind: Wasser reinigt, belebt, erfrischt, kräftigt usw. Die Fotos präsentieren Lebensbereiche, die dem Kind vertraut sind und reizen zum Erzählen. Zum anderen kommt auch die globale Sicht durch das Foto vom afrikanischen Kontinent zum Tragen, um so eine lediglich lebensweltlich eingeschränkte Sicht aufzubrechen. Die Fotos dieser Doppelseite zeigen Pflanzen, Tiere und Menschen und repräsentieren damit die gesamte organische Schöpfungswirklichkeit. Für unsere Kinder ist das Vorhandensein von Wasser eine Selbstverständlichkeit. Der Unterricht hat hier die Aufgabe, durch intensive Betrachtung der Fotos, d. h. eine produktive Verlangsamung, die Kinder zum Nachdenken zu bewegen. Besonders die Fotos auf Seite 24 zeigen kritische Situationen auf, wo angesichts drohender Gefährdung die lebensrettende Macht des Wassers umso deutlicher werden kann. Die Fotos dieser Seite verdichten sich zu der Einsicht: Wasser bedeutet/ist Leben. Die religiöse Bedeutung des Wassers wird durch den Schrifttext aus Psalm 104 ins Wort gebracht. Der Text bringt das konkrete Element Wasser in Bezug zur Transzendenz:

Das Leben, das mit dem Wasser vermittelt wird, kommt von Gott. Gott wird als Geber des Leben spendenden Wassers gepriesen, wodurch der junge Mensch aufgefordert wird, in diesen Dank einzustimmen.

Lernmöglichkeiten

Vor der Betrachtung der Fotos präsentieren wir den Kindern eine vertrocknete Topfpflanze. Sie äußern sich darüber, wie es dazu kommen konnte, was versäumt worden ist, wie sie etwas Ähnliches erlebt haben. Damit wird das Angewiesensein von Pflanzen auf Wasser bewusst. Nun spielt die Lehrkraft auf einem Kassettenrekorder Wassergeräusche vor – evtl. auch originale Wassergeräusche in der Klasse (tropfendes Wasser, fließendes Wasser …) –, die sie vorher in der Vorbereitung des Unterrichts aufgenommen hat. Die Kinder hören und erraten die Wassergeräusche, womit ihre Aufmerksamkeit auf das Thema gelenkt wird. Anhand der Fotos thematisieren wir in einem Unterrichtsgespräch die alltägliche und lebenserhaltende Bedeutung von Wasser. Dann wählt jede Tischgruppe ein einzelnes Foto aus und erzählt dazu eine Geschichte oder lässt das Wasser auf dem Foto sprechen. Um sich einen Überblick über die Vielfalt der Wirkungen des Wassers zu verschaffen, bekommt jede Tischgruppe zwei verschiedenfarbige Wortkarten, die sie mit Begriffen zu folgenden Fragen beschriftet: Was macht das Wasser auf dem von ihnen ausgewählten Foto? Und: Was machen die Menschen (der Vogel) mit dem Wasser? Anschließend werden alle Wortkärtchen zu einem kreisförmigen Bodenbild gelegt. In die Mitte des Kreises gibt die Lehrkraft ein blaues Tonpapier in Form eines Wassertropfens mit der Aufschrift: Wasser gibt Leben. Frage: Inwieweit passt dieser Satz zu den gesammelten Begriffen? Evtl. kann das erworbene Wissen über verschiedene Bedeutungsaspekte des Wassers durch den Einsatz eines Arbeitsblattes (➡ M 3) gesichert werden. Die Kinder werden aufgefordert, ihre eigene „Wassergeschichte" zu erzählen. Abschließend folgt ein kleiner Gebetskreis zum Thema Wasser. Eine Schüssel mit Wasser wird in die Mitte des bereits gelegten Bodenbildes gestellt, dazu eine brennende Kerze. Der Schülerbuchtext nach Psalm 104 wird chorisch gelesen und durch Gesten ausgedrückt. In freier Formulierung tragen die Kinder je einen Dankessatz vor, der von dem Kind auf dem betreffenden Foto gesprochen werden könnte. Den Schluss bildet eine meditative Musik.

Weitere Anregungen

- ◼ Die Kinder sammeln **Fotos zum Thema Wasser** und gestalten damit eine Collage.
- ◼ Im Abstand von einer halben Minute betrachten wir die **Rose von Jericho** und beobachten, wie aus der völlig vertrockneten Pflanze ein belebtes Gewächs wird.

3. hören + sagen

Leitmedium: Märchen „Der große Bär" (M 4)

Das Märchen „Der große Bär" ist als eine große Erzählung von der verwandelnden Kraft des Wassers zu verstehen. Dabei spricht es nicht nur von der Wirkung des Wassers als Element, vielmehr steht es hier als Symbol für Mitleid, Zuwendung und Liebe. Obwohl selbst durstig, richtet das Mädchen, nachdem es das Wasser im Traum, sozusagen als „Geschenk des Himmels", bekommen hat, seinen Blick auf die, die bereits vom Tod durch Verdursten bedroht sind. Diese Not der Menschen, der es gegenübersteht, bewegt sein Herz so sehr, dass es ihnen Wasser aus ihrem gefüllten Krug abgibt: zunächst dem Hündchen, dann der alten Frau. So drücken sich in dem Wasser Mitleid und Liebe des Mädchens aus. Da die Liebe nie vergeht (1 Kol 13,8), nie versiegt, wird auch der Wasserkrug des Mädchens nicht leerer, vielmehr ist er noch prall gefüllt, als es bei seiner Mutter ankommt. Als Mutter und Tochter von dem Wasser getrunken haben, ist der Krug „über und über besetzt mit Edelsteinen", so wie er sich vorher bereits in Silber verwandelt hatte. Dieses Wasser als Symbol der Zuneigung und Liebe verwandelt demnach alles, die ganze Erde wird mit neuem Leben erfüllt. Selbst die Sterne werden zu Zeugen des alles belebenden Wassers. So durchzieht die Bedeutung des Wassers als neues Leben schenkende Macht, die die innerweltliche Logik übersteigt, das gesamte Märchen. Wenn die Kinder die Besonderheit des Wassers in diesem Märchen begreifen, dann ist damit eine Voraussetzung geschaffen, das Taufwasser als Zeichen neuen Lebens von Gott zu verstehen.

Lernmöglichkeiten

Die Lehrkraft füllt einen Glaskrug mit Wasser und lässt die Kinder frei assoziieren. Dann wird das Wasser an die Kinder verteilt (Trinkbecher) und getrunken, wobei die Kinder auf die Wirkung achten und davon erzählen sollen. Eine Geschichte mit einem ganz ungewöhnlichen Wasser wird der Klasse angekündigt, das Märchen anschließend eindrucksvoll erzählt (➡ M 4).

Das deutende Unterrichtsgespräch kreist um die Aspekte: Wandlung von dem bedrohten Leben zum neuen Leben durch das Wasser und die Sinnbildlichkeit des Wasser (Was hat das Mädchen gezeigt, wenn es den Leidenden Wasser abgibt?). Das Ergebnis dieses Gesprächs über die Wirkung des Wassers und seine symbolische Bedeutung wird in einem Tafelbild festgehalten, das wie folgt aussehen könnte:

Tafelbild

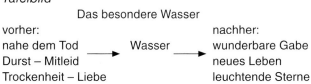

Das besondere Wasser

vorher:		nachher:
nahe dem Tod	→ Wasser →	wunderbare Gabe
Durst – Mitleid		neues Leben
Trockenheit – Liebe		leuchtende Sterne

Bildgestaltung: Die Lehrkraft trägt das Märchen nochmals vor, wobei die Kinder ihre Augen schließen. Anschließend malen sie die ihrer Ansicht nach schönste Szene und stellen sich ihre Bilder gegenseitig vor.

 4. träumen + trauen

Leitmedium: Psalmworte (M 5)

Ähnlich wie die Kraft des Wassers neu belebt und Kraft gibt, so vertrauen wir im übertragenen Sinn auf die Wirkung der Nähe Gottes. Er ist das Lebenswasser. Der Glaubende baut darauf, dass alles, was ihn belebt, in Form von Kraft und Mut, Freude und Liebesfähigkeit in Gott seinen letzten Grund hat. Dieses Vertrauen in den Zuspruch und die Hilfe Gottes, wie es in der Taufe gefeiert wird, kommt vergleichbar auch schon in den persönlichen und gemeinschaftlichen Gebeten des alttestamentlichen Gottesvolkes, den Psalmen, zum Ausdruck. In Lob, Dank, Bitte und Klage nimmt die Grundüberzeugung des betenden Menschen, auf Gott verwiesen, von ihm getragen zu sein und in ihm die Lebensquelle zu haben, Form und Gestalt an. Diese Gebetsverse laden dazu ein, sich von diesem Vertrauen anstecken und leiten zu lassen. Die nachvollziehbaren und prägnanten Sprachbilder der Psalme üben eine starke Wirkung und Faszination aus und sollen helfen, die Rede von der Nähe und Hilfe Gottes zu verinnerlichen und zur Überzeugung werden zu lassen. Die Einladung zur Identifikation mit dem zum Ausdruck gebrachten Gottvertrauen entspricht dem Bedürfnis dieser Altersgruppe nach Wertschätzung, Zuspruch und Stärkung.

Lernmöglichkeiten

Am Stundenbeginn steht eine Beobachtungsübung: Die Kinder erstellen auf einem kleinen Stück Tonpapier (ca. 3 cm x 2 cm) eine Umrisszeichnung von sich und schreiben ihren Namen darauf. Die Lehrkraft hält eine größere Schüssel mit Wasser bereit, in dem kleine Styroporstückchen schwimmen, auf die die Kinder nun ihre Umrisszeichnungen legen. Nach einigen Momenten der Betrachtung teilen die Kinder mit, was sie sehen. Die wichtigste Beobachtung: Das Stückchen Styropor wird vom Wasser getragen, mein Name geht nicht unter, ich werde getragen. Wo ist uns das passiert, getragen zu werden? Die Kinder erzählen. (Integration der am Beginn dieser Lerneinheit thematisierten Erfahrung.) Nun wird an der Tafel ein Schriftplakat mit der Aussage enthüllt: „Ich bin von Gott getragen – er kennt meinen Namen." Das Unterrichtsgespräch wird Anlässe, Gelegenheiten und Erlebnisse erörtern, die den Betreffenden zu dieser Aussage geführt haben könnten. Mit dem Denkanstoß „Viele Menschen haben kleine Gebetssätze, die fest zu ihnen gehören wie ein Mantel" werden die Kinder zur Auseinandersetzung mit Psalmversen angestoßen. Die Puzzleteile auf dem Arbeitsblatt (➡ **M 5**) werden ausgeschnitten und

ergeben zusammengesetzt fünf Psalmverse, die auf ein freies Blatt geklebt werden. In der Tischgruppe werden diese Verse besprochen und jeder entscheidet sich für ein Psalmwort, das ihm besonders zusagt und begründet gegenüber den anderen seine Wahl. Mit dem bevorzugten Vers wird eine Schmuckkarte gestaltet (DIN A5), danach wird das Motiv auf eine von der Lehrkraft bereitgestellte Klappkarte geklebt. Die Stunde mündet in einen meditativen Abschluss: Wir bilden einen Sitzkreis um die Wasserschüssel, und eine Kerze wird angezündet. Die Kinder dürfen die Wahl ihres Psalmwortes begründen und stellen ihre Schmuckkarte um die Schüssel herum. Anschließend bringen wir unser Vertrauen bzw. unsere Freude über Gott in frei formulierten Gebetsversen zum Ausdruck.

 5. glauben + (be)kennen

Leitmedium: „Die Taufe" (SB S. 26–27)

Die Doppelseite vergegenwärtigt das zentrale Symbol der Taufe (Taufstein – Taufwasser – Taufformel) und die sie begleitenden und ausdeutenden Sinnzeichen. Seite 26 zeigt den Taufbrunnen inmitten einer Taufkapelle, womit der unabdingbare Zusammenhang von Taufe und Kirche nahegelegt wird. Die Form des Taufbrunnens lässt auf eine beachtliche Tiefe schließen, was selbst ein Untertauchen des Täuflings zulässt, womit Untertauchen und Auftauchen als Sterben und Auferstehen zu neuem Leben zu sinnfälligen Gesten werden. Der Text von Seite 26 bettet das Bildgeschehen situativ ein und motiviert die Kinder, ähnlich wie die Kinder auf dieser Seite, viele Fragen zur Taufe zu stellen, wenngleich sie bereits getauft sind. Aber Taufe ist weniger ein punktuelles Ereignis als ein dynamisches, auf Zukunft hin angelegtes Geschehen. Seite 27 visualisiert das Taufgeschehen in seiner Abfolge, das in kurzen Sätzen beschrieben wird. So kann das Sakrament der Taufe als sinnenhaftes Geschehen in kleinen Schritten erschlossen werden. Kern des Taufsakramentes ist das Übergießen mit Wasser in Verbindung mit der trinitarischen Taufformel: „Ich taufe dich …".

Lernmöglichkeiten

Hinweis: Wegen der zentralen Bedeutung des Themas sind zwei bis drei Unterrichtsstunden erforderlich. Die Kinder (und die Lehrkraft) haben Gegenstände mitgebracht, die an ihre Taufe erinnern (Fotos, Taufkerze, Taufkleid und vielleicht sogar noch ein Taufgeschenk von damals). Die Lehrkraft sollte zusätzlich für etwas Weihwasser und eine Dose mit der Aufschrift „Chrisam" sorgen. Diese Gegenstände und Erinnerungsstücke veranlassen zum Berichten, Erzählen und ersten Fragen.
Um das Verstehen anzustoßen, wird zunächst das Foto von der Schülerrunde am Taufbrunnen auf Seite 26 betrachtet und es werden – ähnlich wie es im Text von

den Kindern gesagt wird – Fragen zur Taufe gesammelt und soweit wie möglich beantwortet. Um die Frage zu beantworten „Was passiert eigentlich bei der Taufe?", liegt es nahe, die Fotos von Seite 27 zunächst zu beschreiben, im Gespräch zu erläutern und die Texte zu den einzelnen Bildern zu lesen.

Zu den mitgebrachten Taufgegenständen gibt die Lehrkraft nun vier deutende Satzstreifen, die den Gegenständen zuzuordnen sind (Wasser gibt uns Leben. – Gott schenkt uns sein Leben./Wer mit Chrisam gesalbt ist, gehört zu Jesus Christus./Es ist ein Kleid der Freude: Gott wird das Kind vor Unheil bewahren./Jesus ist das Licht der Welt und begleitet uns.).

Die Erzählung „Veronika wird getauft" (➡ M 6) gibt einen ersten Einblick in die Tauffeier und ihre Abfolge. Sie greift alle vorher genannten Taufsymbole auf. Die erzählte Abfolge kann mit den Bildern von Seite 26–27 verglichen werden.

Anhand von Arbeitskarten werden der Ablauf bei der Taufe und die Bedeutung der Symbole individuell vergegenwärtigt und vertieft (➡ M 7/M 8). Abschließend gestalten die Kinder ein Schmuckbild zur Taufe, in das sie die Daten der eigenen Taufe eintragen (➡ M 9).

Weitere Anregungen

■ Wenn möglich, sollte eine **Kirchenerkundung** durchgeführt werden, um den Taufbrunnen näher in Augenschein zu nehmen.

■ Die Tauffeier lässt sich auch sehr schön als **Legebild** in Form eines Weges gestalten. Benötigt werden dazu verschiedene Tücher, Teelichter, die Symbole der Taufe und Textkärtchen mit dem Text von Seite 27.

6. leben + gestalten

Leitmedium: „Effata, öffne dich" (SB S. 28)

Wer sich der Wirklichkeit verschließt oder nur sich selbst im Zentrum sieht, der kann in der Welt nicht verantwortlich leben. Seine Sinne zu öffnen ist notwendig, um die Herausforderungen der Zeit wahrzunehmen und sensibel zu bleiben für die Botschaft Gottes. Der Effata-Ritus (von hebräisch: öffne dich) will das getaufte Kind ermuntern, ganz wach durch sein Leben zu gehen. Was damit gemeint ist, lässt das Foto erahnen. Hellwach schaut das Kind, seine Augen weit geöffnet, den Mund zum Sprechen bereit und seine Hände greifen in die Welt. Bildlich gesprochen kann man sagen: Es ist ganz Ohr, aber auch ganz Herz. Der Blick des Kindes ist – so ist zu schließen – auf eine Kontaktperson ausgerichtet,

durch die es angesprochen worden ist. Der Kontakt aktiviert das ganze Kind, so wie – symbolisch gesprochen – der Kontakt zu Gott den Menschen aktiviert, was das Lied auf der Seite ins Wort bringt. Am Beginn des Lebens steht das Offensein, aus dem heraus das Leben zu gestalten ist. Wegen der wogenden Melodie und des eingängigen Rhythmus ist das Lied leicht zu singen und mit den Kindern zu gestalten.

Lernmöglichkeiten

Die Stunde beginnt mit einer Kontrasterfahrung zum Offensein, nämlich: sich verschließen. Das Bild von den drei Kindern (➡ M 10) oder die Folie des Bildes von den drei Affen (nichts sehen – nichts hören – nichts sagen) stößt die Kinder auf die Frage: Wie fühlen sich die Kinder/Affen? Was entgeht ihnen, was würde der Künstler sagen, wenn wir ihn fragen: „Warum zeigst du uns dieses Bild?"

Wir bedienen uns einer Sensibilisierungsübung: Was entgeht uns bei geschlossenen Augen und Ohren? Hierzu werden den Kindern die Augen verbunden und mit den Enden eines Tuches halten sie sich die Ohren zu. Tische und Stühle sind an die Seite gerückt und sie sollen Geräuschquellen entdecken und ihnen nachgehen. Aus den vier Ecken geben einige Kinder verschiedene Geräusche ab: Die Aufforderung „Spiel mit mir!", ein weinerliches Jammern, ein leises Trippeln oder ein leiser Hilferuf. Anschließend befragen wir die Kinder mit den verbundenen Augen und geschlossenen Ohren, wie sie sich gefühlt haben und was sie gehört haben. Dabei wird deutlich, dass sie vieles nicht wahrnehmen konnten.

Danach lesen die Kinder gemeinsam den Text der ersten Strophe. Im Wechsel werden auch die nächsten Strophen gesprochen. Es folgt ein kurzes klärendes Unterrichtsgespräch. Die Melodie üben wir in zwei Abschnitten ein, dann werden gemeinsam begleitende Gesten überlegt. Wie können wir die Strophen unterschiedlich gestalten (laut, leise, im Wechsel zwischen Jungen und Mädchen, summen …). In Tischgruppen werden jeweils zwei Bitten überlegt nach dem Muster: „Gott, gib mir offene Augen (Hände, Herz, Haus), damit ich …". Für die schriftliche Darstellung der Bitten bekommt jede Tischgruppe zwei Sprechblasen. Abschließend bilden die Kinder einen Stehkreis um eine brennende Kerze, das Lied wird gesungen und gestisch gestaltet. Nach jeder Strophe erklingt die Triangel zum Zeichen dafür, dass nun die in der GA formulierten Bitten, die sich auf die jeweils gesungene Strophe beziehen, vorgelesen werden. Danach gehen einige Kinder zu den bereitgestellten Teelichtern, zünden ihr Teelicht an der großen Kerze an und stellen es vorsichtig vor sich hin. Danach wird die nächste Strophe gesungen.

M 1: Gehalten werden (Arbeitsblatt)

… zum Schlittschuhlaufen.

… zum Blumengießen.

… zum Trinken.

… zum Zähneputzen.

… zum Duschen.

M 4: **Der große Bär (Märchen)**

Vor langer Zeit schien die Sonne unbarmherzig auf die Erde nieder.

Die Quellen versiegten, die Brunnen vertrockneten, die Erde wurde hart vor Trockenheit. Das Gras verdorrte. Die Blumen neigten ihre Köpfe, die Bäume ließen ihre Zweige hängen und warfen ihre Blätter ab.

Die Tiere hatten großen Durst und viele mussten verdursten. Ein Hündchen kam gelaufen und suchte nach einem Schluck Wasser. Es konnte aber keinen finden und so legte es sich müde und matt auf den Boden.

Eine alte Frau war den ganzen Tag unterwegs mit einem Krug. Auch sie war auf der Suche nach Wasser. Sie war so schwach geworden, dass sie nicht mehr gehen konnte. Dem Tode nahe setzte sie sich an den Wegesrand.

Ein alter Mann kam auf dem Weg daher. Mit schweren Schritten ging er auf einen Stock gestützt. Er hatte großen Durst. Seine Lippen waren ausgetrocknet. Er war schwach und trostlos.

Ein junges Mädchen stand mitten in der Nacht auf. Seine Mutter war todkrank. Sie brauchte dringend Wasser, sonst würde sie sterben.

Das Mädchen sprach zu sich: „Ich will mich auf den Weg machen und einen Brunnen suchen, sonst wird meine Mutter sterben."

Das Mädchen nahm den Krug und ging den ganzen Tag in der heißen Sonne. Lange war es unterwegs, aber es konnte kein Wasser finden. Da wurde es müde; denn es war schon Abend. Es setzte den Krug ab und legte sich nieder.

Das Mädchen schlief ein und hatte einen wunderbaren Traum.

Es hörte im Traum ein Quellen, Sprudeln und Fließen. Es träumte, wie der Krug gefüllt wurde bis obenan. Mit klarem, frischem Wasser wurde er gefüllt bis zum Rand. Als es die Augen aufmachte am Morgen, sah es den gefüllten Krug.

Es sprang auf voller Freude und dachte: „Jetzt kann ich endlich meinen Durst löschen." Aber da fiel ihm die Mutter ein. So nahm es eilig den Krug und wollte nach Hause laufen, doch da wäre es fast gestolpert. Das Hündchen lag vor ihm auf dem Boden, ganz schwach vor Durst. Da hatte das Mädchen Mitleid mit ihm, goss Wasser in seine Hand und gab dem Hündchen zu trinken.

Das Tier fand wieder Kraft und lustig sprang es davon.

Der Krug aber war nicht leerer geworden. Er war auch nicht mehr aus Ton und Erde, sondern aus Silber und er leuchtete wie der Mond.

Voll Staunen eilte das Mädchen weiter. Es traf die alte Frau und den alten Mann, die am Wege saßen, ganz elend vor Durst und dem Tode nahe.

Das Mädchen spürte die Not der Menschen und konnte nicht vorübergehen. Es gab ihnen zu trinken. Doch der Krug wurde nicht leerer. Es strahlte jetzt wie die Sonne in leuchtendem Gold.

Vorsichtig trug es den Krug nach Hause und rief: „Mutter, Mutter, ich habe Wasser für dich!" Die Mutter aber sprach: „Ich bin schon alt. Du sollst leben, mein Kind. Trink du zuerst!" Da tranken sie alle beide vom Wasser im Krug und siehe da, der Krug war über und über besetzt mit Edelsteinen, die leuchteten und funkelten.

Und aus jedem Stein entsprang ein Quell frischen Wassers und ergoss sich über alles, was dürstete. Da trug das Mädchen den Krug hinaus ins Freie. Es sprudelte aus den Edelsteinen hervor, Quellen gleich, und viele Bächlein durchzogen das dürre Land.

Sie tränkten die ganze Erde und überall, wohin sie flossen, wurde alles grün und voller Leben. Die Gräser und die Blumen wuchsen, die Bäume streckten ihre Äste aus. Die Hasen und Rehe kamen und löschten ihren Durst. Die Menschen füllten ihre Krüge und tranken und wurden erfüllt von Leben und Freude. Die Erde wurde neu, zu einem wunderbaren Garten wurde sie.

Dann wurde es Nacht. Alles war ruhig und still. Nur das Wasser hörte man fließen und strömen.

Da träumte das Mädchen, dass die Quellen und Bäche, die dem Krug entsprangen, über die ganze Erde flossen, ja über die Erde hinaus flossen, hinein in den weiten Himmelsraum. Und es sah, wie aus jeder Quelle ein wunderschöner Stern emporstieg.

Es entstand ein großer Stern, ein Sternbild, das leuchtet in der Nacht und sagt: „Ich bin euch ein Wegweiser, damit ihr keine Angst haben braucht. Ich leuchte euch und leite euch. Habt Vertrauen, dass das Leben gut ist. Habt die Liebe. Sie macht die Erde schön. Sie kann Vertrocknetes zum Leben erwecken."

Leo Tolstoi

M 6: **Veronika wird getauft (Erzählvorlage)**

Jens ist zur Taufe eingeladen. Er geht mit seinen Eltern in die Kirche. Da sind viele Leute Es sollen noch mehr Kinder getauft werden. Jens setzt sich ganz nahe zu seiner Tante Rosel. Die Tante hält die kleine Veronika auf dem Arm.

„Willst du sie einmal halten?", fragt sie leise.

Jens nickt. Da legt Tante Rosel ihm das kleine Mädchen ganz behutsam in die Arme. Jens passt gut auf, dass er das Köpfchen richtig hält. Er sitzt ganz still und traut sich kaum zu atmen.

Jetzt kommt der Pfarrer. Er begrüßt uns freundlich und gibt allen die Hand. Alle hören ganz still zu, wie er uns die Frohe Botschaft aus der Bibel vorliest. Dann geht er zu dem Taufstein.

Zuerst wird ein kleiner Junge getauft. Er heißt Daniel. Dann ist Veronika an der Reihe.

Tante Rosel nimmt Jens das Mädchen vorsichtig aus dem Arm und trägt es zu dem Pfarrer hin. Jens ist sehr stolz. Seine Mutter ist jetzt Veronikas Patentante.

Der Pfarrer gießt ein bisschen Wasser über Veronikas Kopf. Er sagt: „Ich taufe dich im Namen des Vaters, des Sohnes und des Heiligen Geistes. Du heißt Veronika Schneider. Veronika, Gott hat dich lieb!"

Dann spricht er zu den Eltern und zu den Paten. Er trocknet Veronikas Kopf vorsichtig mit einem Handtuch ab. Veronika schaut ihn mit großen Augen an. Sie ist ganz still, so, als wäre sie gespannt auf das, was jetzt noch kommt. Und nun salbt der Priester Veronika mit etwas Öl auf der Stirn. Dieses Öl hat einen besonderen Namen. Es heißt Chrisam. Nun wird ihr noch das schöne Taufkleid überreicht und die brennende Taufkerze. Dann spricht der Pfarrer ein Gebet. Alle Leute beten mit. Danach singen sie ein Lied.

Nach der Kirche holt Jens seinen Fotoapparat und knipst die kleine Veronika in ihrem Taufkleid. Dann darf er Veronika auf dem Arm halten und Onkel Hans knipst. Aber nun sagt Tante Rosel: „Beeilt euch. Wir wollen doch zu uns nach Hause fahren und Veronikas Taufe feiern!"

Da merkt Jens, dass er Hunger hat. Er freut sich auf das gute Essen. Bestimmt wird es auch Kuchen und Torte geben.

M2: **Weil du mich magst (Lied)**

Text: Jutta Richter
Melodie: Ludger Edelkötter

Weil du mich magst, kann ich flie - gen oh - ne Angst ü - bers Haus. spens - ter aus.
Weil du mich magst, lach ich a - bends die Ge -

_ Ich krie-ge Herz-klop-fen_ wenn du nach mir fragst, weil du mich magst, weil du mich magst.

2. Weil du mich magst, bin ich stärker
   als der Löwe im Zoo.
   Weil du mich magst, bin ich mutig,
   und ich freue mich so.
   Ich kriege Herzklopfen …

3. Weil du mich magst, ist es Sommer
   und die Pfingstrosen blühn.
   Weil du mich magst, wird es Winter,
   und die Graugänse ziehn.
   Ich kriege Herzklopfen …

4. Weil du mich magst, seh ich Sterne
   in der dunkelsten Nacht.
   Weil du mich magst, leb ich gerne,
   und ich geb auf mich acht.
   Ich kriege Herzklopfen …

5. Weil du mich magst, will ich singen
   mal ganz leise, mal laut.
   Weil du mich magst, bin ich glücklich,
   krieg 'ne Gänsehaut.
   Ich kriege Herzklopfen …

Du umschließt mich
und legst deine

mit deiner mächtigen Hand,
mich stark.
nach Ps 18,36

Schon reicht mir

Land und tränkst es;
es mit Reichtum.
Ps 65,10

Singen will ich
weil er mir

von allen Seiten
Hand auf mich.
Ps 139,5

Herr, du hältst mich
das macht

erstürme ich Wälle,
überspringe ich Mauern.
nach Ps 18,30

Gott, mit dir
mit dir

das Wasser bis an
die Kehle.
Ps 69,2

Du sorgst für das
du überschüttest

dem Herrn,
Gutes getan hat.
Ps 13,6b

Fischer u. a.: Ich bin da 2, Lehrerhandbuch
© Auer Verlag GmbH, Donauwörth

Ich, _____ , bin getauft.

Du hast mich beim Namen gerufen.

	Die Bibel	
	Wasser	
	Chrisam	
	Taufkleid	
	Taufkerze	

Was gehört zusammen?

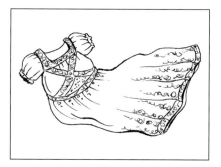

Sie wird an der Osterkerze, dem Zeichen für Jesus, entzündet. Jesus als das Licht der Welt ist für uns Vorbild und Begleiter auf unserem Lebensweg.

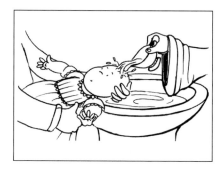

Das weiße Kleid ist ein Zeichen der Freude. Es will sagen: Du gehörst zu Christus.

Taufen kommt von Untertauchen. Wasser gibt uns Leben. Gott schenkt uns seine Kraft. Wo Wasser fehlt, ist kein Leben möglich.

Es ist eine Salbe aus Olivenöl und Balsam. Früher wurden Könige und Propheten gesalbt. Als „Gesalbte" gehören wir zu Christus.

Wir hören aus der Bibel die Frohe Botschaft.

Fischer u.a.: Ich bin da 2, Lehrerhandbuch
© Auer Verlag GmbH, Donauwörth

Mein Name

_____

Meine Paten

_____

_____

Mein Tauftag

_____

Meine Taufkirche

_____

in: _____

_____

Mein Geburtsdatum

_____

5. Weihnachten

Darum geht es

Theologische Perspektive

Das Weihnachtsfest stellt den Glauben an die Menschwerdung Gottes in den Vordergrund. Die erzählerische Grundlage für das Ereignis der Geburt Jesu und den Christusglauben liegt in der Weihnachtsgeschichte der Evangelisten Lukas und Matthäus vor, wobei die Kinder am ehesten mit der lukanischen Weihnachtsgeschichte vertraut sind. Die Geburt Jesu wird nur kurz und nüchtern erzählt. Faszinierend sind die Kontraste in der Geschichte, z.B. die dunkle Nacht und der Glanz der Boten Gottes. Die Deutung des Geschehens durch den Engel ist die Mitte der Erzählung: „Heute ist euch in der Stadt Davids der Retter geboren; er ist der Messias, der Herr." In dem ‚Heute' klingen Jubel und Dankbarkeit mit: Endlich haben sich die Verheißungen Gottes erfüllt. Gott und Mensch treffen sich im Weihnachtsgeschehen. Zum einen wird Gottes Herrlichkeit offenbar. Zum anderen bringt sie den Menschen die Erfüllung ihrer Sehnsucht. Lukas setzt dem römischen Frieden, der auf Waffengewalt basiert, die Vision eines Friedens entgegen, der von Gott kommt. Damit ist Gottes Friede Gabe und Aufgabe zugleich. Die Bedeutung Jesu als Retter, Erlöser oder Bruder der Menschen wird in der christlichen Tradition und Liturgie vor allem durch die Lichtmetapher zu erschließen versucht. Die Geschichte von der Geburt Jesu ist nach Lukas „die Geschichte des Lichts, das in der Finsternis aufstrahlt" (U. Früchtel). Um die Hirten ist es „licht" geworden, deshalb können sie sich auf den Weg machen und finden Maria, Josef und das Kind. So lassen sich auch die Sterndeuter von dem Stern leiten. Weil Gott in Jesus Mit-Mensch geworden ist, können Menschen sich über die Schöpfung freuen und auf eine gute Zukunft hoffen. So verbindet sich die Botschaft von Weihnachten mit der Aufforderung, das Licht weiterzutragen. Damit rückt Gott an die Menschen heran und der Mensch an Gott.

Religionspädagogische Leitlinie

Im Blick auf die Advents- und Weihnachtszeit sind die Erfahrungen der Kinder durch Begegnungen mit verschiedenen Formen von Licht geprägt. Davon ausgehend schlägt diese Lerneinheit eine „Brücke des Verstehens" (K. Wegenast) zum eigentlichen Sinn von Weihnachten. Im Sinne eines ganzheitlichen Lernens soll der unterrichtliche Umgang mit dem Licht dazu bei-

tragen, neue Sinn-Erfahrungen zu Advent und Weihnachten zu stiften, die vom christlichen Glauben her inspiriert sind. Aufgrund der Auseinandersetzung mit der Lichtsymbolik wird das Kind angeleitet, in dem Neugeborenen das Licht der Welt zu sehen und den Bezug des Festes zu sich selbst zu entdecken. Darüber hinaus lässt die bewusste Lichterfahrung spüren, wie man im übertragenen Sinn Licht füreinander sein kann.

Lernanliegen

Aus der Fülle weihnachtlicher Bräuche und Symbole wird der Fokus auf das Licht gelegt. Das Licht soll als Sinnbild aufgebaut werden. Deshalb geht der Unterricht Lebenssituationen nach, in denen dem Licht eine besondere Bedeutung für die Menschen zukommt. Vor diesem Hintergrund wird nach der Bedeutung der Lichtsymbolik in der Weihnachtsgeschichte gefragt, was bereits die Gestaltung der Seite 30–31 im Hell-Dunkel-Kontrast nahelegt. Damit ist der entscheidende Grund für das Weihnachtsfest in den Blick gekommen, sodass in einem weiteren Lernschritt der Zusammenhang zwischen Freude und Feier und dem Festanlass hergestellt und kognitiv erfasst werden kann. Der Kirchenraum und die Lichterfülle des Tannenbaums in der Nähe von Krippe und Altar auf der Seite 32–33 machen bewusst, dass diese besondere Botschaft auch einen besonderen Ort hat. Die christliche Grundeinsicht, dass die Offenbarung der Menschenfreundlichkeit Gottes in dem Kind von Betlehem mit dem Auftrag verbunden ist, die Menschlichkeit unter den Menschen zu fördern, findet seine didaktische Umsetzung darin, das Handeln der Sternsinger (S.34) nachzuerleben und Lichtzeichen zu gestalten, um über Bild und Text die Kinder zur Identifikation mit den Lichtträgern zu bewegen.

Lernertrag

Am Ende der Unterrichtseinheit sind die Kinder in der Lage, das Symbol Licht im Kontext von Advent und Weihnachten zu deuten. Sie verstehen die biblische Weihnachtsbotschaft als eine Botschaft von der Geburt Jesu, durch die Gott den Menschen nahe ist, und damit als eine Botschaft der Freude für alle Menschen guten Willens. Sie ahnen, dass Fest und Feier für uns Menschen besonders wertvoll und unverzichtbar sind. Nicht zuletzt verstehen sie den Zusammenhang zwischen Geburt Jesu als Gabe Gottes an uns Menschen und unserer Aufgabe, durch viele kleine Schritte das Gesicht der Welt zu verändern.

Prozess-Schritte: Übersicht

Weihnachten	Prozess-Schritte
1. **sehen +** **entdecken**	In Anknüpfung an das vorangegangene Kapitel, in welchem unter anderem das Licht der Taufkerze thematisiert wurde, wird die **Lichtsymbolik** nun in der Advents- bzw. Weihnachtszeit aufgegriffen. Hier spielt das Licht eine entscheidende Rolle. Erfahrungen mit der Dunkelheit und dem Licht hat bereits jeder gemacht. Jeder kann an solche Erfahrungen anknüpfen.
2. **fragen +** **finden**	Wo gibt es in der **Adventszeit** überall Licht? Ist es in dieser Zeit dunkler oder heller als zu anderen Zeiten? Woher kann denn Licht überhaupt kommen? Welche Lichtquellen gibt es? Haben Licht und Dunkelheit eine besondere Bedeutung für mich? Habe ich unterschiedliche Gefühle? Spielen Angst und Freude dabei eine Rolle?
3. **hören +** **sagen**	Auch die **Weihnachtsgeschichte**, die Frohe Botschaft, ist eine Erzählung, in der das Licht eine zentrale Rolle spielt. Wir schlagen nun einen narrativen Weg ein, um die Symbolik weiter auszuleuchten und eine Übertragung anzubahnen. An welchen Stellen begegnet uns in der Geschichte Licht? Was bewirkt das Licht?
4. **träumen +** **trauen**	Um den **Weg auf das Weihnachtsfest** hin bewusst zu gestalten, entscheiden wir mithilfe von Rollenspielen, welchen Weg wir uns trauen einzuschlagen. Wir entscheiden uns, einen bestimmten Weg einzuschlagen, damit es für uns und für andere „heller" wird. Wenn wir es wollen, können wir ein Bewusstsein entwickeln, die Welt froher zu machen.
5. **glauben +** **(be)kennen**	Auch bei der **kirchlichen Weihnachtsfeier** kommt dem Licht eine große Bedeutung zu. Viele christliche Symbole, die auf das Weihnachtsfest und dessen Bedeutung hinweisen, haben mit Licht zu tun. Der eigentliche Sinn von Weihnachten tritt durch die Botschaft „Jesus Christus ist geboren" in den Vordergrund.
6. **leben +** **gestalten**	**Licht sein für andere – Freude schenken.** Dies wird vor allem von den Sternsingern gelebt, denjenigen, die jedes Jahr von Haus zu Haus ziehen und für die Menschen sammeln, die nichts haben. Sie sind es, die uns immer wieder daran erinnern, dass auch wir mithelfen können, dass auch wir Licht sein können.

Methoden	Medien	
	Leitmedium	Begleitmaterial
Stilleübung und Unterrichtsgespräch: Zusammen erleben wir eine Stilleübung zum Thema Licht/ Dunkel. **Gestaltungsaufgabe:** Wir gestalten ein Bild zum Thema Licht und Dunkelheit. **Lied:** Wir erarbeiten das Lied „Wie eine Kerze leuchtet".	**M 1:** Stilleübung	Teelichter **SB S. 29:** Wie eine Kerze leuchtet
Stationslauf: In einem Stationslauf setzen die Kinder sich mit Fragen zum Thema Licht, Dunkelheit, Angst, Freude und Advent auseinander.	**M 2:** Stationslauf zum Thema Licht/Dunkelheit	Zeitungen, Zeitschriften **SB S. 29:** Wie eine Kerze leuchtet
Hören der Weihnachtsgeschichte und Betrachten der Buchseite 30–31: Die Kinder erarbeiten schrittweise die Weihnachtsgeschichte mithilfe der Schülerbuchseiten 30–31. **Stabpuppenspiel:** Ein Stabpuppenspiel wird gestaltet und eingeübt.	**SB S. 30–31:** Die Weihnachtsgeschichte	**M 3:** Stabpuppen (Vorlagen), Kulissen
Rollenspiele: Alltagssituationen, in denen ich mich für einen bestimmten Weg entscheiden muss, werden nachgespielt. **Unterrichtsgespräch:** Wie kann ich den „Weg auf Weihnachten zu" für mich und für andere heller machen? **Gestaltungsaufgabe:** Gedanken dazu werden auf eine Flamme geschrieben.	**M 4:** Rollenspiele (Textvorlagen)	**M 5:** Flamme (Schablone) Stroh oder Krippe
Bildbetrachtung: Die Schülerbuchseiten 32–33 werden betrachtet. Die weihnachtlich geschmückte Kirche steht im Vordergrund. **Gestaltungsaufgabe:** Die Kinder gestalten Kerzen.	**SB S. 32–33:** Die weihnachtliche Kirche	Kerzen, Knetwachs Wachsstifte
Bildbetrachtung: Wir betrachten die Seite 34 und lesen den Text. Ein Gespräch über Sternsinger und deren Aufgabe entwickelt sich. **Lied:** Wir erarbeiten den Liedtext „Wie eine Kerze leuchtet". **Gestaltungsaufgabe:** Die Kinder gestalten Sterne als Klassenschmuck.	**SB S. 34:** Mit ihm gehen	**M 8:** Stern (Schablone) Tonpapier, Transparentpapier, Schere, Kleber **SB S. 29:** Wie eine Kerze leuchtet

1. sehen + entdecken

Leitmedium: Erfahrungen mit Licht und Dunkelheit, Stilleübung (M 1)

In dieser Stunde geht es zunächst um Dunkelheit-Erfahrungen der Kinder. Die Kinder sollen eigene Erfahrungen mit Licht und Dunkelheit machen, um an vorher gemachte Erfahrungen anknüpfen zu können. Wie wirkt die Dunkelheit auf mich? Welche Gefühle habe ich, wenn eine Kerze in der Dunkelheit angezündet wird? Was bewirkt Licht? Habe ich schöne, schreckliche, angstvolle oder hoffnungsfrohe Erfahrungen mit der Dunkelheit oder dem Licht gemacht? Mithilfe der Stilleübung sollen die Kinder erleben, in einem völlig dunklen Raum zu sitzen, der nach und nach erhellt wird. Die Übung ist so aufgebaut, dass in die Dunkelheit hinein eine Kerze angezündet wird, die ein wenig Licht spendet. Die Konzentration der Kinder wird nach der Dunkelheit und der Wahrnehmung ihrer Gefühle in der Dunkelheit auf das Licht gelenkt. Dabei wird sowohl angesprochen, welche Eigenschaften dem Licht zugeschrieben werden als auch welche Gefühle es in uns wecken kann. Zum Schluss der Stilleübung leuchten mehrere Teelichter, die den Raum nicht nur erhellen, sondern auch erwärmen und uns Kraft geben können.

Lernmöglichkeiten

Nach der Begrüßung setzen sich die Kinder entweder in einen Kreis oder bleiben an ihrem Platz sitzen. Der Klassenraum wird nach Möglichkeit verdunkelt. Die Kinder sollen ganz still in dem dunklen Raum sitzen und die Dunkelheit auf sich wirken lassen. Nach einiger Zeit zündet die Lehrkraft eine Kerze an. Um die Kerze herum stehen viele Teelichter. Die Lehrkraft spricht ganz langsam den ersten Teil der Stilleübung (➡ M 1). Im Anschluss gehen die Kinder, wie im Text beschrieben, nacheinander nach vorne. Sie nehmen ein Teelicht, zünden es an und kehren auf ihren Platz zurück. Nun folgt der zweite Teil der Stilleübung. Die Kinder gucken währenddessen auf ihr Teelicht, das vor ihnen steht. Nachdem die Übung beendet und die Klasse wieder hell ist, sollen die Kinder ihre Erfahrungen austauschen. Dazu wird ein Sprechstein herumgegeben. Jedes Kind darf von der Dunkelheits- und Lichterfahrung berichten. Einige Kinder werden Dunkelheits- oder Lichterfahrungen in anderen Kontexten gemacht haben und auch diese erzählen.
Im Anschluss bekommen die Kinder die Aufgabe, ein Bild zum Thema Licht oder zum Thema Dunkelheit zu malen. Es kann ganz allgemein, abstrakt gehalten sein oder eine persönliche Erfahrung darstellen. Die Kinder, die fertig sind, stellen sich gegenseitig ihre Bilder vor und heften sie danach in die Religionsmappe. Bleibt

noch Zeit, können die Bilder auch in der großen Gruppe vorgestellt werden. Zum Abschluss der Stunde schlagen die Kinder die Seite 29 auf und lernen das Lied „Wie eine Kerze leuchtet".

Weitere Anregungen

■ Nach Möglichkeit werden die Bilder der Kinder in der Klasse aufgehängt, um im Verlauf der weiteren Unterrichtsreihe immer wieder darauf zurückgreifen zu können.

 2. fragen + finden

Leitmedium: Stationslauf zum Thema „Licht und Dunkelheit" (M 2)

In dem Stationslauf (➡ M 2) sollen die Kinder sich mit Erfahrungen zum Thema Licht und Dunkelheit beschäftigen und ihr Wissen dazu einbringen. Indem sie verschiedene Aufgaben bearbeiten, setzen sie sich intensiv mit Licht und Dunkelheit auseinander, knüpfen aber auch an weiterreichenden Themen an wie Advent, Angst, Freude, Hilflosigkeit, Licht im Alltag …
Die Kinder werden hier zum Nachdenken über die Wirkung des Lichtes angeregt. Sie befragen und hinterfragen das Licht und seine Wirkung. Dadurch verlassen sie die reine Betrachtungs- und Erfahrungsebene und gehen ein Stück in die Tiefe.

Lernmöglichkeiten

Nach einer kurzen Wiederholung der letzten Stunde oder dem nochmaligen Singen des Liedes „Wie eine Kerze leuchtet" erklärt die Lehrkraft den Kindern die Arbeit an den Stationen. Diese sind bereits in der Klasse gut sichtbar aufgebaut und laden zum Arbeiten ein. Die Kinder erhalten den Stationspass. Ist die Klasse mit dieser Art zu arbeiten bereits gut vertraut, können die Kinder sofort loslegen. Sind Stationsläufe den Kindern nicht so gut bekannt, sollten die Stationen einzeln vorgestellt und eventuell erklärt werden. Auch sollten entsprechende Regeln zum Umgang mit den Stationen sowie dem Material und besonders mit der brennenden Kerze oder den Teelichtern erarbeitet werden.
Wahrscheinlich werden die Kinder mehr als eine Stunde zum Bearbeiten der Aufgaben benötigen. Am Ende der Arbeit können einzelne Stationen herausgegriffen und mit der ganzen Gruppe reflektiert werden. Andere Stationen können auch auf Plakaten präsentiert werden. Alle Arbeitsblätter werden in der Religionsmappe abgeheftet.

Weitere Anregungen

- Sollte es in der Klasse/Lerngruppe nicht möglich sein, den Stationslauf durchzuführen, können die Stationen auch einzeln herausgegriffen und mit der ganzen Gruppe gemeinsam bearbeitet werden. Auch eine GA ist möglich, bei welcher jede Gruppe zu einer anderen Station arbeitet und die Ergebnisse später präsentiert und reflektiert werden.

 3. hören + sagen

Leitmedium: Weihnachtsgeschichte (SB S. 30–31) und Stabpuppenspiel (M 3)

Die Kinder lernen die Weihnachtsgeschichte kennen und erarbeiten sie zunächst inhaltlich. Durch die Präsentation der Erzählung im Schülerbuch als Schattenspiel wird der Lichtgedanke wieder aufgegriffen. So wird die Weihnachtserzählung zur Lichtgeschichte. Die Seite ist dunkel gehalten, nur einzelne Lichtkegel beleuchten verschiedene Szenen. Es sind genau die Szenen, in denen Jesus eine zentrale Rolle spielt. Darüber hinaus versuchen die Kinder, eine Übertragung herzustellen und die Erzählung auch unter dem Aspekt des Lichtes zu betrachten. An welchen Stellen spielt das Licht in der Geschichte eine Rolle? Welche Bedeutung kommt dem Licht zu? Dazu entwerfen die Kinder ein Stabpuppenspiel. Sie haben so die Möglichkeit, das Evangelium weiterzusagen und -zutragen. Durch das Spielen der Geschichte berichten sie anderen davon. So tragen auch die Kinder ein Stück dieses Lichtes im Gottesdienst oder im Unterricht weiter.

Lernmöglichkeiten

Nach der Begrüßung schlagen die Kinder die Doppelseite 30–31 auf und betrachten sie. Dazu sollte, wenn möglich, die Klasse etwas abgedunkelt werden, Kerzen und der Adventskranz spenden Licht. Zunächst haben die Kinder einige Minuten Zeit, sich die Seite (Bilder und Text) selbstständig zu erschließen. Im Anschluss liest die Lehrkraft langsam den Text noch einmal vor, der neben den Schattenbildern abgedruckt ist.

In dem Gespräch nach der Erzählung wird die Weihnachtsgeschichte nun inhaltlich erarbeitet. Die besondere Gestaltung der Seite als Schatten- bzw. Stabpuppenspiel wird dabei berücksichtigt. Die Kinder berichten auch von ihren Erfahrungen mit Stabpuppenspielen und erzählen von Krippenspielen anderer Art.

In der nun folgenden Arbeitsphase beginnen die Kinder mit ihrer Arbeit an einem eigenen Stabpuppenspiel. Ziel ist es, die Frohe Botschaft weiterzugeben. Die Kinder sollen die Möglichkeit bekommen, die Geschichte anderen vorzuspielen. Gemeinsam wird überlegt, welche Figuren gebraucht und hergestellt werden müssen. Danach werden die Figuren (M 3) verteilt, ausgeschnitten, angemalt und auf einen Stab (Schaschlikspieße oder kleine Holzstäbe) geklebt. Zusätzliche

Kulissen können selbst entworfen werden. Dazu eignen sich große Plakate oder Bettlaken, die als Hintergrund bemalt werden. Auch zusätzliche Figuren können hergestellt werden.

Wenn alle Figuren und Kulissen fertiggestellt und die Figuren für die jeweiligen Szenen an die Kinder verteilt worden sind, wird die Weihnachtsgeschichte von den Kindern mithilfe der Stabpuppen nachgespielt: Sie lassen das Evangelium lebendig werden. Je nach Möglichkeiten der Lerngruppe erzählt die Lehrkraft die Weihnachtsgeschichte entweder selbst, während die Kinder dazu spielen, oder sie bezieht die Kinder als Sprecher mit ein.

Zum Abschluss der Sequenz richtet die Lehrkraft das Augenmerk der Kinder noch einmal auf die Bedeutung des Lichtes in der Erzählung. Gemeinsam überlegen die Kinder, an welchen Stellen Licht in der Geschichte vorkommt oder an welchen Stellen es eine zentrale Rolle spielt. Die Lichtkegel im Schülerbuch, die wie ein Spot einzelne Szenen beleuchten, können dabei eine Hilfe sein.

Weitere Anregungen

- **Präsentation:** Im Idealfall sollten die Kinder die Geschichte im Schulgottesdienst vorspielen. Es besteht auch die Möglichkeit, sie der Parallelklasse oder der evangelischen Religionsgruppe zu präsentieren.

- **Schattenspiel:** Anstelle eines Stabpuppenspiels können die Kinder auch ein Schattenspiel entwerfen. Dieses kann hinter einem weißen Bettlaken oder auch auf dem OHP gespielt werden.

♡ **4. träumen + trauen**

Leitmedium: Rollenspiele (M 4)

Die Rollenspiele sollen den Kindern Alltagssituationen vor Augen führen, in denen man sich für den einen oder den anderen Weg entscheiden muss. Gerade in der Advents- und Weihnachtszeit sollte mir im Alltag, in den vielen kleinen Situationen, in denen ich entscheiden muss, bewusst werden, dass ich mich auf dem Weg befinde. Auf dem Weg auf Weihnachten zu. Diesen kann ich selbst gestalten. Dabei kann mich das Licht begleiten. Ich kann den Weg heller machen für mich und auch für andere. Den Kindern soll an dieser Stelle deutlich werden, dass jeder die Kraft hat, sich für das Gute, das „Helle" zu entscheiden. Die Kraft dazu liegt in jedem selbst. Jeder kann ein Licht aufstellen und muss nicht über die Dunkelheit klagen. Der Glaube an Gott macht uns dazu Mut.

Lernmöglichkeiten

Zu Beginn werden die Kinder in kleine Gruppen eingeteilt oder finden sich selbst zu diesen zusammen. Jede Gruppe bekommt einen Text, in dem der Anfang einer Alltagssituation beschrieben ist (➡ **M 4**). Aufgabe der Kinder ist es nun, diese Situation mit einem möglichen Ende nachzuspielen. Die Gruppe muss sich in die Situation hineinversetzen und gemeinsam eine Lösungsmöglichkeit erarbeiten und diese spielen. Im Anschluss werden die Situationen vorgespielt und gemeinsam besprochen. Die Lösungen werden begründet oder angezweifelt. Zusätzliche Ideen werden eingebracht. Gemeinsam nehmen die Kinder auch eine Realitätsüberprüfung vor, d. h.: Würden wir uns im Alltag, in der Realität auch wirklich so verhalten oder haben wir nur so gespielt, weil wir annehmen, ein solches Verhalten wird so von uns erwartet? An der Tafel werden nun Begriffe gesammelt, die die Kinder anhand der einzelnen Rollenspiele erarbeiten. Wie müsste ich mich in dieser Situation verhalten, um den Weg für mich oder für den/die anderen zu erhellen? Was ist das Gute in jeder einzelnen Situation? Welchen Weg sollte ich mich trauen zu gehen? Dabei kann an der Tafel eine ganz unterschiedliche Sammlung entstehen (gerecht sein, ehrlich sein, andere mitspielen lassen …).

Daran anknüpfend überlegen die Kinder, was sie selbst nun konkret tun möchten, um ihren Weg auf Weihnachten zu heller zu gestalten. Die Aufgabenstellung lautet: „Wie kann ich den Weg für mich und für andere heller machen? Was kann ich tun, um anderen auf dem Weg auf Weihnachten zu eine Freude zu machen?" Dazu bekommt jedes Kind eine (oder mehrere) Flamme(n) (➡ **M 5**). Auf die Flammen können die Kinder entweder einen der vorher erarbeiteten Begriffe, vielleicht auch in Verbindung mit einer konkreten Situation, schreiben (z. B. „Ich möchte immer ehrlich zu meiner Mama sein."). Die Kinder können sich darüber hinaus aber auch ganz individuelle, persönliche Dinge vornehmen und diese verschriftlichen. Die Flammen können danach noch gestaltet werden. Zum Abschluss der Stunde setzen wir uns in einen Sitzkreis. In der Mitte steht eine Krippe (alternativ etwas Stroh, welches die Krippe symbolisiert). Nun kommt jedes Kind nach vorne und legt seine Flamme(n) in die Krippe. Dazu zündet es ein Teelicht an, welches bereits mit genügendem Abstand (!) neben der Krippe steht. Dabei bleibt es den Kindern überlassen, ob sie vorlesen wollen, was auf ihren Flammen steht. Durch die Krippe stellen wir wieder den Zusammenhang zu Weihnachten her. Was mit Gott klein anfängt, soll zum großen Freudenfeuer werden.

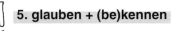

5. glauben + (be)kennen

Leitmedium: Bild des weihnachtlichen Kircheninnenraums (SB S. 32–33)

Auf der Seite 32–33 ist der Innenraum einer Kirche zur Weihnachtszeit abgebildet. Viele Menschen feiern zusammen den Weihnachtsgottesdienst. Der große rote Teppich führt den Betrachter in den Kirchenraum hinein, direkt auf die Krippe und das Kreuz an der Wand als Hoffnungssymbol zu. Deutlich zu erkennen sind die

christlichen Symbole, die auf das Weihnachtsfest und dessen Bedeutung hinweisen. Ein großer geschmückter Tannenbaum und viele kleine Tannengestecke sowie die Krippe vor dem Altar weisen eindeutig auf das Weihnachtsfest hin. Auf dem Bild lassen sich viele weitere Lichter erkennen, die den Lichtgedanken auch im Kircheninnenraum in den Vordergrund rücken: Die Osterkerze ist neben das Taufbecken gerückt und nimmt so einen zentralen Platz ein. Neben den Kerzen am Tannenbaum und auf dem Altar leuchten die Kerzen in den Händen der Messdiener und machen sie so zu Lichtträgern. Über dem Altar hängt ein Stern, welcher hell leuchtet. Die Heiligenfiguren und auch die Marienstatue an der Kirchenwand werden von mehreren Lichtern angestrahlt und so hervorgehoben. Hinten links in der Ecke brennt das ewige Licht. Der Text auf der Seite „Weihnachten feiern – Freude schenken" macht deutlich, dass es sich um ein frohes Fest handelt, bei dem auch wir den anderen Menschen etwas von dieser Freude abgeben, sie mit ihnen teilen wollen.

Lernmöglichkeiten

Die Kinder schlagen die Doppelseite 32–33 im Schülerbuch auf und betrachten sie zunächst still. Ohne einen konkreten Impuls sollen die Kinder sich zu dem Bild äußern, sich in das Bild hineinlesen. Sie können viele Dinge entdecken, ihre Erfahrungen mit einbringen und Vergleiche ziehen. Im Gespräch sollte vor allem auf die typisch christlichen Symbole (Tannenbaum, Krippe usw.), die in der Kirche zu sehen sind, eingegangen werden. Durch die Abbildung der kirchlichen Feier wird deutlich, dass die Geburt Jesu vor allem eine Glaubensgeschichte ist. Mit den Kindern zusammen sollte erörtert werden, warum Weihnachten gefeiert wird: „Wir feiern Weihnachten, weil Jesus Christus geboren ist."

Da auch die kirchliche Weihnachtsfeier von Licht geprägt ist, werden in der Arbeitsphase von den Kindern Kerzen gestaltet. Sie sollen diese verzieren, indem sie Wörter (Jesus, schenken, Freude, Licht …) oder Symbole (Krippe, Tannenbaum …), die typisch für Weihnachten sind, mit Knetwachs auf die Kerze schreiben. Diese Kerzen können als Weihnachtsgeschenke hergestellt werden, sodass die Kinder ein Stückchen Weihnachten verschenken und ein Licht weitergeben, welches Helligkeit, Freude und Hoffnung bringt.

Weitere Anregungen

Alternativ zu den Wachskerzen gibt es folgende Möglichkeiten:

■ Toilettenpapierrollen werden mit verschiedenfarbigen Papieren beklebt oder mit Stiften beschrieben. Aus gelbem Tonpapier werden Flammen gebastelt, die auf die Rollen geklebt werden.

■ Aus Pappe werden Kerzen mit Flammen ausgeschnitten, mit Papier und Stiften gestaltet und abschließend auf einem Plakat angeordnet.

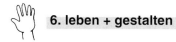

6. leben + gestalten

Leitmedium: Sternsingerbild und Text (SB S. 34)

Diejenigen, die jedes Jahr Licht in die Welt für andere bringen, die sich einsetzen und gemeinsam versuchen, den Weg für andere heller zu gestalten, sind die Sternsinger. Immer am Fest der Heiligen Drei Könige (6. Januar) bzw. am Wochenende danach ziehen sie von Haus zu Haus und sammeln für Menschen, die in Not sind. Kinder und Erwachsene verkleiden sich als Könige, tragen Sterne und Lichter und segnen die Häuser, in die sie kommen. Das Bild auf der Seite 34 zeigt Kinder, die als Sternsinger umherziehen. Der Text unter dem Bild weist darauf hin, dass jeder dazu beitragen kann, unsere Welt zu verändern, sie heller zu machen. Auch alleine kann ich Licht in die Welt bringen. Mit anderen gemeinsam kann ich noch viel mehr bewirken oder verändern.

Lernmöglichkeiten

Wir schlagen die Seite 34 auf, betrachten das Bild der Sternsinger und lesen den Text darunter. Es entwickelt sich ein Gespräch über die Sternsinger und deren Aufgabe. Gibt es in der Gemeinde eine Sternsingeraktion, sollte die Lehrkraft in jedem Fall an dieser Stelle darauf hinweisen. Die Sternsinger verändern das Gesicht der Welt, sie handeln und werden Licht für andere. Aus dem kleinen Licht in der Adventszeit ist ein großes Licht geworden – die Sternsinger. Sie sind Licht, sie schenken Freude. Licht werden für andere bedeutet eben auch, Freude und Hoffnung zu fühlen und dieses Gefühl deutlich zu machen oder weiterzugeben. Diese Gedanken festigen wir, indem wir noch einmal das Lied „Wie eine Kerze leuchtet" (S. 29) singen und uns den Liedtext genauer angucken: „Ich möchte Licht verbreiten, Wärme und Freude schenken, ich möchte leuchtend und fröhlich sein, mein Herz soll Liebe schenken".

Vor allem mit dem Refrain „Mache dich auf und werde Licht" können wir uns noch einmal an unsere eigenen Vorsätze (vgl. träumen + trauen) für den Weg auf Weihnachten zu erinnern, die wir auf Flammen geschrieben haben.

Um unserer Klasse nun auch nach außen ein weihnachtliches Gesicht zu geben, basteln die Kinder im Anschluss Sterne, die an die Fenster oder einen Zweig gehängt werden können. Dazu zeichnen sie die Vorlage (➡ M 6) auf Pappe und schneiden sie außen und innen aus. Auf dünnes, weißes Butterbrotpapier kleben die Kinder nun bunte Transparentpapierschnipsel. Das Papier wird zum Schluss hinter den Stern geklebt. So können unsere Sterne am Fenster leuchten.

M 1: Licht und Dunkelheit (Stilleübung)

Es ist dunkel hier.
Wir wollen versuchen, ganz still zu werden.

(Lesepause)

Du kannst kaum etwas sehen.
Wie fühlst du dich?
Manchmal ist es unheimlich, wenn es dunkel ist.
Manchmal ist es aufregend.
Ich zünde jetzt die Kerze in unserer Mitte an.

(Lehrkraft zündet die Kerze an.)

Nun ist es nicht mehr ganz dunkel. Unsere Augen gewöhnen
sich langsam an das Licht.
Wir können viele Dinge besser erkennen.
Wir sehen die Flamme der Kerze in unserer Mitte.
Sie leuchtet und spendet uns Licht. Sie ist unser einziges Licht
in diesem Raum. Die Flamme ist warm und golden.
Wie fühlst du dich jetzt?
Licht kann uns froh machen und uns trösten.

(Lesepause)

Ich beginne nun und zünde ein Teelicht an der Kerze in der
Mitte an. Danach stelle ich mein Teelicht wieder in den Kreis
um die Kerze. Nacheinander zünden wir so alle ein Teelicht an,
bis alle Lichter brennen. Wir warten, bis das Kind vor uns
wieder an seinem Platz sitzt.

*(Lehrkraft beginnt, alle Kinder zünden nacheinander ein
Teelicht an der Kerze an, bis alle Teelichter brennen.)*

Nun ist es noch ein bisschen heller geworden.
Viele kleine Flammen erleuchten unseren Raum.
Alles sieht freundlicher aus.
Es wird wärmer.
Wir sehen die Gesichter um uns herum.
Wir sind nicht alleine.
Licht gibt uns Kraft.

M2: Stationen zum Thema Licht/Dunkelheit (Stationspass)

Station	Stationsname	bearbeitet am
1	Lichtquellen	
2	Licht-Wörter	
3	Wie ist Licht?	
4	Partnerspiel	
5	Licht-Wörter/Licht-Bilder	
6	Bildbetrachtung	
7	Dunkelheit	

1 Lichtquellen

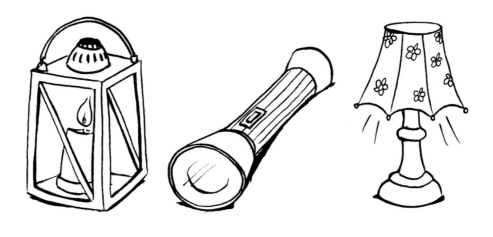

1 Lichtquellen

Schreibe so viele Lichtquellen auf, wie dir einfallen.

_____

_____

_____

_____

_____

_____

_____

_____

Fischer u.a.: Ich bin da 2, Lehrerhandbuch
© Auer Verlag GmbH, Donauwörth

2   Licht-Wörter

2   Licht-Wörter

Suche Wörter, in denen das Wort „Licht" vorkommt.

_____

_____

_____

_____

_____

_____

_____

_____

Fischer u. a.: Ich bin da 2, Lehrerhandbuch
© Auer Verlag GmbH, Donauwörth

3   Wie ist das Licht?

3   Wie ist das Licht?

**Zünde ein Teelicht an und stelle es vorsichtig vor dich hin
(Alternative: Gehe zu der Kerze, die vorne auf dem
Tisch brennt). Wie kannst du „Licht" beschreiben?
Suche möglichst viele Wörter.**

_____

_____

_____

_____

_____

_____

Fischer u. a.: Ich bin da 2, Lehrerhandbuch
© Auer Verlag GmbH, Donauwörth

4   Partnerspiel

4   Partnerspiel

Verbinde einem Partner die Augen und führe ihn dann vorsichtig durch das Klassenzimmer. Tauscht danach die Rollen. Schreibe auf, wie du dich gefühlt hast, als du nicht sehen konntest.

_____

_____

_____

_____

_____

_____

5   Licht-Wörter/Licht-Bilder

5   Licht-Wörter/Licht-Bilder

Schneide aus den Zeitungen/Zeitschriften alle Bilder, Texte oder Wörter aus, die mit Licht oder Dunkelheit zu tun haben.

Fischer u.a.: Ich bin da 2, Lehrerhandbuch
© Auer Verlag GmbH, Donauwörth

6   Bildbetrachtung

6   Bildbetrachtung

**Betrachte das Bild im Buch auf der Seite 29.
Überlege, wo und wann du in der Adventszeit Licht siehst,
welches es sonst nicht gibt.**

_____

_____

_____

_____

_____

_____

_____

Fischer u.a.: Ich bin da 2, Lehrerhandbuch
© Auer Verlag GmbH, Donauwörth

6   Dunkelheit

6   Dunkelheit

Überlege, wie du dich bei Dunkelheit fühlst.
Schließe deine Augen. Kreuze die passenden Wörter
an oder finde eigene Wörter.

☐ traurig   ☐ mutig

☐ angespannt   ☐ verlassen

☐ einsam   ☐ aufgeregt

☐ unruhig   ☐ ruhig

☐ allein   ☐ sicher

☐ _____   ☐ _____

☐ _____   ☐ _____

Fischer u. a.: Ich bin da 2, Lehrerhandbuch
© Auer Verlag GmbH, Donauwörth

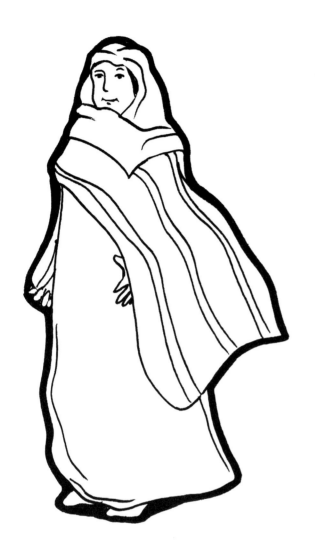

Fischer u.a.: Ich bin da 2, Lehrerhandbuch
© Auer Verlag GmbH, Donauwörth

M3: Stabpuppen (Kopiervorlagen)

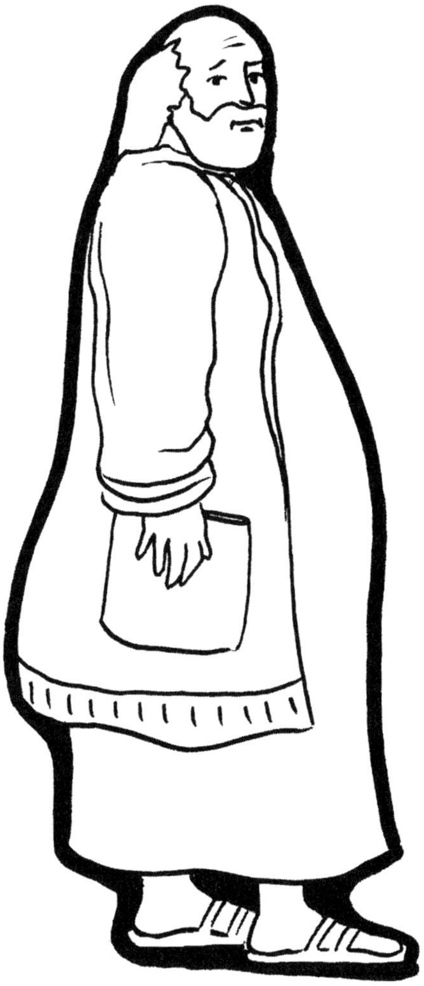

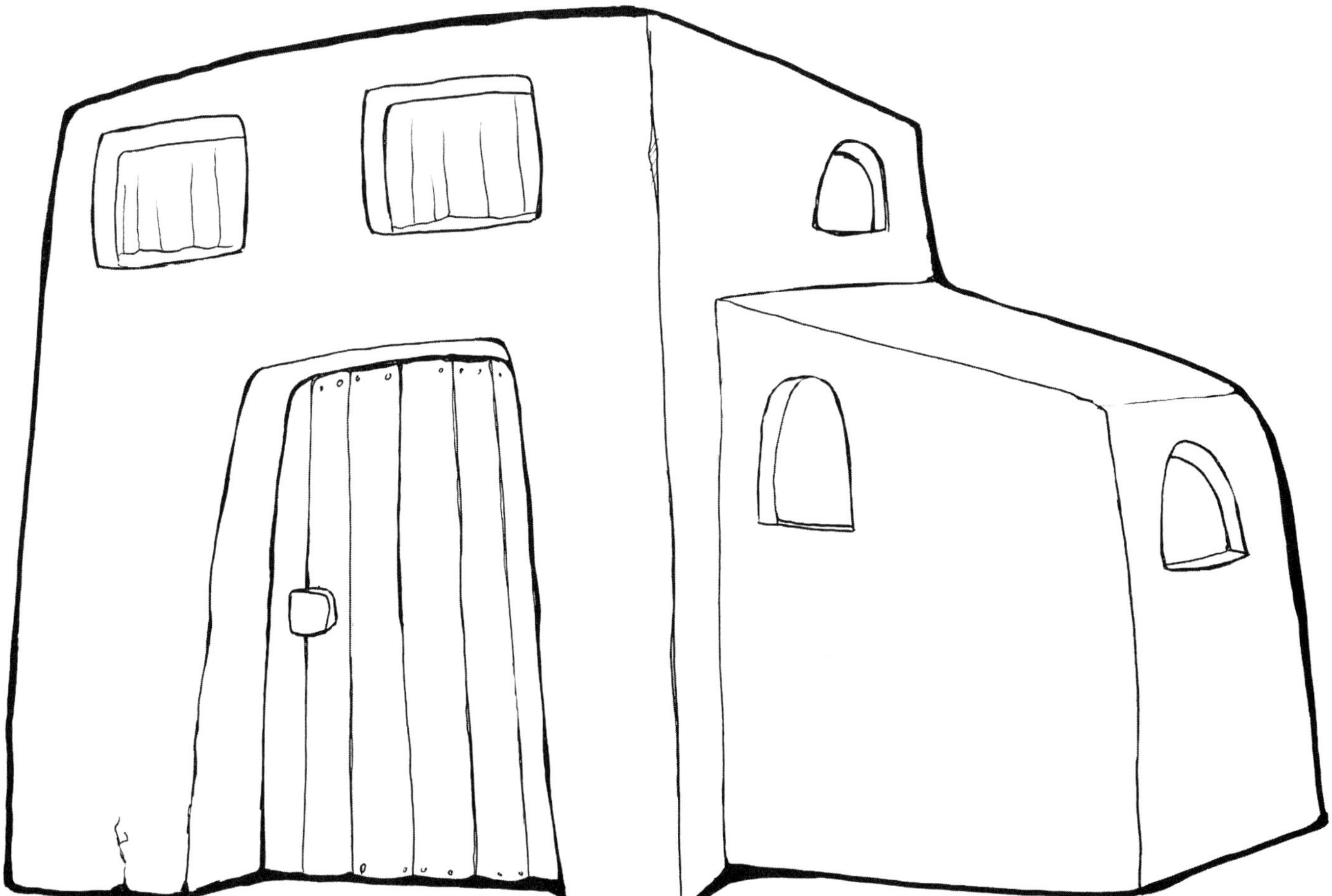

Fischer u.a.: Ich bin da 2, Lehrerhandbuch
© Auer Verlag GmbH, Donauwörth

M3: Stabpuppen (Kopiervorlagen)

Am Montag berichtet Dorothee im Erzählkreis, dass am Wochenende ihr Meerschweinchen gestorben ist. Sie hat es mit ihren Eltern im Garten begraben und ein kleines Kreuz gebastelt. Auf einmal fängt Dorothee an zu weinen und kann nicht weitersprechen …

Am Morgen sind Kristin und Simone ganz früh in die Klasse gekommen. Beide wollen gerne das neue Lernspiel am Computer ausprobieren, welches Frau Maier gestern neu installiert hat. Leider ist nur ein Platz frei. Beide stürmen los …

Jana geht durch den Supermarkt. Sie soll für Mama Brot, Eier und Milch kaufen. Sie geht langsam, weil sie in den Regalen nach dem Brot mit den Sonnenblumenkernen sucht. Auf einmal hört sie ein Geräusch vor sich. Sie schaut genau hin und sieht, dass dem Mann, der vor ihr gegangen ist, die Geldbörse aus der Tasche gefallen ist. Sie liegt nun halb unter einem Regal, ein bisschen versteckt. Der Mann vor ihr hat es nicht gemerkt und geht weiter …

Anna und Jenny gehen in der Pause über den Schulhof und reden über die letzte Mathestunde. Da beobachten sie auf einmal, wie Christiane und Paula Lotta in eine Ecke des Hofes drängen. Sie halten sie am Arm fest und wollen sie zwingen, das Springseil abzugeben, welches Lotta sich gerade mit der Erlaubnis der Lehrerin aus der Klasse holen durfte …

Die Schule ist aus. Fast alle Kinder und auch Frau Ost haben die Klasse schon verlassen. Nur Kirsten und Katrin machen noch den Ordnungsdienst. Da finden sie beim Aufräumen und Fegen unter dem Tisch von Henrik ein Zweieurostück. Heute Vormittag hatte er es verloren und eine Stunde lang gesucht. Katrin zischt Kirsten zu: „Los, nimm es schnell, wir kommen auf dem Heimweg doch an der Bude vorbei!" …

Am Samstag hat Phillip ein großes Fußballturnier. Sein Freund Christian kann nicht spielen. Er hat sich den Arm gebrochen und steht am Spielfeldrand. Er guckt zu. Kurz vor Schluss steht es für beide Mannschaften 2:2. Phillips Team braucht dringend einen Sieg, um nicht abzusteigen. Da pfeift der Schiedsrichter und es gibt einen Elfmeter für Phillips Mannschaft. Phillip soll schießen. Er ist der Beste. Christian feuert ihn an. Dann wird es ganz still und Phillip schießt. Der gegnerische Torwart kann den Ball im letzten Moment halten. Alle schreien auf. Phillips Mannschaft hat es nicht geschafft. Phillip rennt vom Spielfeld …

Jannik, Robin, Tom und Max sitzen im Bus und fahren von der Schule nach Hause. Hinten im Bus sind noch einige Plätze frei. Alle vier Kinder sind total geschafft. Sie hatten in der letzten Stunde Sport. An der nächsten Haltestelle sieht Max, wie eine ältere Frau in den Bus einsteigt. Sie will nach hinten gehen. Da fährt der Bus los und die Frau kann sich gerade noch an einer Stange festhalten …

Monika und Sibylle sind im Einkaufszentrum. Sie wollen noch ein Geschenk für ihre Schwester zum Geburtstag kaufen. Im Schaufenster des nächsten Spielwarenladens sehen sie einen großen Stoffelefanten. Schnell gehen sie in den Laden hinein. Hinter ihnen möchte eine Frau den Laden betreten, die aber keine Hand für den Türgriff frei hat, weil sie einen Kinderwagen schiebt. Da ruft Monika: „Komm schnell Sibylle, da ist nur noch ein Elefant und den möchte der Junge da vorne auch haben." …

Fischer u. a.: Ich bin da 2, Lehrerhandbuch

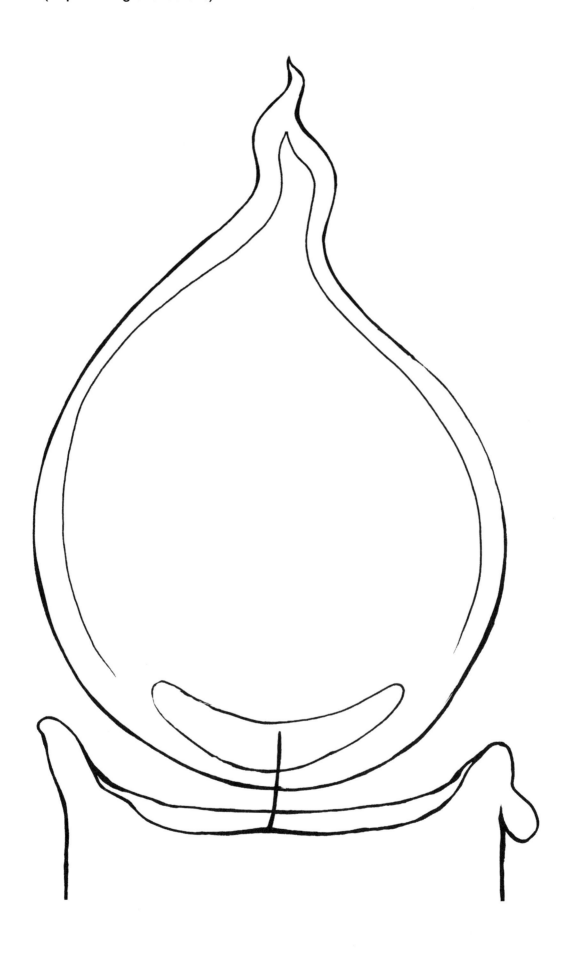

Fischer u. a.: Ich bin da 2, Lehrerhandbuch

6. Die Bibel entdecken

Darum geht es

Theologische Perspektive

Im Zentrum des Glaubens halten wir die Bibel hoch und heilig. Auch wenn Christen Jesus Christus als das lebendig gewordene Wort Gottes bekennen, so kommt den schriftlich überlieferten Zeugnissen des Glaubens eine große Bedeutung zu. Sie teilt sich in die beiden großen Hauptteile AT und NT. Während im AT die Geschichte des Volkes Israel als die Urkunde des monotheistischen Gottesglaubens weitergegeben und in seinen vielen Schriften bewahrt wird, hat das Christentum diese Quellen weitgehend übernommen und um die Geschichten über Jesus von Nazaret, Gottes Sohn, im NT erweitert. So verschieden beide Teile überlieferungsgeschichtlich wie inhaltlich auch sind, sie bilden mit ihren vielen Büchern und Textformen nach christlichem Verständnis doch eine Einheit. Herzstück des ATs ist die jüdische Thora, während die synoptischen Evangelien als der Kern des NTs anzusehen sind, die das Heilshandeln des Mensch gewordenen Gottes vierfach bezeugen.

Religionspädagogische Leitlinie

Wie viel Sachwissen, wie viel Deutungshilfen brauchen Kinder in Klasse 2 nun, um über das reine Erzählen und unmittelbare, erste Textbegegnungen einen echten Zugang zu dieser jüdisch-christlichen Überlieferung zu finden? Viel ist erreicht, wenn die Bibel ohne distanzierenden Vorbehalt, aber auch ohne zu große Naivität angegangen wird. Erste Tuchfühlung wurde ja schon in Klasse 1 mit diesem wohl aufregendsten Buch der Weltliteratur aufgenommen (SB 1, Kap. 7: Die Bibel).

In den ersten Grundschuljahren erfahren Kinder Bücher auf unterschiedlichste Weise. Mit dem Wachsen der Lesefähigkeit verändert sich das Verhältnis zu Büchern. Mag ein Buch zu Beginn noch etwas Unbegreifliches an sich haben, so können sich Kinder im 2. Schuljahr immer besser und schneller eigenständig Texte und Bücher erschließen. Dabei werden sie immer mehr auch zu Textproduzenten, die das bekennende Sprechen von Gott aufgreifen könnten.

Lernanliegen

So soll es darum gehen, die Bibel in ihren vielen Ausgaben näher schätzen und kennenzulernen und sich mit ihr anzufreunden. Bekanntes wird mit Neuem verbunden: Bekannte Namen und Geschichten werden in Erinnerung gerufen und neu entdeckt, äußere Erscheinungsform und formaler Aufbau kommen zur Sprache und Neugier wird geweckt für das, was die Bibel ausmacht und einmalig erscheinen lässt. Sie soll zum selbstverständlichen Leitmedium des RUs werden und immer wieder in den nächsten Wochen aufgeschlagen werden. Fragen der Kinder an die „Gute Nachricht" dürfen nicht zu kurz kommen, wichtige Antworten dazu nicht vorenthalten werden, auch wenn längst nicht alles in Klasse 2 schon aufgearbeitet werden kann, was zum Verständnis der Bibel und ihrer Botschaft notwendig erscheint. So mag es hier noch genügen, die großen Teile der Bibel zu unterscheiden (AT/NT) und erste Gemeinsamkeiten zu erfahren, einen Überblick über den formalen Aufbau zu bekommen und verschiedene Ausgaben und Formen der Bibel an Beispielen zu entdecken.

Die Bibel wird schließlich als das „Buch des Lebens" vorgestellt, in dem die Menschen bedeutsame Geschichten und Erzählungen von Gott und Jesus Christus aufgeschrieben haben, die sie zuvor über einen langen Zeitraum in einer breit angelegten Erzähltradition weitergegeben haben. Und sie wird zum wichtigen Buch im RU.

Lernertrag

Die Bibel ist den Kindern als wichtiges Buch der Weltliteratur, aber vor allem in ihren beiden Hauptteilen AT/NT als Urkunde der jüdisch-christlichen Glaubensüberlieferung vertrauter geworden. Sie konnten erste Erfahrungen mit verschiedenen Bibelausgaben und Textformen sammeln, haben einen Einblick gewonnen in Form, Aufbau und Gehalt, aber auch in die Notwendigkeit vom Deutungswissen biblischer Botschaft. Sie wissen um die Einzigartigkeit des Buches, seine lange Geschichte und Bedeutung für den Glauben der Kirche heute. Sie haben von Namen und großen Gestalten der Bibel erfahren. Sie sind neugierig geworden und haben mit dem Bibel teilen ein strukturiertes Verfahren kennengelernt, mit dem es auch in Zukunft gelingen kann, gemeinsam die biblische Botschaft zu hören und darüber nachzudenken.

Prozess-Schritte: Übersicht

Die Bibel entdecken	Prozess-Schritte
1. **sehen +** **entdecken**	Auf den ersten Blick ist die Bibel für Kinder in der Ausgabe einer Einheitsübersetzung vor allem ein dickes Buch mit unendlich vielen, klein bedruckten Seiten. Das Wort Bibel mag einigen Kindern schon einmal begegnet sein, eine Vorstellung von dessen Bedeutung dürften jedoch die wenigsten mitbringen. Als Hilfe für **Entdeckungen in und an ausgelegten Bibeln** können gezielte Fragen gestellt werden, wie sie im Kinderbuch auf der Titelseite angeregt sind. Diese werden durch eigene Fragen ergänzt.
2. **fragen +** **finden**	In der Schule erfahren die Kinder jeden Tag, dass es viel mehr zu wissen gibt als das, was bisher ihren Horizont ausmacht. Das gilt nicht nur für Lesen, Schreiben oder Rechnen. **Die Bibel ist nicht einfach „nur" ein Buch, sondern ein Schatz, den es zu finden gilt.** Nach dem zu suchen, was ich (noch) nicht weiß, nach dem zu fragen, was es hinter den Buchstaben zu finden gibt, ist ein wichtiger Schritt. Die eigenen Fragen, erste Antworten und Aufgaben zum formalen Aufbau, zur Entstehungsgeschichte, Inhaltsebene und Wirkungsgeschichte bringen uns weiter auf Entdeckungsreise.
3. **hören +** **sagen**	Das bisher zusammengetragene Wissen zur Bibel soll gebündelt werden. Die beiden Teile der Bibel (AT – NT) der jüdisch-christlichen Glaubensüberlieferung verweisen gemeinsam auf **Gottes Wort.** Das Besondere und Einzigartige der Bibel soll zur Sprache kommen. Den Kindern bekannte Bibelgeschichten können so rückblickend und künftig zugeordnet werden. Gleichzeitig wird die Bedeutung der Bibel im Leben der Menschen erfahrbar, wenn der Kanon erarbeitet wird: Gottes Wort ist wie Licht in der Nacht!
4. **träumen +** **trauen**	Der Frage nach der besonderen Bedeutung der Bibel soll anhand einiger großer Namen nachgegangen werden. Hier begegnen wir Ursprungssituationen des Glaubens in den Träumen und Erfahrungen der großen Gestalten. Von Abraham bis Paulus reicht der Bogen der Menschen, die von ihren **Gotteserfahrungen** ergriffen wurden und die nicht schweigen wollten von dem, was sie gehört und gesehen haben. Das Wissen darum kann reifen, wenn Kinder erst einmal die Namen gehört haben und erste Schlüsselerfahrungen erzählt wurden.
5. **glauben +** **(be)kennen**	In Jesus hat Gottes Wort eine neue Dimension bekommen. **Jesu Heilstaten offenbaren ihn als den Messias.** Davon lesen wir im NT, wenn wir die Begegnungsgeschichten nachschlagen. Bartimäus bietet sich an als ein exemplarischer Vertreter der Menschen, denen die Augen aufgingen in der Berührung mit dem lebendigen Wort Gottes. So sind die Heilungswunder einerseits Zeichen der Zuwendung Gottes, immer aber auch Ausdruck der anbrechenden Gottesherrschaft, die zur Nachfolge aufruft. Die wahre Bedeutung der Botschaft erschließt sich nur dem, der sich ihr öffnet. Dann wird die Bibel zum Buch des eigenen Lebens.
6. **leben +** **gestalten**	Rituale der unterschiedlichsten Art erhalten schon früh für Kinder eine zentrale Bedeutung. In der Geschichte des Christentums hat es zu allen Zeiten Rituale gegeben, die Bibel in einer ganz bestimmten Weise zu lesen: **Bibel teilen** gehört heute zu diesen Ritualen. Schritt für Schritt werden die Kinder an Lesen und Verstehen der biblischen Texte herangeführt.

Methoden	Medien	
	Leitmedium	**Begleitmaterial**
Begegnung mit dem Buch: Eine Bibel in der Mitte ist Ausgangspunkt eines Gespräches über die Bibel. **Betrachtung der Buchseite:** Die Kinder werden animiert, in PA oder GA eigene Fragebögen zu erstellen.	**SB S. 35:** Fragebogen zur Bibel	**M 1:** Fragebogen (Arbeitsblatt)
Gruppenarbeit: Die Fragebögen der letzten Einheit bilden die Grundlage, weitere Informationen über die Bibel zu erhalten. In GA begeben sich die Kinder auf Entdeckungsreise mit ihrem Fragebogen und den Wissenskarten.	**SB S. 36–37:** Entdeckungsreise	**M 2/M 3:** Wissenskarten Bibeln, kleine Stöckchen (Schaschlikspieße)
Bildbetrachtung und -erschließung: Anhand der Bilder werden unterscheidende Merkmale des ATs und NTs erarbeitet und in Verbindung mit den Überschriften gebracht. **Lied:** Der Textrahmen wird als Kanon zum Klingen gebracht. **Gruppen- oder Partnerarbeit:** Bibelgeschichten werden dem AT/NT zugeordnet.	**SB S. 38–39:** Altes Testament – Neues Testament	**M 4:** Gottes Wort … (Kanon) **M 5/M 6:** Biblische Erzählungen
Sprechanlass: Namen aus der Bibel werden zusammengetragen, um das Vorwissen mit neuen Informationen zur Bibel zu verknüpfen. **Gruppen- oder Partnerarbeit:** Die Kinder erarbeiten sich Informationen über bekannte Persönlichkeiten der Bibel. Gegenseitig stellen wir uns die Personen abschließend vor.	**M 7:** Personen aus der Bibel (Informations-karten)	**M 8:** Personen aus der Bibel (Textvorlagen)
Erfahrungsspiel: Zunächst erfahren die Kinder, wie es ist, wenn man sich auf einen anderen „blind" verlassen muss. **Eine Heilungsgeschichte erschließen:** Die Bartimäus-Geschichte wird als eine exemplarische biblische Textform erschlossen.	**M 9:** Bartimäus (Erzählvorlage)	Utensilien zum Verbinden der Augen
Klassengespräch und Gruppenarbeit: Das Verfahren des Bibelteilens wird vorgestellt. **Bibel teilen („Andacht"):** In fünf konkreten Schritten lernen die Kinder eine Form der Begegnung mit biblischen Texten kennen, die auch in größeren Gruppen bereichernd ist. Diese SB-Seite kann später wiederholt aufgeschlagen werden.	**SB S. 40:** Bibel teilen	**M 10:** Bibel teilen (Erzähl-vorlage) Klangschale, Kerze, Tuch

So gehen wir günstig vor

 1. sehen + entdecken

Leitmedium: Fragebogen zur Bibel (SB S. 35)

Die Seite 35 führt direkt zu einer Fragehaltung. Die Form des angedeuteten Interviews beinhaltet zum einen das Entwickeln eigener Fragen und zeigt an, dass auf den kommenden Seiten auch entsprechende Antworten erwartet werden können. Die erste Frage „Woran denkst du, wenn du das Wort Bibel hörst?" ist sehr allgemein und von jedem zu beantworten. Sie weist allerdings auch schon auf eine Dimension hin, die über das gedruckte Wort hinausführt. Die zweite Frage „Wann hast du schon einmal Geschichten aus der Bibel gehört?" hat einen sehr konkreten Hintergrund und ermöglicht es, die Vorerfahrungen der befragten Person zu ermitteln. Frage 3 „Findest du eine Geschichte, die du schon kennst?" führt direkt zum Buch und erhält nur dann einen Sinn, wenn der Befragte auch tatsächlich in einer Bibel nachschauen kann.

Die Frage des Mädchens am Rand „Welche Fragen hast du zur Bibel?" führt schließlich zur Aufgabe, eigene Fragebögen zu entwickeln und eigene Interviews durchzuführen.

Lernmöglichkeiten

In der gestalteten Mitte liegt eine Einheitsübersetzung oder/und eine Kinderbibel. In einer ersten Gesprächsrunde sammeln wir alles, was uns dazu einfällt.

Die Lehrkraft kann nun (wenn möglich als Reporter mit Mikrofon und Tonbandgerät oder einer Mikrofonattrappe) einzelnen Kindern die erste Frage von der Buchseite stellen: Woran denkst du, wenn du das Wort Bibel hörst? Im Schneeballsystem wechseln sich nun die Kinder in der Rolle des Befragten ab, bis alle Kinder eine Antwort auf diese Frage gegeben haben. (Werden die Antworten tatsächlich aufgezeichnet, können sie am Ende der Reihe noch einmal vorgespielt und reflektiert werden.)

An den Plätzen schlagen die Kinder die Seite 35 auf und tauschen sich darüber aus.

Wie bereits zuvor können nun im Reporterspiel die einzelnen Kinder (evtl. in Gruppen) die Fragen von der Buchseite beantworten. Für die dritte Frage sollten Kinderbibeln in ausreichender Menge bereitliegen.

Einzelne Gruppen finden sich zusammen und sammeln auf dem Fragebogen (➡ **M 1**) ihre eigenen Fragen zur Bibel. Die Fragebögen werden am Ende der Sequenz kurz vorgestellt oder in einer „Fragebox" für die spätere Beantwortung gesammelt.

Weitere Anregungen

- **Interviews führen:** Mithilfe der erstellten Fragebögen können nun Personen im Umfeld der Kinder befragt werden. Die Ergebnisse fließen in die weitere Arbeit mit ein.

 2. fragen + finden

Leitmedium: Entdeckungsreise (SB S. 36–37)

Die Schülerbuchseite zeigt vier Kategorien von Wissenskarten. Fragen nach dem Aufbau, der Sprache und der Bedeutung des Wortes Bibel stehen auf roten Karten. Antworten auf Fragen rund um die Entstehungsgeschichte der Bibel finden sich auf blauen Karten. Inhaltlich orientierte Fragen, z. B. nach einzelnen Erzählungen oder Personen der Bibel, werden auf den gelben Karten gesammelt. Die Wirkungsgeschichte der Bibel findet sich auf den grünen Karten wieder. Jede der Karten hält aber nicht nur eine Antwort bereit, sondern stellt auch eine Aufgabe, wie die Kinder sich intensiver mit der Bibel auseinandersetzen können.

Weder im Schülerbuch noch durch die Ergänzung im Lehrerhandbuch geht es dabei um eine vollständige hermeneutische oder historisch kritische Analyse der Bibel. Vielmehr ist es der Versuch, den ersten Fragen der Kinder in angemessener Weise zu begegnen, und erste Erklärungsmuster zu liefern, um so gemeinsam auf Entdeckungsreise zu gehen.

Die Form der Kärtchen erlaubt eine individuelle Ergänzung und Erweiterung im Laufe der Zeit mit den Kindern.

Lernmöglichkeiten

Zu Beginn der Lernsequenz lesen einzelne Kinder ihre Fragebögen vor. Dabei können auch bereits erste Antworten von der Gruppe vermutet werden. Der Gruppe sollte genug Zeit für diesen Austausch gegeben werden.

Die Seiten 36–37 geben evtl. Antworten auf noch unbeantwortete Fragen der Kinder und animieren dazu, weitere Fragen und Antworten zu suchen. Nachdem die ersten Karten auf den Buchseiten gemeinsam erarbeitet wurden, können weitere Fragenkarten im gemeinsamen Klassengespräch beantwortet werden.

Das Kartenmaterial (➡ **M 2**) wird in einer GA genutzt. Die kopierten Fragen und dazugehörigen Lösungen werden vor dem Auseinanderschneiden aufeinandergeklebt. Jede Gruppe erhält einen Kartensatz. Die Karten werden gemischt und mit den Fragen nach oben in die Tischmitte gelegt. Nun ziehen die Kinder der Reihe nach jeweils eine Karte. Das erste Kind liest seine Frage vor und bevor es die Karte zur Lösung umdreht, wird gemeinsam versucht, die Frage zu beantworten. Wenn das Kind die Karte umgedreht und die Antwort mit dem Arbeitsauftrag vorgelesen hat, bearbeiten alle Kinder der Gruppe die Aufgabe. Nach getaner Arbeit wird die nächste Karte vom nächsten Kind vorgelesen. Zur Beantwortung der Fragen sollten die Materialien und Bibeln an einem zentralen Ort in der Klasse positioniert werden.

In einem Abschlusskreis berichten die Kinder von den Fragen und Antworten unter dem Motto: Was weiß ich nun über die Bibel?

Weitere Anregungen

- **Eigene Fragen:** Die Wissenskarten können erweitert und die eigenen Fragen mit entsprechenden Quellen (Büchern, Internet, Befragungen) versucht werden zu beantworten.

- **Publizieren:** Die Ergebnisse der Befragungen und die Erkenntnisse können einem größeren Publikum in einer Ausstellung oder auf einer Webseite vorgestellt werden.

 ### 3. hören + sagen

Leitmedium: Ernst Alt: „Jude mit der Rolle des Gesetzes" und Sieger Köder: „Und das Wort ist Fleisch geworden" (SB S. 38–39)

Das Bild „Jude mit der Rolle des Gesetzes" von Ernst Alt auf Seite 38 zeigt auf eindrucksvolle Weise die Verbundenheit eines Juden mit der Schrift, dem verbrieften Wort Gottes. In der liebevollen Umarmung wird deutlich, dass das Wort dem Gläubigen tatsächlich Trost und Halt geben kann. Das AT erzählt diese einzigartige, trostvolle Erfahrung der Menschen mit Gott, der aus Bedrängnis und Not herausführt und so Licht wird in der Nacht, das Orientierung und Hoffnung schenkt.

Sieger Köder lenkt den Blick mit seinem Bild „Und das Wort ist Fleisch geworden" auf den neuen Bund. Im NT wird davon berichtet, dass ein neuer Stern in der Dunkelheit erscheint: Jesus Christus, das lebendige Wort Gottes unter den Menschen aller Generationen und Nationen. Jesus von Nazaret, den wir als Messias, Sohn Gottes bekennen, geht aus den AT-Verheißungen hervor und erfüllt das Wort der Schrift (angedeutet in der Wurzel Jesse im aufgeschlagenen Buch unterhalb der Krippe). Diese Inkarnation des Wortes Gottes hat Hoffnung und Zukunft gebracht. Diese Hoffnung ist für alle Frauen, Männer und Kinder da, die sich um das Wort versammeln. So verbinden sich die Worte des Kanons mit den Bildern zur christlichen Glaubensaussage. Hierin unterscheidet sich aber auch die christliche von der jüdischen Schriftdeutung und dem muslimischen Jesus-Verständnis. Für Christen ist Gottes Wort selbst in Jesus, seinem eingeborenen Sohn, Mensch geworden und hat unter uns gelebt.

Lernmöglichkeiten

Die Kinder schlagen die Seite 38–39 auf und äußern sich frei. Die Lehrkraft sollte dann die Aufmerksamkeit zunächst auf die Seite 38 lenken. Das Bild kann auch als Folie präsentiert werden.

Schwerpunkte der Bildbetrachtung:

- Was hält der Mann im Arm? Wie?
- Wen oder was hältst du so im Arm?
- Wie fühlt sich der Mann?
- Woran erinnert dich das Bild?
- Woran erinnert dich die Überschrift der Seite?
- Was sagt der Text über/unter dem Bild über die Zuneigung des Mannes zur Schriftrolle?
- Nachstellen als Standbild

In ähnlicher Weise wird anschließend die Seite 39 betrachtet:

- Was erkennst du auf dem Bild?
- Woran erinnert dich das Bild?
- Warum malt der Künstler hier ausgerechnet ein Buch zur Krippe?
- Kannst du lesen, was in dem Buch steht?
- Wie fühlen sich wohl die Menschen auf dem Bild?
- Was könnten die einzelnen Menschen sagen?
- Woran erinnert dich die Überschrift der Seite?
- Was könnte der Text über/unter dem Bild mit den Menschen zu tun haben?

Im anschließenden Singen des Kanons (M 4) werden das AT und NT als die eine Frohe Botschaft mit ihren zwei Schwerpunkten in Einklang gebracht.
Den Abschluss der Stunde bilden kurze Texte (➡ M 5), die noch einmal an Geschichten aus dem Schülerbuch erinnern und dem AT bzw. NT zugeordnet werden sollen (➡ M 6). Die leere Karte darf dabei für eigene Ideen der Kinder genützt werden.

4. träumen + trauen

Leitmedium: Personen aus der Bibel (M 7)

Immer wieder begegnen den Kindern Namen und Personen aus der biblischen Überlieferung. An drei exemplarischen Persönlichkeiten der Bibel wird gezeigt, wie Gottes Wort bei ihnen ankam, sie mitnahm und für ihr Leben wirksam, ja heilsam wurde. Menschen der Bibel – große wie kleine, arme wie reiche – hörten Gottes Wort und bewahrheiteten es in der Tat. Da ist von merkwürdigen Begegnungen die Rede, von wachen Träumen und Engelszungen: Abraham erfährt im Traum von unglaublichen Verheißungen bezüglich seiner Zukunft und seinen Nachkommen. Der Engel Gottes verkündet Maria die Geburt Jesu als dem göttlichen Kind. Ein Wort von Jesus genügt und Petrus lässt alles liegen und stehen, verlässt sich ganz und gar darauf, ihm zu folgen.

Gottes Wort schenkt die Kraft, etwas zu verändern, Neues zu wagen, auf- und auszubrechen aus allem, was war, sich dem anbrechenden Reich Gottes zuzuwenden. Es hat eine bahnbrechende und mitreißende Wirkung gezeigt und gezeitigt. Dieser besonderen Wirkung gilt es am Beispiel der großen Persönlichkeiten der Bibel jetzt auf die Spur zu kommen und nachzugehen.

Lernmöglichkeiten

Die Lehrkraft hat in der Mitte des Stuhlkreises (oder als Folie in größeren Lerngruppen) die drei Informationskarten (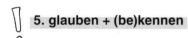 M7), vergrößert auf DIN A3 oder größer, ausgebreitet. Gemeinsam mit den Kindern werden die Personen vorgestellt und erste Informationen zu ihnen ausgetauscht.

Jeweils eine Gruppe (oder je nach Größe der Lerngruppe auch mehrfach besetzt) erhält nun die biblischen Erzählungen (➡ M8) zu den einzelnen Personen. Die Gruppen wählen frei, wie sie die Geschichten den anderen Kindern vorstellen. Denkbar sind kleine Spielszenen, erzählendes Vorlesen, Gestaltung eines Bildes oder Entwicklung eines Standbildes.

In einer gemeinsamen Abschlussrunde stellen die Gruppen ihre Person und die biblische Erzählung zu ihr vor. In der Reflexion kann die Lehrkraft dann die verschiedenen Wirkungsweisen in den drei Beispielen vergleichen, auf ihren Ursprung zurückführen und den Glaubensanspruch darin hervorheben.

5. glauben + (be)kennen

Leitmedium: Die Heilungserzählung von Bartimäus (M9)

Das Wort Jesu hat verändernde Kraft und wer darauf baut, der bekommt neue Lebenskraft geschenkt; der erfährt ihn als das Licht der Welt. Das bekundete schon die Zachäuserzählung (SB 1, S. 44–45). Bezüglich dieses Bekenntnisses zu Jesus stellt die Geschichte von der Heilung des blinden Bartimäus eine weitere Schlüsselperikope dar. Immerhin erzählt das NT sechsmal von Blindenheilungen Jesu. Über die drei Abschnitte des biblischen Textes Lk 18,35–43 hinaus (Situationsangabe – Begegnung und Dialog – Folge der Heilung) legt die Lehrererzählung in der Einleitung die bittere und aussichtslose Lage eines Blinden zur Zeit Jesu dar, damit das Geschehen für heutige Kinder verständlich wird. Die biblische Erzählung zeigt auf der einen Seite den blinden Bartimäus, der aufgrund seines Schicksals vom Leben abgeschnitten ist und seine ganze Hoffnung auf Jesus setzt, von dessen wundervollem Heilswirken er offenbar schon gehört hat. Die zweimalige Anrufung unterstreicht die Entschlossenheit seiner Bitte. Er lässt sich auch nicht von der Menschenmenge davon abbringen, Jesus zu begegnen und ihn zu „sehen". Auf der anderen Seite nähert sich ihm Jesus als der Messias, Gottes Reich verkündend, das nach den alten Verheißungen der Schrift durch klare Heilszeichen offenbar und wohl auch an diesen nur Gott vorbehaltenen Wirkmächtigkeiten zu messen sein wird: Blinde sehen, Lahme gehen. Er lässt den Blinden nicht „blind-lings" liegen, sondern hat Augen für ihn. Darin erkennt er den Glauben des Blinden und zeigt sich ihm als Erlöser und Heiland. Der Sehendgewordene dankt Gott und folgt Jesus nach. Aber auch den Augenzeugen gingen die Augen, ging ein Licht auf. Sie lobten und dankten Gott.

Lernmöglichkeiten

Eine erste Annäherung an die Erzählung aus dem NT soll die Kinder in die Lage des Blinden versetzen. Dabei liegt das Hauptaugenmerk nicht so sehr darauf, „blind" zu spielen, sondern Vertrauen zu erfahren.

■ Zuerst gehen wir mit geschlossenen Augen nur tastend im Innenkreis (ggf. in kleinen Gruppen), um zu erfahren, wie schwer es ist, ohne Augenlicht zu sein, welche Ängste aufkommen aus den Orientierungsunsicherheiten.

■ Ein Kind mit geschlossenen oder verbundenen Augen wird nur durch Worte eines selbst gewählten Partners „ferngesteuert" durch den Raum geführt.

■ Ein Partner führt einen „Blinden" durch das leichte Handauflegen auf die Schulter oder auf die nach vorne ausgerichteten, nach oben geöffneten Handflächen des „Blinden". Dabei darf nicht gesprochen werden.

■ Zwei Kinder führen ein anderes Kind gemeinsam eine Wegstrecke (s. Partnerspiel S. 85).

Im sich anschließenden Gespräch über die gemachten Erfahrungen sollen die Gefühle und Gedanken während des Führens bzw. Geführtwerdens zur Sprache kommen.

Die Begegnung mit der Bibelgeschichte baut auf diese Grunderfahrungen auf. Die Lehrkraft erzählt möglichst frei (➡ M9) die Heilung des Bartimäus. Bereits während des Erzählens können einzelne Kinder die Szenen als Standbilder oder pantomimische Demonstration nachstellen. Auf das Verbinden der Augen sollte verzichtet werden, um den Akzent der Heilungsgeschichte nicht zu sehr auf die körperliche Erblindung zu fokussieren. Die Sehnsucht des Bartimäus, Jesus zu begegnen und das Vertrauen in seine göttliche Heilskraft sollten im Mittelpunkt der Betrachtung stehen. Jesus bezeugt den Menschen im Öffnen der Augen des Bartimäus, dass sich die Schrift erfüllt hat und das Reich Gottes angebrochen ist.

In einem kleinen Anspiel kann die Szene zwischen Jesus, der Bartimäus zu sich ruft, und Bartimäus, der nach Jesus ruft, nachgestellt werden.

Im anschließenden Sitzkreis werden die Erfahrungen vom Beginn der Stunde aufgegriffen. Das Vertrauen zwischen den Partnern und das Vertrauen zwischen Bartimäus und Jesus werden mit den Ausgangserfahrungen der Stunde rückgebunden.

Weitere Anregungen

■ Mit Wachsmalstiften (nicht wasserlöslich) wird ein DIN-A4-Blatt in allen hellen Farben bemalt, sodass kein weißes Papier mehr zu sehen ist. Anschließend wird mit einem schwarzen Wachsmalstift (oder mit Abtönfarbe) das Blatt eingeschwärzt. Mit einem Plastikkratzer (oder entsprechendem Gegenstand) können nun **bunte Formen ausgekratzt** werden.

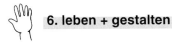

6. leben + gestalten

Leitmedium: Bibel teilen (SB S. 40)

Auf der Seite 40 wird eine kindgemäße Form des Bibelteilens vorgestellt, das seit den 80er-Jahren in Deutschland immer mehr Verbreitung findet. Ursprünglich besteht diese Form des gemeinsamen Bibellesens aus sieben Schritten und hat seinen Ursprung in den Basisgemeinden Südamerikas und Afrikas. Der englische Begriff „gospel sharing" ist nur unzureichend mit dem Begriff „Bibel teilen" übersetzt. Im Vordergrund steht nicht eine bestimmte Art der gemeinsamen Textauslegung, sondern vielmehr das gemeinsame Teilhaben an dem Wort Gottes. Das Bibel teilen will helfen, jedem Einzelnen einen Zugang zum Wort Gottes zu ermöglichen. Dabei steht der gemeinsame Austausch über das Gehörte im Vordergrund. Im schulischen Zusammenhang dient es daher dem Anspruch, Kindern eine Möglichkeit des Verbalisierens und einander Mitteilens zu geben. Darüber hinaus bietet es einen Rahmen, biblische Erzählungen gemeinsam zu deuten und so den Sitz im Leben zu ergründen. Schließlich ergibt sich aus dem Rahmen eine erste Annäherung an ein Verständnis für liturgische Abläufe im Gottesdienst.

Lernmöglichkeiten

Im Mittelpunkt dieser Unterrichtssequenz steht das Verfahren des Bibelteilens. Nachdem die Kinder sich auf unterschiedliche Weise der Bibel als Buch und als Zeugnis des Glaubens genähert haben, sollen sie nun selbst Erfahrungen mit einem biblischen Text machen und sie sich gegenseitig mitteilen. Die Auswahl des Textes sollte sorgfältig geschehen, damit Kinder ihre eigenen Gedanken zu der Erzählung entwickeln können. Zur Einführung eignen sich Wundererzählungen, Berufungsgeschichten oder auch Gleichnisse. Ein klarer Handlungsverlauf ist für Kinder hilfreich.
Zu Beginn der Stunde schlagen die Kinder die Seite 40 auf und lesen sich ein. Sie erarbeiten gemeinsam, was dort zu entdecken ist und tauschen Vermutungen über den gezeigten Handlungsablauf aus. Die einzelnen

Schritte des Bibelteilens werden erläutert. Gemeinsam werden Ideen für die Umsetzung gesammelt. Die Sammlung kann an der Tafel festgehalten werden. Die symbolischen Gegenstände der Verlaufsstruktur können auch in der Mitte als Bodenbild ausgelegt werden.
Ein besonderes Augenmerk gilt dabei der Sitzordnung und Haltung.

- Wer sitzt neben wem, damit auch wirklich Ruhe einkehren kann?
- Sitzen wir auf Stühlen oder haben wir Teppichfliesen?
- Wie kann jeder/jede von uns eine längere Zeit am besten still sitzen?
- Wer achtet auf die Schrittabfolge?
- Wollen wir die Runde evtl. mit eigenen Ideen wie Texten oder Liedern ergänzen?
- Gibt es einen biblischen Text, den die Gruppe gerne miteinander teilen möchte?

Wenn alle Vorbereitungen abgeschlossen sind, soll das eigentliche Bibelteilen in der gebotenen Ruhe und Konzentration beginnen.
Die Symbole und Bilder der Schülerbuchseite geben einen strukturierten Verlaufsplan für die Methode des Bibelteilens vor.
In einem ersten Schritt werden die Kinder an die Stille herangeführt. Dieser Schritt ist hier durch die Klangschale begleitet. Der zweite Schritt bringt den Kindern die relevante biblische Erzählung (➡ M 10) zu Gehör. Bevor der Text noch einmal gemeinsam gelesen wird, findet ein erster Austausch in einer Sprechsteinrunde statt. Im sich nun anschließenden Gespräch kommen erste Deutungsmuster der Kinder zur Sprache.

Weitere Anregungen

- LK 7,1–10 berichtet in Analogie zu der Heilung des Blinden von der **Heilung eines stummen Jungen**. Sie ist als Alternative dann anzuraten, wenn die Bartimäusgeschichte schon zu bekannt sein sollte – oder als Ergänzung und zusätzliche Anregung, auch, um das Verfahren des Bibelteilens noch einmal zu sichern.

M 1: **Fragebogen (Arbeitsblatt)**

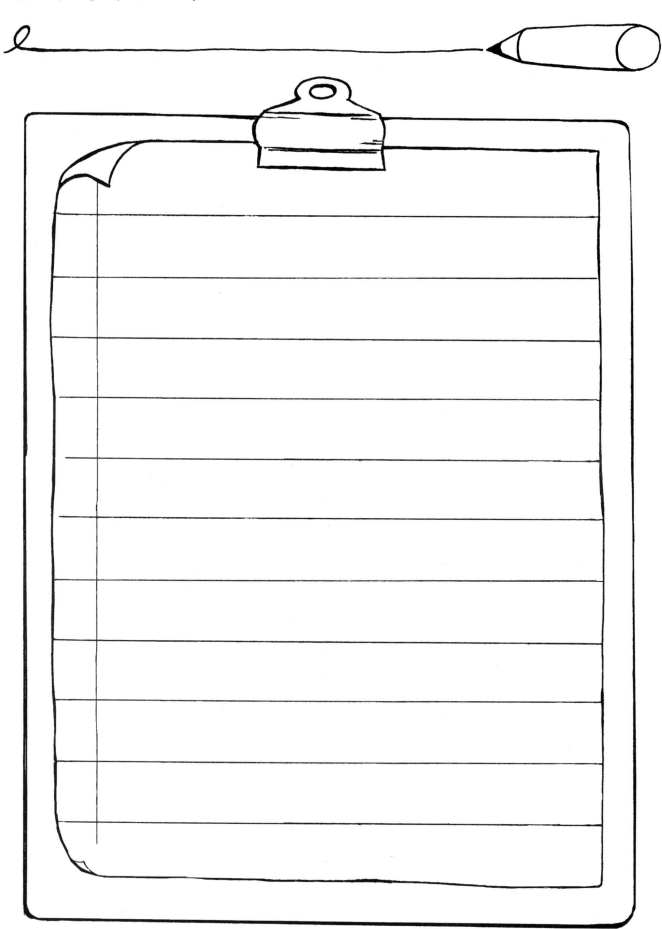

Fischer u. a.: Ich bin da 2, Lehrerhandbuch
© Auer Verlag GmbH, Donauwörth

**In welche Sprachen wurde
die Bibel übersetzt?**

Die Bibel wird in allen Ländern der
Welt gelesen. Daher gibt es kaum eine
Sprache, in der es die Bibel nicht gibt.
In einigen Sprachen werden die
Buchstaben anders geschrieben,
als du sie kennst.

**Sind auch Gebete und
Lieder in der Bibel?**

Eine große Sammlung von Gebeten
und Liedern findet sich in der Bibel.
Es sind die Psalme.

*Schau in der Bibel nach, ob du das Buch
der Psalme findest.
Schreibe einen Satz aus einem Psalm
auf das Schmuckblatt.*

**Wie sahen die ersten
biblischen Schriften aus?**

Als die Menschen anfingen, die Erlebnisse
mit Gott aufzuschreiben, gab es
noch keine Bücher. Sie schrieben
alles von Hand auf Schriftrollen.

*Bastele eine Schriftrolle und schreibe eine
gute Nachricht für jemanden auf.*

hier knicken

Was bedeutet das Wort Bibel?

Das Wort Bibel ist aus dem griechischen Wort ΒΙΒΛΟΣ (biblos) entstanden.
Das Wort bedeutet „Papier, Buch".

Schreibe das griechische Wort für Bibel auf das Schmuckblatt.

In welchem Teil der Bibel findest du eine Geschichte mit Jesus?

Die Geschichten mit Jesus findest du im zweiten Teil der Bibel, dem Neuen Testament. Es wurde von verschiedenen Menschen niedergeschrieben.

Schau in einem Neuen Testament nach, welche Namen du findest. Schreibe einige Namen auf das Schmuckblatt.

Seit wann gibt es die Bibel?

Erst haben sich die Menschen die Geschichten nur erzählt. Später wurden sie aufgeschrieben. Die ersten Schriften des Alten Testaments sind ca. 600 Jahre vor der Geburt Jesu geschrieben worden.

*Mit welcher Erzählung fängt heute das Alte Testament an?
Schreibe die Überschrift auf das Schmuckblatt.*

hier knicken

Fischer u. a.: Ich bin da 2, Lehrerhandbuch
© Auer Verlag GmbH, Donauwörth

M 4: **Gottes Wort ist wie Licht in der Nacht (Kanon)**

Text und Melodie: aus Israel

Got-tes Wort ist wie Licht in der Nacht; es hat Hoff-nung und Zu-kunft ge-bracht; es gibt

Trost, es gibt Halt in Be-dräng-nis, Not und Ängs-ten. Ist wie ein Stern in der Dun-kel-heit.

Fischer u.a.: Ich bin da 2, Lehrerhandbuch
© Auer Verlag GmbH, Donauwörth

Jesus und die Kinder

Jesus sagt: „Lasst die Kinder zu mir kommen!"

Zachäus der Zöllner

Den Zöllner Zachäus mögen sie nicht. Jesus geht trotzdem zu ihm. Zachäus ändert sein Leben und will nun gerecht sein.

Samuel wird gerufen

Samuel weiß erst nicht, wer ihn ruft. Gott hat Großes mit ihm vor.

Jesus heilt Kranke

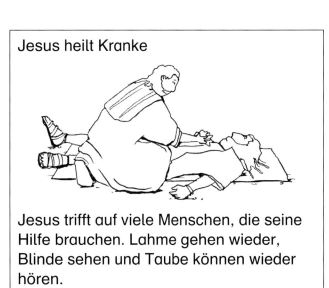

Jesus trifft auf viele Menschen, die seine Hilfe brauchen. Lahme gehen wieder, Blinde sehen und Taube können wieder hören.

Jesus erzählt vom Senfkorn

Alles fängt klein an. Jesus erzählt vom kleinen Senfkorn, das zum großen Baum wird. In ihm sind die Vögel zu Hause. So beschreibt Jesus das Reich Gottes.

David und Goliat

Der kleine David vertraut auf Gott. So traut er sich, selbst gegen den großen Goliat anzutreten.

Kain und Abel

Kain ist neidisch auf seinen Bruder Abel. So neidisch, dass er ihm auflauert und ihn tötet.

Noach

Noach hört auf Gott. Er und seine Familie überleben mit Gottes Hilfe die große Flut. Gott schließt seinen neuen Bund mit Noach.

Weihnachten

Die Hirten kamen vom Feld und schauten nach dem Kind. Maria und Josef waren nicht alleine, als Jesus geboren wurde.

Fischer u. a.: Ich bin da 2, Lehrerhandbuch
© Auer Verlag GmbH, Donauwörth

AT

NT

Abraham

Von Abraham wird im Alten Testament erzählt. Er erhält von Gott den Auftrag, in ein neues Land aufzubrechen.

Maria

Maria ist die Mutter Jesu. Im Neuen Testament erfahren wir durch die Botschaft des Engels, dass Gott etwas ganz Besonderes mit ihr vorhat.

Petrus

Petrus hieß einer der engsten Freunde Jesu. Von ihm erzählt das Neue Testament.

Fischer u. a.: Ich bin da 2, Lehrerhandbuch
© Auer Verlag GmbH, Donauwörth

Gott spricht zu Abraham

Eines Tages sprach Gott zu Abraham: „Zieh fort von hier! Verlass dein Land! Geh in ein Land, das ich dir zeigen werde." Abraham nahm seine Frau Sara und ging in das Land. Als sie in dem Land waren, sprach Gott zu ihm: „Deinen Nachkommen werde ich dieses Land geben!"

nach Gen 12,1–7

Maria glaubt ihren Ohren nicht zu trauen

Der Engel kam zu Maria und sagte: „Sei gegrüßt, Maria. Du bist erfüllt von Gnade. Der Herr ist mit dir." Maria erschrak und überlegte, was dieser Gruß bedeuten sollte. Da sagte der Engel zu ihr: „Fürchte dich nicht, Maria, denn Gott hat dich auserwählt. Du wirst einen Sohn zur Welt bringen. Du sollst ihm den Namen Jesus geben."

nach Lk 1,28–31

Petrus hat nicht genug Vertrauen

Nachdem Jesus zu den Menschen am See gesprochen hatte, sagte er zu seinen Jüngern: „Fahrt hinüber zur anderen Seite des Sees. Ich will die Leute noch nach Hause schicken." Die Jünger fuhren hinaus auf den See. Jesus ging und betete. Nach einiger Zeit sahen die Jünger, wie Jesus über das Wasser zu ihnen kam. Sie erschraken. Er aber sagte: „Fürchtet euch nicht! Ich bin es!" Da sagte Petrus: „Wenn du es bist, dann mach, dass ich zu dir kommen kann." Jesus antwortete: „Komm!" Als Petrus auf das Wasser trat, sah er die hohen Wellen, und ihn verließ das Vertrauen. „Herr, hilf mir!", rief er. Jesus ergriff ihn sofort und zog ihn ins Boot. „Du Kleingläubiger, warum hast du gezweifelt?"

nach Mt 14,22–33

Fischer u. a.: Ich bin da 1/2, Lehrermanabuch
© Auer Verlag GmbH, Donauwörth

M9: Ein Blinder kann wieder sehen (Erzählvorlage)

Bei der Stadt Jericho wohnte ein Mann, der war blind. Bartimäus hieß er. Dem ging es wirklich schlecht. Weil das Licht seiner Augen dahin war, sah er nicht, was um ihn herum passierte und wie die Welt aussah. Einsam und elend saß er täglich am Wegrand. Er trug dreckige, braune Lumpen und eine zerrissene Decke als Mantel. Er musste betteln, um nicht zu verhungern. Bartimäus ging es dreckig. Mit seiner Hand konnte er jeden einzelnen seiner Knochen fühlen. Die Leute zeigten mit dem Finger auf ihn und verspotteten ihn.

Heute saß er wie immer am Wegrand vor den Stadttoren, als er viele Leute vorbeiziehen hörte. „Was ist heute los?", fragte Bartimäus. „Warum gehen so viele Menschen in die Stadt?"

Einer gab ihm zur Antwort: „Jesus von Nazaret kommt bei uns vorbei. Wir begleiten ihn."

Da rief der Blinde so laut er konnte: „Jesus, Sohn Davids! Hab Erbarmen mit mir!"

„Schweig still!", fuhren ihn die Leute an, die vor Jesus hergingen.

Der Blinde aber hörte nicht auf sie, sondern er schrie noch viel lauter: „Jesus, Sohn Davids! Hab Mitleid mit mir!"

Da blieb Jesus stehen. „Bringt den Mann zu mir!", befahl er seinen Begleitern.

Als der Mann vor ihm stand, fragte ihn Jesus: „Was soll ich für dich tun?"

„Herr, ich möchte wieder sehen können", antwortete der Blinde.

Da sagte Jesus zu ihm: „Du hast ein großes Vertrauen zu mir. Darum sollst du wieder sehen können. Dein Glaube hat dir geholfen."

Im gleichen Augenblick wurde dem Mann das Augenlicht wiedergeschenkt. Er freute sich riesig und dankte Gott, dass er die Menschen, die Blumen, die Vögel und den blauen Himmel sehen konnte. Und alle, die um ihn herumstanden, freuten sich mit ihm und lobten Gott. Der Mann aber wurde ein Jünger Jesu.

nach Lk 18,35–43

M10: Bibel teilen (Erzählvorlage)

In Kafarnaum lebte ein Hauptmann, der einen todkranken Diener hatte. Diesen Diener mochte der Hauptmann sehr. Als der Hauptmann von Jesus hörte, schickte er einige von den jüdischen Ältesten zu ihm mit der Bitte, zu kommen und seinen Diener zu retten. Sie gingen zu Jesus und baten ihn sehr. Sie sagten: „Der Hauptmann ist ein guter Mensch, der es immer gut mit uns gemeint hat, bitte komm zu ihm." Da ging Jesus mit ihnen.

Als Jesus dem Haus näher kam, schickte der Hauptmann Freunde und ließ ihm sagen: „Herr, bemüh dich nicht! Denn ich bin es nicht wert, dass du mein Haus betrittst. Du bist der Herr und deshalb habe ich mich auch nicht getraut, selber zu dir zu kommen. Es reicht, wenn du nur ein Wort sprichst, dann wird mein Diener gesund. Ich befehle viele Soldaten; wenn ich einem sage: ‚Geh!', dann geht er, und zu einem andern: ‚Komm!', so kommt er."

Jesus wunderte sich, als er das hörte. Er drehte sich zu seinen Freunden und den Leuten um und sagte: „Solch einen tiefen Glauben habe ich noch nicht gefunden."

Als die Diener des Hauptmanns in das Haus zurückkamen, war der kranke Diener wieder gesund.

nach Lk 7,1–10

7. Gott begleitet

Darum geht es

Theologische Perspektive

Bestehen die Urgeschichte und die Vätersagen aus kurzen Einzelüberlieferungen, so ist die Geschichte von Josef dagegen eine lange Erzählung, die – wenngleich mit einer komplizierten Überlieferungsgeschichte – kunstvoll aufgebaut und deutlich erkennbar von einem literarischen Gestaltungswillen geprägt ist. Man kann sie mit einem modernen Gattungsbegriff als Novelle bezeichnen.

Die kunstvolle Verflechtung von Märchenmotiven und menschlichen Grunderfahrungen wie zum einen Streit, Neid, Eifersucht, Einsamkeit und zum anderen Anerkennung, Glück, Erfolg und Versöhnung machen die Faszination dieser Erzählung aus. Es geht dabei um einen jungen Mann, der im Leben Höhen und Tiefen, Glück und Unglück erlebt. Was ihn angesichts seines wechselvollen Lebensschicksals auszeichnet, das sind Klugheit und Organisationstalent, die als zentrale Motive die ganze Geschichte durchziehen. Er ist ein Held, aber kein gewalttätiger Kriegsheld, vielmehr verkörpert er einen modernen Typ der klugen und umsichtigen Führungskraft.

Damit zeigt sich zugleich etwas von dem besonderen Gottesbild, das sich von den anderen Geschichten der Genesis abhebt: Gott ist auf indirekte Weise immer gegenwärtig. Er handelt in der Geschichte, wobei die Autonomie des Menschen unangetastet bleibt. Oft erst im Rückblick sieht der Erzähler in und mit Josef Gott am Werk und macht diese Glaubenssicht in interpretierenden Bemerkungen deutlich, wobei der zentrale Satz am Ende der Erzählung steht: Ihr habt Böses im Sinn gehabt, Gott aber hat es zum Guten gewendet.

Religionspädagogische Leitlinie

Die Josefsgeschichte fasziniert die Kinder immer wieder neu, wenn sie gut erzählt wird. Das liegt vor allem auch darin begründet, dass diese Novelle menschliche Grunderfahrungen anspricht, die auch Grundschulkindern vertraut und zugänglich sind, z. B. bevorzugt oder abgelehnt werden, sich wohlfühlen oder niedergeschlagen sein. Damit ist eine entscheidende Voraussetzung zur Identifikation mit der Geschichte geleistet. Auch der Konflikt zwischen Josef und seinen Brüdern ist den Kindern aus ihrem Alltag bekannt, schließlich handelt es sich um exemplarisch auftretende menschliche Verhaltensweisen wie Arroganz und Angeberei über Neid und Streit bis hin zu Schuld und Vergebung. Zudem bietet diese Erzählung durch die Träume und reflektierenden Bemerkungen des biblischen Erzählers auch die Möglichkeit einer beginnenden religiösen Lebensdeutung. Das religionspädagogisch Exemplarische dieser Erzählung liegt darüber hinaus in der Akzentsetzung des Gottesbildes: Gott, der indirekt in das Schicksal der Menschen eingreift, sie begleitet und gegen viele Widerstände das Leben auf eine heilvolle Bahn lenkt. Die Josefsgeschichte sensibilisiert bereits dafür, dass Gott eben nicht jenseits der Realität, sondern allein mit menschlichen Möglichkeiten zu erfahren ist.

Lernanliegen

Die eigene Zukunftsperspektive ist der das Kapitel prägende didaktische Grundgedanke. An der Kapitelseite können die Kinder ablesen, dass unser Leben zwar unter dem Gebot der Zeit als Lebenszeit (Symbol: Uhr) steht, zugleich wird aber anschaulich, wie unsere Wünsche, Hoffnungen und personalen Beziehungen diesen Lebenslauf füllen. Die Spanne zwischen bisheriger Biografie und den Zukunftsvorstellungen stößt das Kind auf existentielle Grundfragen, die zwar nicht alle beantwortet werden können und wollen, aber das Wirklichkeitsverständnis weiten und Fragen im Kontext der eigenen Biografie in den Mittelpunkt rücken. Was Höhen und Tiefen im Leben bewirken können und wie der Mensch dennoch bestehen kann, wird modellhaft an der Josefserzählung erarbeitet. Dabei sollen die Kinder sowohl die beiden Bilder dem Erzähltext zuordnen können als auch seine bleibend aktuelle Bedeutung verstehen.

Lernertrag

Die Kinder haben die Geschichte des Josef mit seinen Höhen und Tiefen kennengelernt, eine Beziehung zum eigenen Leben entdeckt und Mut daraus geschöpft. Sie können die Überzeugung gewinnen, dass Streit und Zwist Menschen verletzt, zerstört, klein macht und erst die Versöhnung wieder zusammenführt und Leben glücken lässt. Die Kinder haben die Josefsgeschichte nicht nur emotional verfolgt und sich beeindrucken lassen, sondern zugleich beispielhaft erfahren, dass Gott dem Menschen auch in dunklen Stunden zur Seite steht und ihm Kraft gibt, auch wenn es rein äußerlich nicht immer offensichtlich ist. Ihr Gottesbild ist dadurch geweitet worden. Sie sind angeleitet worden, eigene Lebenssituationen im Licht der Nähe Gottes zu sehen. Sie können Auskunft darüber geben, warum es sich lohnt, die Josefsgeschichte zu kennen und zu verstehen. Die Erzählung ist ihnen hoffentlich ans Herz gewachsen.

Prozess-Schritte: Übersicht

Gott begleitet	Prozess-Schritte
1. **sehen +** **entdecken**	**Alle Menschen werden älter.** Jeder Mensch wird als Säugling geboren und entwickelt sich vom Kind zum Erwachsenen. Was in der Zukunft mit mir und mit meinem Leben passiert, ist ungewiss. Aber jeder Mensch hat Träume und Vorstellungen über sein Leben und seinen Lebensverlauf. In diesem Schritt nehmen wir das Leben als Ganzes in den Blick und betrachten seinen Verlauf.
2. **fragen +** **finden**	Die Lebensplanung und -gestaltung liegt zum großen Teil in der Hand des Menschen selbst. Aber woher stammen wir? Wer hat uns erschaffen? Woher stammen wir ab? Was passiert mit uns nach dem Tod? Diese **existentiellen Fragen** lassen sich nicht einfach beantworten und erfordern intensive Beschäftigung. Wir beschäftigen uns ausführlich mit der Biografie der Menschen allgemein und kommen auch auf unsere eigene zu sprechen.
3. **hören +** **sagen**	**Jeder Mensch befindet sich irgendwann in seinem Leben einmal in einer Notlage** oder in einer Situation, aus der er sich selbst nicht befreien kann. Vielleicht ist es die Schuld anderer, vielleicht hat er sich selbst in diese Situation gebracht. Auch im Leben von Josef gibt es viele solcher Situationen. Zu Beginn der Erzählung wird er von seinen Brüdern in einen Brunnen geworfen und kann sich nicht selbst befreien. Er wird verkauft und nach Ägypten gebracht.
4. **träumen +** **trauen**	**Träume spielen im Leben der Menschen eine wichtige Rolle.** Wie wird mein Leben weitergehen? Was wird mit mir passieren? Sowohl Zukunftsvisionen als auch die Verarbeitung von bereits Gewesenem werden in Träumen lebendig. Josef hatte in seinem Leben eigene Träume, die immer wieder Anlass zu Streitereien mit seinen Brüdern gaben. Josef besaß aber auch die Gabe, mit Gottes Hilfe die Träume der anderen deuten zu können. Das brachte ihm viel Ruhm und Ehre.
5. **glauben +** **(be)kennen**	Die Geschichte von Josef zeigt, dass es in einem Leben immer wieder auf und ab geht. Manchmal fühlt Josef sich glücklich und fröhlich, hat keine Sorgen und Probleme und fühlt sich stark. In anderen Phasen des Lebens ist er verzweifelt, fühlt sich einsam, verlassen und weiß nicht, wie es weitergehen soll. **Aber Josef vertraut auf Gott.** Gott verlässt ihn niemals, ist auch in der ausweglosesten Situation bei ihm. Er macht Mut und bestärkt ihn.
6. **leben +** **gestalten**	Auch in meinem Leben gibt es immer wieder Situationen, in denen ich mich alleine fühle, in denen ich mir völlig verlassen vorkomme. Aber ist die Situation auch noch so ausweglos, auch **ich kann immer darauf vertrauen, dass Gott bei mir ist** und mich nicht verlässt.

Methoden	Medien	
	Leitmedium	**Begleitmaterial**
Bildbetrachtung und Unterrichtsgespräch: Die Kinder betrachten die Seite 41. Wir entwickeln ein Gespräch über den Verlauf eines Lebens, das Älterwerden und die Zukunft. **Gestaltungsaufgabe:** Die Kinder gestalten sich in der Zukunft. Wie sieht mein Leben in 20 Jahren aus? Was wünsche ich mir? Welche Träume habe ich?	**SB S. 41:** Lebenslauf eines Menschen	Stifte, Papier, evtl. Foto von jedem Kind
Arbeitsphase: Aus vielen Fragen zur Thematik wählen die Kinder die aus, die sie am meisten ansprechen. Jedes Kind darf sich dazu äußern. **Stilleübung:** Die Stunde klingt aus, indem die Kinder sich Gedanken über ihr Leben machen. Wann war ich besonders glücklich? Wann traurig? An wen habe ich mich dann gewandt?	**M 1:** Fragen zur Vergangenheit und zur Zukunft (Arbeitsblatt)	**M 2:** Gedankenreise (Stilleübung)
Bildbetrachtung: Die Kinder betrachten das Bild auf Seite 43. **Vorlesen des 1. Teils der Josefgeschichte:** Die Lehrkraft erzählt den ersten Teil der Josefgeschichte. Den zweiten Teil können die Kinder gemeinsam im Buch (SB S. 42) lesen. **Lied: „Der Josef hat viel mitgemacht"** Die Kinder lernen die erste und zweite Strophe des Liedes.	**SB S. 42–43:** „Josef und seine Brüder" (Geschichte)/ Ernst Alt: „Josef in der Zisterne" **M 3:** Erster Teil der Josefgeschichte	**SB S. 46:** „Der Josef hat viel mitgemacht" (Lied)
Unterrichtsgespräch: Die Kinder berichten von ihren Träumen. **Vorlesen der Josefgeschichte:** Der nächste Teil der Josefgeschichte wird vorgelesen. Dabei liegt der Schwerpunkt auf den Träumen, die Josef deutet. **Gestaltungsaufgabe:** In Gruppen gestalten die Kinder die Träume auf Plakaten.	**M 4:** Zweiter Teil der Josefgeschichte	Plakate, Utensilien zur Gestaltung: Wolle, Papier, Stoff, Korken, Farben … **SB S. 46:** „Der Josef hat viel mitgemacht" (Lied)
Bildbetrachtung: Wir betrachten die Seite 45 und stellen Vermutungen zur Josefgeschichte an. Anschließend lesen/hören wir das Ende der Geschichte. **Gestaltungsaufgabe:** In Gruppen gestalten die Kinder die komplette Josefgeschichte. **Reflexion:** Trotz allem Auf und Ab in Josefs Leben war Gott immer bei ihm.	**SB S. 44–45** „Ein glücklicher Ausgang" (Geschichte)/M. Chagall: „Josef gibt sich seinen Brüdern zu erkennen" **M 5:** Schluss der Josefgeschichte	Plakate, verschiedene Utensilien zum Malen, Kleben, Drucken … **SB S. 46:** „Der Josef hat viel mitgemacht" (Lied)
Einstimmung in die Stunde: Lied: „Gott schützt ihn wunderbar" **Arbeitsphase:** Die Kinder überlegen, wann sie in ihrem Leben einsam und hilflos waren. Die Situationen werden gesammelt. **Gemeinsamer Abschluss:** Die Kinder werfen ihre traurigen Situationen in einen Brunnen und verdeutlichen durch ein Licht, dass Gott sie immer begleitet.	**SB S. 46:** „Der Josef hat viel mitgemacht" (Lied)	Karteikarten, Ziegelsteine **M 6:** Gedankenreise in den Brunnen

1. sehen + entdecken

Leitmedium: Der Lebenslauf eines Menschen (SB S.41)

Auf der Collage auf Seite 41 sind verschiedene Stationen im Leben eines Menschen abgebildet. Die Uhr in der Mitte symbolisiert, dass es sich hierbei um einen Kreislauf handelt, der bei jedem Menschen in ähnlicher Weise abläuft. Oben links beginnt das Leben mit der Schwangerschaft der Mutter, die anschließend einen Säugling im Arm hält. Aus dem Baby wird ein Kleinkind, danach ein Schulkind. Vom Jugendlichen über den Lehrling folgen danach die Hochzeit und das Arbeitsleben. Zum Schluss des Kreislaufs steht ein alter Mensch, der viel in seinem Leben erlebt hat. Diese oder ähnliche Stationen erlebt jeder Mensch. Keiner kennt seine Zukunft, keiner weiß, was der Kreislauf des Lebens ihm bringen wird. Jeder Mensch hat Träume für sein Leben und Ziele, die er sich selber steckt und an deren Verwirklichung er arbeiten kann. Die Kapitelüberschrift weist bereits darauf hin, dass wir unser ganzes Leben über von Gott begleitet werden. In keinem Lebensabschnitt, in keiner Lebenslage sind wir allein und können uns immer wieder an Gott halten, auf Gott besinnen.

Lernmöglichkeiten

Nach der Begrüßung schlagen die Kinder die Seite 41 auf und betrachten das Bild. In dem sich anschließenden Unterrichtsgespräch beschreiben die Kinder das Bild und erzählen von ihren Erfahrungen bezüglich des Älterwerdens. Vielleicht berichten sie von Geschwisterkindern, die kleiner oder größer sind, von Großeltern oder sie haben bereits eine Geburt, eine Hochzeit oder einen Todesfall in der Familie oder im Freundeskreis miterlebt. Auch die Kapitelüberschrift kann zu diesem Zeitpunkt schon mit herangezogen werden. Es ist aber nicht unbedingt notwendig, diese im Gespräch zu thematisieren.

In der Arbeitsphase erhalten die Kinder zunächst ein DIN-A4-Blatt, welches sie in zwei Hälften aufteilen sollen. Auf die eine Seite kleben sie ein Foto von sich oder malen sich als Säugling. Auf die andere Seite malen sie sich als Erwachsenen oder als alten Menschen. Sie überlegen, welchen Beruf sie haben werden oder ob sie eine Familie gegründet und Kinder haben. Jedes Kind soll sich Gedanken über seine eigene Zukunft machen und die Wünsche und Träume einfließen lassen, die es zum jetzigen Zeitpunkt hat. So entsteht auf der rechten Seite ein Zukunftsbild.

Nach der Arbeit werden die Bilder im Klassenraum ausgelegt, sodass die Kinder in einem stillen Rundgang alle Bilder betrachten können. Im sich anschließenden Sitzkreis können die Kinder Bezug auf die Bilder nehmen.

Sie können Fragen zu den Bildern stellen, Gemeinsamkeiten oder Unterschiede feststellen oder besonders gelungene Bilder würdigen.

Weitere Anregungen

Die Arbeiten der Kinder können zum Schluss der Stunde auch einfach vorgestellt werden. Dabei können die Kinder ihre Wünsche für die Zukunft formulieren.

 2. fragen + finden

Leitmedium: Fragen an die Vergangenheit und die Zukunft (M1)

Wenn wir uns mit unserem Leben, unserer Vergangenheit und unserer Zukunft beschäftigen, tauchen irgendwann zwangsläufig Fragen nach unserer Herkunft und unserer Abstammung auf. Wer hat uns geschaffen? Wann gab es den ersten Menschen? Ebenso wichtig sind die Fragen nach dem Tod. Was ist der Tod? Was passiert nach dem Tod? Diese Fragen lassen sich nicht einfach beantworten, es gibt nicht die eine Antwort auf diese Fragen. Trotzdem ist die Beschäftigung und Auseinandersetzung mit den Fragen überaus wichtig und sinnvoll. Auch Kinder sind bereits in der Lage, solche „großen Fragen" zu stellen. Gibt man den Kindern die Gelegenheit, sich mit diesen Fragen zu beschäftigen oder selbst Fragen zu stellen, ist man über die Ergebnisse meist verblüfft. Wir nähern uns gemeinsam den Fragen und vielleicht auch Antwortmöglichkeiten an, auch wenn wir die Fragen nicht beantworten (können).

Lernmöglichkeiten

Zu Beginn der Stunde schlagen die Kinder noch einmal das Schülerbuch auf, um sich das Bild auf Seite 41 wieder ins Gedächtnis zu rufen. Wir wiederholen Eindrücke der letzten Stunde, erinnern uns an die Bilder und unsere Wünsche und Träume. Im Anschluss erhalten die Kinder ein Arbeitsblatt (➡ M1), auf dem verschiedene Fragen zur Vergangenheit und zur Zukunft gesammelt sind. Mithilfe der Fragen sollen die Kinder sich zum einen Gedanken über ihre Zukunft machen: Was interessiert mich an meiner Zukunft? Was würde ich gerne wissen? Zum anderen geht es um ihre Vergangenheit und Abstammung: Welche Dinge interessieren mich bezüglich meiner Vergangenheit, meiner Herkunft? Die Fragen, die die Kinder am meisten ansprechen, sollen auf dem Arbeitsblatt angekreuzt werden. Dabei sollen nicht mehr als zwei Fragen zur Vergangenheit und zwei Fragen zur Zukunft angekreuzt werden. Wer möchte, kann auch eigene Fragen erfinden und ergänzen.

Die Arbeitsblätter der Kinder können an der Tafel oder an der Wand ausgehängt werden, sodass die Kinder, die bereits fertig sind, sich die Fragen der anderen Kinder angucken können. In einer gemeinsamen Sprechsteinrunde darf sich jedes Kind zu den Fragen äußern. Welche Fragen haben mich besonders angesprochen? Was würde ich gerne wissen? Welche Frage hat kaum ein Kind interessiert? Welche Frage haben viele Kinder angekreuzt? Wie würde ich diese Frage beantworten? In der Runde können die Kinder alles sagen, was ihnen zu den Fragen einfällt. Es werden sicherlich auch schon Antworten formuliert, die aber im Raum stehen bleiben können, ohne diskutiert zu werden.

Zum Abschluss der Stunde machen wir noch eine kleine Gedankenreise. Die Klasse wird (wenn möglich) verdunkelt und die Kinder setzen sich gemütlich auf ihren Platz. Wenn sie wollen, schließen sie die Augen. Die Lehrkraft liest die Stilleübung (➡ M 2) langsam vor. Dazu kann im Hintergrund leise Entspannungsmusik laufen. Während der Gedankenreise werden die Gedanken der Kinder in ihre nahe Vergangenheit gelenkt. Sie beschäftigen sich damit, was sie in ihrem Leben bereits erlebt haben. Dabei werden auch die Gefühle der Kinder angesprochen. Wann war ich glücklich, wann eher besorgt oder aufgeregt?

Weitere Anregungen

- **Familienstammbaum:** Die Kinder können einen Stammbaum ihrer Familie anfertigen, falls genügend Zeit bleibt.

- **Fotowand:** Gemeinsam können wir eine Fotowand erstellen mit Fotos von Familienmitgliedern. Dabei können auch sehr alte Fotos mitgebracht und betrachtet werden.

- **Interview:** Die Kinder können ihre Eltern oder Großeltern befragen. Dabei kann es sowohl um die eigene Biografie als auch um die Wünsche der Eltern und Großeltern zu einem damaligen und zum heutigen Zeitpunkt gehen.

 3. hören + sagen

Leitmedium: Erster Teil der Josefgeschichte (M 3) und „Josef und seine Brüder"/E. Alt „Josef in der Zisterne" (SB S. 42–43)

Das Bild auf Seite 43 zeigt Josef in der Zisterne. Die dunklen Farben des Bildes, die Haltung und die Nacktheit Josefs verdeutlichen seine Hilflosigkeit, sein Ausgeliefert-Sein. Er krümmt sich, kauert sich zusammen und weiß nicht weiter. Er fühlt sich verlassen und einsam. Seine Brüder haben beschlossen, sich für seine Äußerungen, seine Träume und für seine Beliebtheit beim Vater zu rächen. Er kann nichts dagegen tun und wird für einige Silberlinge an Sklavenhändler verkauft, die ihn mit nach Ägypten nehmen. Josef ist an dieser Stelle am tiefsten Punkt in seinem Leben angekommen.

Aber auch im Brunnen, in dieser scheinbar auswegslosen Situation, gibt Josef seinen Traum nicht auf. Er glaubt an Gott und Gott begleitet ihn sein ganzes Leben, befreit ihn aber erst am Ende. Nur weil Josef die Tiefen in seinem Leben durchlitten hat, konnte er später zu machtvoller Größe aufsteigen.

Lernmöglichkeiten

Die Kinder schlagen die Seite 43 auf und betrachten das Bild. Sie sehen einen Mann in einem Schacht hocken, dem es sehr schlecht geht. Ohne weitere Informationen von der Lehrkraft zu bekommen, sollen die Kinder das Bild beschreiben: Einem Menschen geht es schlecht, er ist in einer Notlage, aus der er sich aus eigenen Kräften nicht befreien kann. Sie betrachten alle Einzelheiten und versuchen Rückschlüsse über das Geschehen vorher zu schließen. Vielleicht stellen die Kinder von sich aus die Frage, wer das ist und wie er in diese Situation gekommen ist. Wenn nicht, fordert die Lehrkraft die Kinder auf, sich Gedanken darüber zu machen. Wer könnte das sein? Wo ist er? Warum ist er dort?

Haben die Kinder über das Bild ihre Vermutungen geäußert, erzählt die Lehrkraft den Anfang der Josefgeschichte (➡ M 3). Das letzte Teilstück können die Kinder gemeinsam im Schülerbuch (S. 42) lesen. Nachdem die Kinder im Unterrichtsgespräch die Geschichte wiederholt und mit dem Bild in Verbindung gesetzt haben, lernen sie die ersten zwei Strophen des Liedes „Der Josef hat viel mitgemacht" (S. 46).

Weitere Anregungen

- **Gestaltungsaufgabe:** Sollte in der Stunde noch Zeit bleiben, können die Kinder den zerrissenen bunten Rock Josefs, der von den Brüdern nach Hause zum Vater geschickt wird, malen oder mit Stoffresten gestalten. Er ist dreckig und in Blut getränkt.

 4. träumen + trauen

Leitmedium: Zweiter Teil der Josefgeschichte (M 4)

Der Schwerpunkt der Stunde liegt auf den Träumen. Neben unseren eigenen Träumen geht es um die Träume in der Josefgeschichte. Im Gefängnis hat Josef die Möglichkeit, einem Bäcker und einem Mundschenk mit Gottes Hilfe die Träume zu deuten. Er erklärt, was die Träume bedeuten, was passieren wird. Und er behält recht. Er kann dem einen eine positive Zukunft voraussagen, dem anderen leider nicht. Diese Fähigkeit trägt dazu bei, dass er aus dem Gefängnis herausgeholt und dem Pharao vorgeführt wird. Auch dieser hat zwei Träume, die ihn quälen und mit denen seine Berater nichts anfangen können. Josef deutet die Träume und wird zum zweitmächtigsten Mann in Ägypten. Mit Gottes Hilfe schafft er den Aufstieg: Nachdem seine Träume Josef zunächst in die Zisterne gebracht haben, ermöglichen sie ihm nun den Aufstieg. Josef ist ein Träumer. Er hat große Träume und besitzt zugleich die Stärke, Träume zu deuten. So kann er sich vor dem Pharao profilieren.

Lernmöglichkeiten

Zu Beginn der Stunde fragt die Lehrkraft die Kinder nach ihren Träumen. Die Kinder berichten von Träumen, die ihnen besonders im Gedächtnis geblieben sind. Das können schöne Träume oder Albträume sein. Träume, die uns an etwas erinnern, Träume, die immer wiederkehren oder Träume, die auf ein bestimmtes Erlebnis bezogen waren. Wir können auch unterscheiden zwischen Tag- und Nachtträumen. Jeder kann dazu etwas beitragen, hat bereits geträumt und positive sowie negative Erfahrungen damit gemacht. Nachdem die Kinder von einigen Träumen berichtet haben, erzählt die Lehrkraft die Josefgeschichte weiter (➡ M 4). Der Schwerpunkt liegt in dieser Stunde auf den Träumen der anderen, die Josef deutet.

Nach der Wiederholung der Geschichte im Unterrichtsgespräch werden die Kinder in vier Gruppen aufgeteilt. Jede Gruppe soll einen Traum (Traum des Mundschenk, Traum des Bäckers und zwei Träume des Pharao) auf einem großen Plakat nachgestalten. Dazu werden den Kindern viele verschiedene Arbeitsutensilien zur Verfügung gestellt (Farben, Stoff, Korken, Papier, Wolle, Zahnstocher …). Nachdem die Plakate gegen Ende der Stunde den anderen Gruppen vorgestellt worden sind, werden sie an der Wand aufgehängt. Im Anschluss wiederholen die Kinder das Lied „Der Josef hat viel mitgemacht" und lernen die Strophen 3 und 4.

5. glauben + (be)kennen

Leitmedium: Ende der Josefgeschichte (M 5/SB S. 44) und M. Chagall: „Josef gibt sich seinen Brüdern zu erkennen" (SB S. 45)

Auf dem Bild auf Seite 45 von Marc Chagall dominiert Josef, der ganz in Weiß gekleidet in der Mitte des Bildes steht. Vor ihm kniet Benjamin, sein kleiner Bruder, der zu ihm aufsieht und ihm die Arme und Hände entgegenstreckt, so als wolle er sie ihm um den Hals legen. Josef berührt mit der einen Hand Benjamins Kopf, mit der anderen hält er dessen Schulter. Um die beiden herum sitzen, hocken oder knien seine anderen Brüder. Einige haben die Hände gefaltet, andere gucken betreten zu Boden oder schlagen die Hände vors Gesicht. Jetzt erst erkennen sie ihren Bruder Josef, den sie vor Jahren in die Zisterne warfen und von dem sie glaubten, er sei längst tot. Josef verzeiht seinen Brüdern und gibt sich ihnen zu erkennen. Die Brüder sind zum einen beschämt und haben zum anderen Angst, was nun auf sie zukommen könnte, nachdem Josef jetzt der zweitmächtigste Mann in Ägypten ist.

Mit dem Ende der Josefgeschichte wird nicht nur deutlich, dass sich zum Schluss alles zum Guten wendet.

Betrachtet man die Geschichte als Ganzes, als Einheit, erkennt man die Höhen und Tiefen im Leben Josefs. Oft befindet er sich in einer ausweglosen Situation, aus der es scheinbar kein Entkommen gibt. Immer ergibt sich aber, wenn auch manchmal nach langer Zeit, ein Entkommen, ein Weiterkommen. Diese Geschichte hält uns deutlich vor Augen, dass Josef nie alleine ist. Gott ist immer bei ihm. Er begleitet ihn in allen seinen Lebenslagen, seien sie schrecklich, traurig und ausweglos oder von Glück und Erfolg gekrönt. Josef kann immer auf Gott vertrauen, sich an ihn wenden und sich auf ihn verlassen. Auch wenn dies in der Erzählung nicht ausdrücklich erwähnt wird, wird es spätestens an der Stelle: „Ihr habt Böses gegen mich im Sinn gehabt, Gott aber hat alles zum Guten gewendet" (S. 44) deutlich. Gott ist derjenige, der Josef vorausgeschickt hat nach Ägypten, um die Menschen vor der Hungersnot zu bewahren. Er hat ihn zu dem gemacht, was er jetzt ist.

Lernmöglichkeiten

Gemeinsam singen die Kinder das Lied „Der Josef hat viel mitgemacht" (S. 46) und wiederholen so den Inhalt der bisher vorgelesenen Geschichte. Danach schlagen sie die Seite 45 auf und betrachten das Bild. Sie beschreiben zunächst, was sie auf dem Bild sehen und versuchen im Unterrichtsgespräch, Beziehungen zur Josefgeschichte herzustellen. Danach lesen wir gemeinsam die Seite 44, den nächsten Teil der Geschichte. Bevor die Lehrkraft den letzten Teil der Geschichte (➡ M 5) vorliest, stellen die Kinder Vermutungen über den Ausgang der Geschichte an. Im Anschluss können die Kinder nun den Zusammenhang zwischen dem Bild im Schülerbuch und der Geschichte herstellen. Zur Vertiefung des Gehörten lernen sie dann die Strophen 5, 6 und 7 des Liedes „Der Josef hat viel mitgemacht".

Nun soll die komplette Josefgeschichte von den Kindern nachgestaltet werden. Die Kinder werden in Gruppen aufgeteilt und bekommen pro Gruppe neben einem Plakat den Text einer Strophe des Liedes. Die Aufgabe der Gruppe ist es jetzt, das Geschehen, welches in der Strophe beschrieben wird, möglichst genau auf dem Plakat zu gestalten, sodass nach Fertigstellung aller Plakate die Josefgeschichte im Ganzen in der Klasse aufgehängt werden kann. Die Art der Gestaltung der Plakate bleibt den Kindern überlassen. Sie können z. B. malen, kleben, schneiden, drucken, schreiben. Jedes Plakat kann anders ausfallen.

Zum Abschluss der Josefgeschichte setzen wir uns noch einmal vor die Plakate und betrachten den Lebensweg von Josef. Sein Leben ist geprägt von einem ständigen Auf und Ab. Auf eine ausweglose Situation folgt bald eine Lösung, eine Rettung, der Weg nach oben. Deutlich wird in der Geschichte, dass Josef nie den Kopf hängen lässt, er nie verzweifelt. Er weiß, dass Gott immer bei ihm ist, ihn nicht verlässt, ihn trägt. Mit dieser Gewissheit kann er weiterleben und auch die schlimmsten Situationen ertragen.

Mit einer Strichzeichnung können wir an der Tafel sein Leben in Höhen und Tiefen darstellen. Für jedes Auf in seinem Leben geht die Zeichnung nach oben, für jedes Ab nach unten. Daran können wir viel entdecken und der Weg wird uns ganz deutlich. Das Tafelbild wird gemeinsam mit den Kindern erarbeitet. Im Anschluss übertragen die Kinder die Zeichnung auf ein Blatt, welches in der Religionsmappe abgeheftet wird.

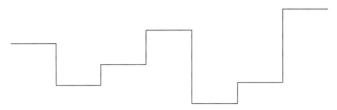

Weitere Anregungen

- Die beschriebene Unterrichtssequenz wird mehr als eine Stunde in Anspruch nehmen. Haben Sie nicht die Möglichkeit, sich die Zeit zu nehmen, kann sich auch **jedes Kind eine Strophe** aussuchen und ein kleines Bild dazu gestalten.
- Die Kinder können statt der Plakate auch **ein Buch für sich selbst gestalten**. Dazu muss jedes Kind zu jeder Strophe ein Bild gestalten. Die Strophe kann auf das Blatt dazugeklebt werden. Die Blätter werden später zusammengebunden oder getackert, damit kleine Bücher entstehen. Jedes Kind gestaltet zusätzlich ein Deckblatt. Die Größe der Bücher kann variabel gehandhabt werden.
- Statt die Josefgeschichte nachzugestalten, kann sie nachgespielt werden. Dazu werden verschiedene Rollen verteilt und Kulissen gestaltet. Eventuell lässt sich die **Geschichte im Schulgottesdienst vorspielen**.

 ### 6. leben + gestalten

Leitmedium: Situationen in meinem Leben, in denen ich unglücklich war (M 6)

Nachdem wir das Leben von Josef ausführlich betrachtet haben, besinnen wir uns auf unser eigenes Leben. Auch wir kennen Höhen und Tiefen im Leben, Situationen, in denen wir hilflos oder einsam waren. Indem wir uns aber klarmachen, dass nicht nur Josef in allen Lebenslagen von Gott getragen wird, sondern dies auch für uns gilt, werden diese Situationen erträglicher. Wir wissen, auch wir werden immer von Gott begleitet, er steht zu uns und gibt uns immer wieder Kraft und Mut, im Leben weiterzukommen und nicht aufzugeben.

Lernmöglichkeiten

Zur Einstimmung singen wir zu Beginn das Lied „Der Josef hat viel mitgemacht" (S. 46) und betrachten noch einmal das Leben von Josef auf den Plakaten. Wir er-

innern uns daran, dass Gott Josef immer begleitet hat, er nie alleine war. Zum Abschluss der Einheit sollen die Kinder sich Gedanken über ihr eigenes Leben machen. Ihre Aufgabe ist es nun, auf eine Karteikarte eine oder mehrere Situationen zu schreiben, in denen es ihnen schlecht ging und wo sie sich für einen Moment alleine und von Gott verlassen gefühlt haben. Die Kinder schreiben aber nicht mit einem Stift, sondern nur mit dem Finger. So kann keiner sehen, was ein anderer schreibt und jedes Kind schreibt nur für sich seine Situationen auf. Einigen Kindern wird diese Aufgabe zunächst schwerfallen, daher kann die Lehrkraft zur Hilfe einige Impulse setzen:

- Gab es in der Schule eine Situation, in der du am liebsten geweint hättest, es aber nicht getan hast?
- Wo warst du schon einmal besonders traurig?
- Hattest du Streit mit deiner/m Freundin/Freund oder deinen Geschwistern?
- Hat dich jemand zu Unrecht beschuldigt und dir eine Strafe gegeben, obwohl du mit der Sache gar nichts zu tun hattest?
- Ist jemand aus deiner Familie oder aus deiner Bekanntschaft gestorben, den du gut kanntest?
- Sind Freunde oder Verwandte weit weggezogen?

Nachdem die Kinder eine oder auch mehrere Situationen aufgeschrieben haben, versammeln wir uns im Sitzkreis. In unserer Mitte steht ein Brunnen aus Ziegelsteinen (einige Ziegelsteine sind im Kreis oder im Rechteck übereinander wie ein Brunnen angeordnet). Nacheinander werfen die Kinder ihre Karten nun in den Brunnen und zünden ein Teelicht an, welches um den Brunnen herumgestellt wird.

Das Licht soll symbolisieren, dass wir auch in den Momenten, in denen wir uns einsam und hilflos gefühlt haben, nicht alleine waren. Gott war auch dann an unserer Seite und hat uns getragen. Wenn die Kinder möchten, können sie erzählen, was sie auf ihre Karten geschrieben haben, bevor sie sie in den Brunnen werfen. Dies wird aber jedem Kind freigestellt.

Nachdem alle Karten in den Brunnen geworfen worden sind, überlegen wir nun gemeinsam, was denn in dem Brunnen alles liegen könnte. Wir reisen in den Brunnen und die Kinder können sich dazu äußern, welche Situationen es geben könnte, in denen man sich traurig oder verlassen gefühlt hat. So muss kein Kind seine eigene Situation erzählen. Für diese Reise in den Brunnen kann die Lehrkraft eine kleine „Gedankenreise in den Brunnen" (➡ M 6) vorlesen, in deren Anschluss die Kinder sich frei äußern können.

Weitere Anregungen

- Sollte in der Stunde noch Zeit verbleiben, können die Kinder auch die Situationen sammeln, in denen sie sich **von Gott getragen gefühlt** haben, Situationen, in denen sie glücklich und zuversichtlich waren.

M 1: Fragen zur Vergangenheit und zur Zukunft (Arbeitsblatt)

☐ Wann gab es die ersten Menschen?

☐ In welchem Jahr wurde meine Mama geboren?

☐ Wie alt waren meine Eltern bei meiner Geburt?

☐ Wie bin ich entstanden?

☐ Wann werde ich sterben?

☐ Was ist der Tod?

☐ Welchen Beruf werde ich haben?

☐ Was passiert nach dem Tod?

☐ Werde ich eine Familie gründen und Kinder bekommen?

☐ Wird es immer Menschen geben?

☐ Wo bin ich geboren worden?

☐ Wer sind die Vorfahren der Menschen?

☐ Wie erfahre ich Gott in meinem Leben?

☐ Werde ich neue Freunde kennenlernen?

☐ In welcher Stadt werde ich wohnen?

☐ In welchem Jahr bin ich geboren?

☐ _____

☐ Wie heißen meine Urgroßeltern mit Vornamen?

Fischer u. a.: Ich bin da 2, Lehrerhandbuch
© Auer Verlag GmbH, Donauwörth

M2: Gedankenreise (Stilleübung)

Lehrkraft:

Mache es dir auf deinem Stuhl bequem.
Setze dich ruhig hin und stelle deine Füße auf den Boden.
Lege die Arme auf den Tisch und deinen Kopf auf die Arme.
Schließe nun deine Augen.

(Lesepause)

Höre auf deinen Atem.
Atme ruhig ein und danach wieder aus.
Konzentriere dich nur auf deinen Atem.

(Lesepause)

Wir sitzen hier zusammen in der Klasse, in der _____-Schule.
Deine Klassenkameraden sitzen neben dir.
Erinnere dich an heute Morgen.
Bevor du zur Schule gekommen bist, bist du heute Morgen aufgewacht. Du hast dich angezogen und hast gefrühstückt.
Bist du zur Schule gelaufen oder mit dem Auto gefahren? Vielleicht hast du auch den Bus genommen?

(Lesepause)

Versuche, dich an deinen letzten Geburtstag zu erinnern.
Hast du einen Kindergeburtstag gefeiert?
Habt ihr Spiele gemacht und ein leckeres Abendessen gegessen?
Bestimmt hast du tolle Geschenke bekommen.
Wie hast du dich an diesem Tag gefühlt?
Warst du glücklich?
Haben sich deine Eltern mit dir gefreut?
Worüber hast du dich an diesem Tag besonders gefreut?

(Lesepause)

Denke nun noch weiter in deinem Leben zurück.
Weißt du noch, wie dein erster Schultag war?
Bist du mit deinen Eltern zur Schule gekommen?
Kanntest du schon einige Kinder oder hattest du die anderen Kinder noch nie gesehen?
Wie hast du dich an diesem Tag gefühlt?
Warst du aufgeregt?
Hattest du ein bisschen Angst?
Vielleicht warst du auch neugierig:
Wer ist meine Lehrerin?
Wer ist noch in meiner Klasse?
Wie sieht mein Klassenraum aus?
Vielleicht warst du erleichtert, als alles vorbei war.

(Lesepause)

Komme nun wieder zurück in die Klasse.
Öffne langsam deine Augen.
Hebe deinen Kopf und strecke deine Arme in die Luft.
Recke deine Arme und Beine und sitze wieder bei uns auf deinem Stuhl.

M3: Josef und seine Brüder (Erzählvorlage)

Jakob hat zwölf Söhne. Einer seiner Söhne ist Josef. Jakob liebt Josef von allen am meisten. Er beschenkt und verwöhnt ihn und bevorzugt ihn vor den anderen Söhnen. Einmal schenkt er ihm ein festliches, buntes Kleid. Als die Brüder das sehen, sind sie neidisch auf Josef und schimpfen: „Warum bekommt Josef so teure Geschenke? Warum immer er? Wir müssen immer nur arbeiten und werden nie so vom Vater belohnt."
Sie beginnen, Josef zu hassen.

Einmal hat Josef einen Traum, den er sofort seinen Brüdern erzählt: „Hört mal her, ich habe etwas Seltsames geträumt. Wir waren gemeinsam auf einem Kornfeld und banden das Korn zu Garben zusammen. Meine Garbe war groß und schön. Sie richtete sich auf und blieb stehen. Die anderen Garben, die ihr gebunden hattet, standen um meine Garbe herum und verneigten sich tief vor ihr." Da werden die Brüder zornig und schreien: „Willst du etwa König werden über uns? Meinst du, du bist etwas Besseres als wir?" Und sie hassen ihn noch mehr als vorher.

Kurz danach hat Josef noch einen Traum. Wieder erzählt er ihn seinen Brüdern und auch seinem Vater. „Stellt euch vor, ich hatte schon wieder einen Traum. Die Sonne, der Mond und elf Sterne verneigten sich tief vor mir." Da erschrickt sein Vater, wird ärgerlich und ruft: „Was soll das, Josef? Sollen deine Brüder, deine Mutter und ich uns vor dir niederwerfen? Was bildest du dir ein?" Jakob schimpft mit Josef, kann die Träume aber nicht vergessen.

nach Gen 37,1–11

M4: Josef in Ägypten (Erzählvorlage)

In Ägypten arbeitet Josef als Sklave bei einem reichen Mann mit dem Namen Potifar. Dort erledigt er alle Aufgaben im Haus und alles, was Josef unternimmt, glückt ihm. Der Herr ist bei Josef und lässt ihm alles gelingen. Als Potifar das sieht, bestellt er Josef zu sich und sagt: „Ich setze dich von nun an als Verwalter meines Hauses ein. Ich vertraue dir alles an, was ich besitze." Nach einiger Zeit wirft die Frau des Potifar ihren Blick auf Josef. Er gefällt ihr und sie will mit ihm zusammen sein. Sie sagt zu ihm: „Lege dich zu mir, in mein Bett." Josef erschrickt und entgegnet ihr: „Nein, wie könnte ich das tun? Mein Herr hat alles, was ihm gehört, mir anvertraut. Aber du bist seine Frau! Wie könnte ich so ein Unrecht begehen und gegen Gott sündigen?" Die Frau redet jeden Tag auf Josef ein und will ihn bei sich haben. Josef aber hört nicht auf sie. Eines Tages sind die beiden allein zu Hause. Da packt die Frau Josef am Gewand und will ihn festhalten. Josef aber reißt sich los und rennt ohne sein Gewand aus dem Haus. Da fängt die Frau an zu schreien und ruft alle Sklaven herbei: „Hilfe, Hilfe! Seht, was Josef getan hat. Er wollte sich in mein Bett legen und ich habe sofort angefangen zu schreien. Da ließ er sein Gewand fallen und rannte davon." Als

Potifar nach Hause kommt und seine Frau ihm erzählt, was passiert ist, wird er wütend. Er schreit: „Josef muss ins Gefängnis! Ich will ihn nicht mehr sehen. Er hat mich betrogen!" Und Josef wird ins Gefängnis geworfen.

Aber auch im Gefängnis ist der Herr mit Josef. Der Wärter merkt bald, dass Josef anders ist und vertraut ihm die Gefangenen an. So sorgt Josef für die anderen Gefangenen, bringt ihnen Essen und spricht ihnen Mut zu. Bald macht Josef die ganze Arbeit alleine. Der Herr lässt Josef alles gelingen.

Unter den Gefangenen im Gefängnis sind auch zwei Diener des ägyptischen Königs, des Pharao. Einer ist der Mundschenk, der andere der Hofbäcker des Königs. Auch für sie sorgt Josef. Eines Tages kommt Josef zu ihnen und beide sehen unglücklich aus. Josef fragt: „Was ist los mit euch? Kann ich etwas für euch tun?" Da antworten sie: „Wir hatten heute Nacht beide einen Traum und wissen nicht, was er bedeuten soll. Keiner kann uns helfen." „Erzählt mir, was ihr geträumt habt", sagt Josef. Der Mundschenk beginnt: „Ich sah im Traum einen Weinstock mit drei Ranken. Er war voll mit Trauben. Ich hielt den Becher des Pharao in der Hand und drückte die Beeren darüber aus. Dann gab ich den Becher dem Pharao zum Trinken." Da antwortet Josef dem Mundschenk: „Die drei Ranken bedeuten drei Tage. In drei Tagen wirst du wieder frei sein und der Pharao wird dich wieder als Mundschenk an seinen Hof holen. Du wirst ihm den Becher reichen, wie früher." Dann sagt Josef noch: „Tu mir bitte einen Gefallen. Denke an mich, wenn du wieder beim Pharao bist und erzähle ihm von mir. Hole mich hier heraus!"

Jetzt beginnt der Bäcker, seinen Traum zu erzählen: „Ich ging und hatte drei Körbe mit Gebäck auf meinem Kopf. Im obersten lagen Kuchen und andere leckere Sachen für den König. Aber da kamen Vögel und fraßen alles aus dem Korb auf." Josef erschrickt, als er den Traum hört und sagt: „Die drei Körbe bedeuten drei Tage. In drei Tagen wirst du aufgehängt werden und die Vögel werden dein Fleisch fressen." Nach drei Tagen geschieht alles so, wie Josef es vorausgesagt hat. Der Mundschenk wird wieder in sein Amt eingesetzt und reicht dem Pharao den Becher. Der Bäcker wird gehängt. Der Mundschenk aber denkt nicht mehr an Josef und vergisst ihn.

Zwei Jahre später hat der Pharao einen Traum. Er steht am Ufer des Nil. Da steigen sieben fette und gut aussehende Kühe aus dem Fluss. Kurz danach steigen wieder sieben Kühe aus dem Wasser. Diese sind aber hässlich und mager. Sie gehen zu den anderen sieben Kühen und fressen diese auf.

In derselben Nacht hat der Pharao einen zweiten Traum. Dieses Mal sieht er im Traum einen Getreidehalm, aus dem sieben dicke, schöne Ähren wachsen. Danach sieht er einen anderen Halm, aus dem sieben dünne und leere Ähren wachsen. Diese verschlingen die dicken, schönen Ähren. Am nächsten Morgen ist der Pharao beunruhigt und ruft alle Gelehrten und Berater zusammen. Er erzählt ihnen seine Träume. „Sagt mir, was diese Träume bedeuten." Aber keiner der weisen Männer kann dem Pharao helfen. Da hört der Mundschenk von den Träumen des Pharao und erinnert sich an Josef. Er geht zum Pharao und sagt: „Im Gefängnis habe ich einen Mann kennengelernt, der Träume deuten kann. Er hat sich unsere Träume angehört und vorausgesagt, was passieren wird. Alles ist so eingetroffen." „Holt den Mann sofort aus dem Gefängnis und bringt ihn zu mir!", befiehlt der Pharao. Sofort wird Josef aus dem Gefängnis geholt und vor den König geführt. Da fragt der Pharao: „Du also kannst Träume deuten, ist das wahr?" „Nein", antwortet Josef, „ich kann es nicht. Aber Gott wird mir sagen, was die Träume bedeuten." Da erzählt der König seine beiden Träume. Josef aber sagt zum Pharao: „Beide Träume bedeuten dasselbe. Die sieben Kühe und die sieben fetten Ähren stehen für sieben Jahre. Sieben Jahre wird es Korn im Überfluss geben. Alle Menschen werden genug zu essen haben und es wird viel übrig bleiben. Darauf werden sieben Jahre Hungersnot über das Land kommen und es wird kaum etwas zu essen für die Menschen geben. Dafür stehen die sieben mageren Kühe und die leeren Ähren. Darum bau große Lagerhäuser, in denen das Korn gesammelt wird. Setze einen klugen Verwalter ein, der alle Lagerhäuser füllt. Wenn dann die Hungersnot kommt, können die Menschen von dem gesammelten Korn leben und müssen nicht sterben."

Dem Pharao gefällt, was Josef sagt. „Das ist ein guter Plan. Ab heute sollst du der zweitmächtigste Mann nach mir in Ägypten sein. Nimm diesen Siegelring und diese goldene Kette als Zeichen." Dann schickt er Josef in einem Wagen durch das ganze Land, damit alle Menschen wissen, dass Josef es ist, den der Pharao eingesetzt hat.

nach Gen 39,1–41,45

M 5: **Jakobs Familie in Ägypten (Erzählvorlage)**

Am Hof des Pharao verbreitet sich die Nachricht blitzschnell: „Josefs Brüder sind nach Ägypten gekommen!" Da sagt der Pharao zu Josef: „Geh zu deinen Brüdern und sage ihnen, dass sie mit eurem Vater hier bei uns willkommen sind und bei uns wohnen sollen. Ich will euch das Beste geben, was Ägypten zu bieten hat." Da zögern die Brüder nicht lange und machen sich auf den Heimweg nach Kanaan. Zu Hause angekommen, berichten sie Jakob, was passiert ist. „Stell dir vor, Josef lebt und ist ein mächtiger Mann in Ägypten. Pack alles ein, wir ziehen zu ihm in dieses Land." Jakob kann seinen Söhnen kaum glauben. „Ich kann es nicht fassen, unmöglich! Josef ist doch tot." Die Brüder zeigen dem Vater die Geschenke Josefs und dann sagt er: „Ich will Josef noch einmal sehen, bevor ich sterben muss. Lasst uns nach Ägypten ziehen." Und kurze Zeit später brechen sie mit allem, was sie besitzen, auf. Sie nehmen alle Frauen und Kinder und Tiere mit. Sie packen die Zelte ein und machen sich auf den Weg. Josef kann es kaum erwarten und fährt seinem Vater mit einem Wagen entgegen. Als sie sich endlich wieder sehen, fallen sie sich um den Hals und weinen vor Freude. Jakob sagt: „Endlich habe ich dich wiedergefunden. Du lebst. Nun kann ich in Ruhe sterben." Josef führt seine Familie nach Ägypten und weist ihm auf Wunsch des Pharao Grundbesitz im besten Teil des Landes zu. Dort leben sie noch viele Jahre und leiden keinen Hunger. Bevor Jakob stirbt, sieht er noch viele Enkel und Urenkel heranwachsen.

nach Gen 45,16–46,30

M6: Gedankenreise in den Brunnen (Anleitung)

Lehrkraft:

Mache es dir auf deinem Stuhl bequem.
Setze dich ruhig hin und stelle die Füße auf den Boden.
Lege die Arme auf den Tisch und deinen Kopf auf die Arme.
Schließe nun deine Augen.
Höre auf deinen Atem.
Atme langsam ein und wieder aus.

(Pause)

Stell dir vor, in den Brunnen hinabzusteigen.
Dort sitzt du nun alleine. Es ist dunkel und vielleicht auch ein bisschen unheimlich.
Versuche, dich an etwas zu erinnern, was dich sehr traurig gemacht hat.

(Pause)

Warum warst du traurig?

Waren andere Kinder oder Erwachsene dabei, als es dir schlecht ging?

Musstest du weinen?

Wie hast du dich gefühlt?
Warst du allein oder einsam?

Hat dich jemand getröstet?
Wolltest du dich trösten lassen?

Hast du jemandem erzählt, dass du traurig bist?

Gab es jemanden, der dir geholfen hat, wieder zu lachen und glücklich zu sein?
Wer war das?

(Pause)

Komme nun wieder heraus aus dem Brunnen. Klettere langsam an dem Seil nach oben, das in den Brunnen gelassen wird.

Sofort wird es hell. Du siehst Licht. Du siehst auch Kerzen, die brennen, und ein warmes Gefühl breitet sich in dir aus.

(Pause)

Setze dich nun neben die Lichter und schaue in die Flammen.
Stelle dir eine Situation in deinem Leben vor, in der es dir besonders gut ging.

(Pause)

Wann warst du sehr glücklich und fröhlich?

Worüber hast du dich so gefreut?

Was hast du gemacht, als es dir gut ging?

Hast du dich still für dich gefreut oder gab es Menschen, mit denen du dich zusammen gefreut hast?

Hast du jemandem erzählt, dass du glücklich und froh bist?
Konntet ihr euch zusammen freuen?

Wie hast du dich gefühlt?

(Pause)

Komme nun wieder zurück in die Klasse.
Öffne langsam deine Augen.
Hebe deinen Kopf und strecke deine Arme in die Luft.
Strecke deine Arme und Beine und sitze wieder bei uns auf deinem Stuhl.

8. Feste feiern

Darum geht es

Theologische Perspektive

Die ganze Schöpfung Gottes ist geordnet nach einem kosmischen Prinzip. Vom Aufgang der Sonne bis zu ihrem Untergang ist unser Leben existenziell bestimmt und geprägt vom universellen Rhythmus der Natur. Erlebbar ist dies für Kinder am deutlichsten am Wechsel der Jahreszeiten mit seinen klimatischen Veränderungen und typischen Stimmungen, die im Brauchtum um Festzeiten zum Ausdruck kommen. Selbst in unserer säkularisierten Gesellschaft stoßen wir dabei auf unübersehbare Spuren des Mannes aus Nazaret, der die Weltgeschichte seit 2000 Jahren unübersehbar so markant beeinflusst hat. Jeder Computer ist heute auf sein Geburtsjahr hin programmiert und ausstrahlend von den christlich geprägten Kulturen wird parallel zum Jahreskreis der Natur der Kalender von kirchlichen Feiertagen rhythmisiert, auch wenn großen Teilen der Bevölkerung deren spezifisch religiöse Inhalte nichtssagend geworden sind. Besonders der Reiz der Weihnachtszeit fasziniert Kinder, wobei Bezüge zum biblischen Hintergrund wenig bewusst sind und die Zusammenhänge zwischen der Krippe und dem Kreuz erst erklärt werden müssen. Das Weihnachtsfest wird nun in den Jahresfestkreis der Kirche eingeordnet und um den zentralen Osterfestkreis ergänzt. Dabei werden die letzten Tage Jesu im Licht der Osterhoffnung beleuchtet, das auf alle anderen Sonn- und Feiertage ausstrahlt.

Religionspädagogische Leitlinie

Aus den natürlichen, beobachtbaren Verwandlungen im Tages- und Jahresrhythmus ergeben sich Parallelen zum Brauchtum, von der Geburtstagsparty über Advent, Weihnachten, Karneval bis zum Osterfestkreis, die Kinder auf Lebensrhythmen aufmerksam machen und letztendlich zur großen Frage nach Werden und Vergehen, Tod und Leben führen, auf die der christliche Osterglaube ein unüberbietbares Heilsangebot bereithält. Sicher ist es für diese Altersstufe noch verfrüht, das Leben und Sterben Jesu und seine Auferstehung in seiner ganzen theologischen Breite verständlich machen zu wollen. Vielmehr soll eine tragfähige Verständnisbasis gelegt werden im Wissen um die Ereignisse der letzten Tage Jesu und um die Bedeutung der gottesdienstlichen Feiern, in denen Christen das Gedächtnis an ihn seit jenen Tagen lebendig halten.

Lernanliegen

Anliegen ist zunächst, Lebensrhythmen wahrzunehmen und bewusst zu erleben mit allen Erfahrungen des Entdeckens, des Staunens, des Dankes und der Zuversicht in die Verlässlichkeit der Zyklen der Natur, von denen wir existenziell abhängig sind. Daraus ergibt sich ein Verständnis für die Stimmungen der Festzeiten, für Brauchtum und Rituale. Die Deutung dieser Erfahrungen auf Jesu Leben und Sterben ist dann der christliche Glaubensanspruch im Zentrum. So wird zunächst von der Außenansicht her erklärt, wie und warum Christen Ostern feiern – jedes Jahr und in jedem Gottesdienst. Die ganze Tragweite der Passion, der Auferstehung und Wiederkunft Christi wird frühestens im Kontext der Erstkommunion in der Klasse 3 anzugehen sein (s. SB 3, Kapitel 12).

Lernertrag

Die Kinder haben eine Vorstellung gewonnen von den regelmäßigen Abläufen der Natur im Rhythmus der Jahreszeiten. Das Kommen und Vergehen wurde wahrgenommen und als Lebenszyklus erkannt, an den sich unsere Festzeiten angelehnt haben wie auch das Kirchenjahr. Durch das bewusste Begehen der Karwoche wurden die Passion, der Kreuzestod Jesu und die Auferstehungshoffnung des Osterfestes nachvollziehbar: Wir begleiten Jesus in einem festlichen Rundgang durch das Jahr auch in der Karwoche auf seinem letzten Weg zum Kreuz durch den Tod zum Leben, – weil wir glauben, dass er mit uns durch Tag und Nacht geht. Wir spüren es im Alltag in frohen und schweren Stunden und feiern es jeden Sonntag in Dankbarkeit gemeinsam in der Eucharistie: „Ich bin bei euch alle Tage bis ans Ende dieser Zeit!"

Prozess-Schritte: Übersicht

Feste feiern	Prozess-Schritte
1. **sehen +** **entdecken**	Der **Lebensrhythmus** ist bestimmt vom Kommen und Gehen, Werden und Vergehen, Tod und Leben. Bevor Kinder den darin mitschwingenden Jahresfestkreis der Kirche nachvollziehen können, gilt es, die Zyklen in der Natur mit ihren Auffälligkeiten und Stimmungen bewusst wahrzunehmen. Neben dem Tag-Nacht-Wechsel und den Wochentagen ist der Kreislauf der Jahreszeiten im Monatszyklus prägnant. Am Beispiel des Jahreszeitenbaumes wird er exemplarisch beobachtbar.
2. **fragen +** **finden**	Festtage und Festzeiten geben dem Jahr eine feste Struktur und einen feierlichen Rahmen. Sie teilen es in überschaubare Sinnabschnitte. Neben dem eigenen Geburts-/Namenstag sind große Familien-, Schul- oder Gemeindefeste, Kirmestage, Karneval/Fasching sowie die Weihnachtszeit und der Osterfestkreis wohl die markantesten Festzeiten für Kinder. Um zu einem differenzierten Wissen zu gelangen, gehen wir Fragen nach den **Bedeutungen einzelner Festtage,** ggf. auch in anderen Religionen und Weltanschauungen nach, um Antworten zu finden.
3. **hören +** **sagen**	Das Kirchenjahr hat unseren Kalender geprägt und ihm dem christlichen Glauben entsprechende Sinnhaltigkeit zugeordnet, die in einer multikulturellen, säkularisierten Welt kaum mehr wahrgenommen wird. Hier **in der Übersicht wird das Kirchenjahr überschaubar** und im Kontext des Lebensweges Jesu und der „Heilstaten" Gottes gedeutet. Dem Osterfestkreis als Kern des kirchlichen Zyklus wird dabei besondere Aufmerksamkeit geschenkt.
4. **träumen +** **trauen**	Die **Regelmäßigkeit der Zyklen in der Natur gibt Zuversicht und Orientierung.** Das Kommen und Vergehen als Grundmuster des Lebens wird im Brauchtum von Osterei und Osterstrauch zum Ausdruck gebracht und verweist mit anderen Metaphern über die Grenzen von Raum und Zeit hinaus. Auch Hoffnungsbilder der Kinder werden zur Sprache kommen. Auf dem Hintergrund solcher Vorstellungen wird die christliche Auferstehungsbotschaft hörbar. Als Glaubensanspruch bieten sich die österlichen und nachösterlichen Erfahrungen der Menschen der Bibel an.
5. **glauben +** **(be)kennen**	Die **Osternacht steht im Zentrum der Glaubensverkündigung.** Die Riten der Osterliturgie verweisen auf die Osterhoffnung im Zeichen von Feuer (Osterkerze) und Wasser (Taufwasser). Das Geheimnis des Glaubens steht im Mittelpunkt der Eucharistie. Neben der kirchlichen Feier hat sich aus dem Osterglauben über die Jahrhunderte ein regional unterschiedliches Brauchtum entwickelt, das vorgestellt und auf Ostern hin ausgedeutet und erläutert wird. Das eigene Lebensumfeld der Kinder soll dabei konkret einbezogen und ausgestaltet werden.
6. **leben +** **gestalten**	Der Jahresfestkreis der Kirche endet nicht mit dem Osterfestkreis. Vielmehr dreht er sich spiralförmig um dieses österliche Geheimnis des Glaubens bis zur „Wiederkunft des Herrn". Im christlichen Selbstverständnis wird der Lebensrhythmus von dieser österlichen Hoffnung her gedeutet und begründet. Von hier aus wird auch die besondere Bedeutung des Sonntags und die Eucharistiefeier als „kleines Osterfest" abgeleitet. Jeder Augenblick des Lebens nährt sich aus diesem **Vertrauensgrund der *Ich bin da*-Erfahrung.**

Methoden	Medien	
	Leitmedium	**Begleitmaterial**
Bildbetrachtung: Wir betrachten den Jahreszeitenbaum und entdecken weitere Lebensrhythmen: Tageslauf, Wochenzyklus, Atem/Herzrhythmus, Saat und Ernte, Tod und Leben (Metamorphose) **Bodenbild gestalten:** Jahreszeiten(baum) nachgestalten	**SB S. 47:** Jahreszeitenbaum **M 1:** Die vier Jahreszeiten (Begriffskarten) **M 2:** Vom Aufgang der Sonne (Lied)	blühender/vertrockneter Zweig Naturmaterialien für Bodenbild zum Jahresrhythmus
Erzählkreis oder Gruppentische: Wann, wie und warum feiern wir? Erfahrungen mit Festtagen und Festzeiten im Jahreslauf werden in Wort oder Bild zusammengetragen (auch aus anderen Kulturkreisen). **Gestaltung:** Wir stellen einen Festkalender für die Klasse her, Festtage werden illustriert und eine kleine Lernkartei angelegt.	Aktuelle(r) Kalender **M 4:** Immerwährender Kalender (Begriffskarten)	**M 3:** Immerwährender Kalender (Arbeitsblatt)
Schaubild: „Das Jahr der Kirche" (Sprechanlass) ▪ Betrachtung des Kirchenjahres ▪ Einordnung der bekannten Feste in den Jahresrhythmus ▪ Zuordnung der Osterfesttage zu den Bildern und Erläuterungen (Gründonnerstag/Karfreitag/Ostern/Pfingsten) in EA/PA/GA.	**SB S. 48–49:** Schaubild: Das Jahr der Kirche mit Bildern und Texten zum Osterfestkreis **M 5:** Das Jahr der Kiche (Arbeitsblatt)	**M 6:** Die Karwoche (Arbeitsblatt)
Hoffnungsbilder erschließen: ▪ Osterei als Symbol des Lebens ▪ weitere österliche Hoffnungsbilder aus Brauchtum und Glaubensüberlieferung ▪ Symbole der Osterhoffnung in der Kirche entdecken (ggf. Kirchenbesuch) **Gestaltung:** Wir zieren Ostereier mit christlichen Hoffnungssymbolen.	Osterei als Lernmittelpunkt **M 7:** Osterei (Ausmalbilder)	christliche Osterbilder nach Wahl **Folie:** Huneke: „Auferstehung"
Bildbetrachtung: „Osternachtsfeier" ▪ Symbole: Osterfeuer, -kerze, Taufbrunnen ▪ liturgische Rituale verstehen ▪ die Glaubensformel kennenlernen ▪ die Hl. Messe als kleines Osterfest sehen **Gestaltung:** Osterkerze, Osterstrauch, Osterbrot	**SB S. 50–51** Realobjekte zur Betrachtung und entsprechendes Gestaltungsmaterial für Osterbrauchtum und Raumschmuck	Osterbrauchtumsbild(er) (Folie) Bastelanregungen und weitere Gestaltungsideen, z. B. Osterkerze, Osterstrauch, Osterbrot **M 8/M 9:** Die Osterkirche (Arbeitsblatt)
Liederarbeitung: „Ich bin da" **Gestaltung:** Metapher des Liedes in Bildern malen und mit eigenen Motiven verbinden **Osterfeier vorbereiten:** Wir bereiten eine Osterfeier für die Lerngruppe oder Bausteine für einen Schulgottesdienst vor.	**SB S. 52:** „Ich bin da" (Lied)	

So gehen wir günstig vor

 1. sehen + entdecken

Leitmedium: Jahreszeitenbaum (SB S. 47)

Ein Baum füllt das Bild flächendeckend. Beim genauen Betrachten wird die Aufmerksamkeit für Details in diesem Suchbild geweckt. Wer es richtig zu lesen versteht, wird bald die Struktur entdecken. Wie beim Ziffernblatt lassen sich – im Uhrzeigersinn gelesen – vier Quadranten ausmachen und voneinander unterscheiden: „Ein Baum zu jeder Jahreszeit" könnte der Titel des Bildes lauten, nicht nur für einen bestimmten Tag des Jahres sprechend. Fest verwurzelt hält der Baum den wechselnden Gezeiten stand und lässt sich ganz vom Tagesrhythmus, von Sonne und Mond jahrein, jahraus formen und beleben. Versteckt im Bild finden wir Hinweise auf vergängliches (Laub, Äpfel, Pilze) und werdendes (Hase, Vogelmutter, Ähren, Schmetterling) Leben.

Lernmöglichkeiten

Das Bild vom Jahreszeitenbaum wird zum Sprechanlass über die Erfahrungen und Stimmungen im Jahreszyklus und Tageswechsel. Weitere Lebensrhythmen und Zyklen: Monat, Woche, Saat und Ernte, Atem, Herzschlag (Wahrnehmungsübung) bis zur existenziellen Frage nach Kommen und Vergehen, Leben und Tod, können anhand der Bildanregung zur Sprache kommen. Die Dankbarkeit über die Schöpfung kann in Klang (z. B. Vivaldi: „Vier Jahreszeiten") oder im Lied mit Gesten („Vom Aufgang der Sonne"), der zyklische Rhythmus in Körpersprache (Jahreszeitenpantomime mit Tüchern) oder die Struktur in bildnerischem Gestalten zum Ausdruck gebracht werden. Dazu wird eine Bildaussage zu je einer der vier Jahreszeiten (➡ **M 1**) auf ein Begriffskärtchen gemalt, als Collage geklebt oder aus Naturprodukten als Bodenbild zu einem Jahreszeitenkarree, -kreis oder -baum zusammengelegt. Alternativ verteilen sich vier Gruppen auf die vier Jahreszeiten und stellen sie in einer Gruppenpantomime mit Körpergesten vor, die typisch für diese Jahreszeit sind. Als Ausklang und ganzheitliche Abrundung wird das Kanonlied „Vom Aufgang der Sonne" angeboten (➡ **M 2**).

Weitere Anregungen

- **Einführung in die Thematik:** Zur Einführung betrachten wir zunächst zwei Äste, einen vertrockneten und einen blühenden, mit der Fragestellung: Was fehlt dem trockenen Ast? Was braucht ein Baum zum Leben?

- **Bäume beobachten:** Gang in die Natur und Freundschaft schließen mit einem Baum, den wir uns vornehmen, ein Jahr lang immer wieder zu besuchen, seine Veränderungen zu beobachten und zu beschreiben, zu malen, zu fotografieren … (s. SB 1, Kapitel 10, S. 60 ff.)

- **Wochenplan erstellen:** Der Tages- und Wochenrhythmus der Kinder wird zu einem großen Teil auch vom Fernsehprogramm bestimmt. Hier ließe sich mithilfe von Programmzeitschriften ein Wochenplan mit den individuellen Freizeitplänen und Lieblingsprogramm-Plätzen zusammenstellen, um den eigenen Lebensrhythmus bewusster wahrzunehmen.

Fachübergreifende Aspekte

Sachunterricht: Jahreszeitenwechsel in der Natur
Deutsch: Frederik (Bilderbuchgeschichte), Jahreszeitenwechsel und Vorrat/Vorsorge, Gedichte zu den Jahreszeiten
Musik: Vivaldi: Vier Jahreszeiten, Rolf Zuckowski: Die Jahresuhr
Kunst: Ausdehnung der bildnerischen Arbeit am Jahreszeitenthema

 2. fragen + finden

Leitmedium: Aktuelle(r) Kalender/M 3

Ein aktueller, großer Kalender an der Tafel, als Folienkopie oder klein auf jedem Schülertisch kann als Leitmedium die Stunde eröffnen und das Bodenbild der Vorstunde weiter ausdifferenzieren. Der Monats- und Wochenrhythmus wird visuell erkennbar durch die Anordnung der Zahlenreihen. Monatsnamen und Wochentage können benannt werden. Was gibt es sonst zu entdecken? Welche Zeiten sind uns wichtig oder geläufig? Ablesbar in den Kalendern werden vielleicht Sternzeichen, Mondzyklus, Sonnenaufgang und -untergang, bestimmt aber die Sonntage, Feiertage, Ferienzeiten, Namenstage und Geburtstage der Kinder. Neben die Frage, wann wir was feiern, tritt dann die Frage, warum Menschen Festzeiten ausrufen und wie sie ihre Feste feiern und ausgestalten.

Lernmöglichkeiten

Entdeckungen im Kalender und Erinnerungen an den eigenen Geburtstag leiten über zur Frage nach Erfahrungen mit Fest und Feier im eigenen Leben. Das Bodenbild mit den vier Jahreszeiten oder Wort-/Bildkarten (➡ **M 1**) in den vier Raumecken der Klasse gibt wieder eine Grundstruktur vor. Die Kinder stellen sich nacheinander oder als Gruppe zu der Jahreszeit, in der sie geboren wurden. Das bekannte Spiellied „Wer im Januar geboren ist, tritt ein!" kann angestimmt werden. Die Kinder lernen, sich so selbst einzuordnen in den

Jahreszyklus, und bekommen ein Zeitgefühl im Blick auf den Kalender.

Anhand von Wortkarten (➡ **M 4**) werden einzelne Feiertage herausgestellt und in das Bodenbild bzw. den Kalender (➡ **M 3**) eingeordnet. Es sollten auch Festzeiten aus anderen Kulturkreisen aufgenommen werden, vor allem, wenn Kinder selbst von dort erzählen können. Die bekanntesten Daten für Kinder sind Advent und Weihnachten, Karneval und Ostern, vielleicht auch Pfingsten und sicher die Ferienzeiten. Aber auch Muttertag, Schützenfest, Himmelfahrt und Fronleichnam mit ihren Brückentagen oder Großereignisse wie Olympiaden oder Meisterschaften verbinden Kinder mit Erfahrungen von Freude und Feier. Die großen Festtage finden die Kinder im Kalender markiert, ihre persönlichen Festtage tragen sie selbst ein. Die Wortkarten mit den benannten Feiertagen werden anschließend chronologisch in eine Reihung (GA) oder in den Jahreskreis gelegt (Sitzkreis um Bodenbild), in ein Tafelbild geklebt (Plenum) oder ins Arbeitsheft (PA/EA) übertragen. Denkbar ist auch, dass einzelne Kinder oder Gruppen zu ausgewählten Stichtagen eine Bildcollage oder einen kurzen Informationstext zusammenstellen und so eine kleine Lernkartei entsteht, die im Jahreszyklus fortgeschrieben wird.

Weitere Anregungen

- **Tagebuch:** Anregung eines persönlichen Tagebuches (Schülerkalender o. Ä.), in das jeder am Abend vor dem Schlafengehen noch einmal die wichtigsten Erlebnisse des Tages in Stichworten oder Bildskizzen notieren kann (s. Gebetserziehung). So wird jeder Tag bedeutungsvoll dokumentiert, nicht nur der besondere Feiertag.
- **Schullalltag planen:** Wir denken über den Tagesablauf/Wochenplan in der Schule nach und überlegen uns einen guten Rhythmus (Begrüßungsritual, Pausengestaltung, Bewegungsphasen, Überraschungselemente, Auflockerungsideen, Stillephasen/Stillecke oder Gebetsritual vor dem RU, Zeit für einen persönlichen Tagebucheintrag, Lesetag, Exkursionstag, Geburtstagsritual …).
- **Klassenfest:** Wir bereiten ein Klassenfest vor und gestalten es gemeinsam, schmücken unseren Klassenraum im Rhythmus der Festzeiten im Jahr, gestalten eine Pflanzenbank oder den Schulgarten, begleiten einen Baum durchs Jahr (s. o.).

 3. hören + sagen

Leitmedium: Das Jahr der Kirche (SB S. 48–49)

Die gemeinsam und sporadisch zusammengestellte Jahresfestübersicht der Vorstunde wird auf dieser Doppelseite zu einer Schautafel für den Jahresfestkreis der Kirche konkretisiert. Dabei ist der schon unterrichtlich behandelte Advents- und Weihnachtsfestkreis Ausgangspunkt. Die Leserichtung folgt dem Uhrzeiger und

ist in der Kreismitte an den Jahresrhythmus durch den Jahreszeitenbaum gekoppelt. Das erleichtert die zeitliche Orientierung für die Kinder. Darüber hinaus sind die christlichen Festtage eng angelehnt an die Stimmungen im Jahreszyklus. Deutlich herausgehoben in der Darstellung ist hier die Karwoche am Ende der Fastenzeit. In den Bildern zu ihren liturgischen Festtagen Gründonnerstag und Karfreitag begegnen wir Jesus und begleiten ihn durch die Passionszeit bis zum Ostermorgen und Pfingstfest. Wir entdecken, dass das ganze Jahr in der Deutung der Kirche Jesus Christus gewidmet wird, wobei die Ostererfahrung im Mittelpunkt steht. Jeder Sonntag ist ein kleines Osterfest in der Kirche, bei dem sich die Christen dankbar und hoffnungsvoll an Jesus erinnern: „Wir künden deinen Tod und glauben, dass du lebst, bis du einst wiederkommst in Herrlichkeit". So ist der Jahresfestkreis der Kirche eigentlich eine Spirale, in dem sie sich zyklisch dem Kommen Jesu entgegendreht, so wie eine Schraube, die im Gewinde der Mutter am Ende festen Halt findet.

Lernmöglichkeiten

Um das Bodenbild der Vorstunde versammelt oder an den erarbeiteten Jahresplänen orientiert, wird die Grundstruktur noch einmal erinnert. Dann kann der Blick auf die Seite 48 gerichtet werden, in der wesentliche Orientierungspunkte wieder zu entdecken sind: Der Jahreszeitenbaum im Mittelpunkt als Orientierungshilfe, der Kreis als Darstellungsform für den Jahreszyklus mit markanten Ereignistagen, die Leserichtung im Uhrzeigersinn und die bekannten Motive der Advents- und Weihnachtszeit. Sie werden zum Ausgangspunkt weiterer Entdeckungen in der Chronologie des Jahres. Besondere Aufmerksamkeit schenken wir dann der Karwoche (➡ **M 6**). Die Texte können gemeinsam im Plenum, aber auch in differenzierter Arbeit selbstständig erlesen und dem Osterfestkreis entsprechend zugeordnet werden. Je nach Situation wird zu entscheiden sein, wie intensiv die einzelnen Stationen der Passionsgeschichte behandelt werden, ohne die Kinder zu überfordern (Verfrühung). Für die Klasse 2 reicht es durchaus, wenn die Kinder die Namen der Feiertage kennen und mit den Ereignissen um Jesus in einen Erzählzusammenhang bringen (s. SB 3, Kap. 12). Hier geht es ja zunächst um eine Orientierung im kirchlichen Jahreskreis. Um diese Kenntnisse abzusichern, kann das Arbeitsblatt (➡ **M 5**) eingesetzt werden, auf dem der Jahreszyklus noch einmal beschriftet und anschließend koloriert werden soll. Die Gestaltungserträge werden vorgestellt und gewürdigt, bevor die Kinder ein schlichtes Kreuz, ggf. auch nur aus zwei verzierten Papierstreifen oder Hölzern, basteln und es als Kreuzpunkt in die Mitte des Bildes über den Jahresbaum legen, damit sichtbar wird: Alles dreht sich im Jahr der Kirche um Kreuz und Auferstehung Jesu.

Weitere Anregungen

- Die **Weihnachtskirche** (SB S. 32–33, und womöglich auch SB 1, S. 30–31 = Weg nach Weihnachten) wird noch einmal aufgeschlagen, verglichen und erinnert.
- Besuch und Betrachtung eines **Kreuzweges** in der Kirche oder im Nahbereich der Schule
- Kinder gestalten einen **Bilderzyklus zur Karwoche** in Form eines Hungertuches oder neuen Bodenbildes
- Bekannte Feiertage oder ganze Jahreszyklen **anderer Religionen oder Kulturkreise** werden zum Vergleich mit einbezogen (jüdischer/islamischer Festkalender, chinesischer Kalender).

 ### 4. träumen + trauen

Leitmedium: Osterei/Ostereierstrauch (M 7)

Im Mittelpunkt soll ein österliches Hoffnungssymbol stehen. Das Osterei ist hier wohl das bekannteste Brauchtumssymbol bei Kindern. Die Entwicklung des Hühnchens im Ei sowie das Wachsen der Pflanze aus dem unscheinbaren Samenkorn oder die eigene Menschwerdung sind die großen Geheimnisse des Lebens, vor denen wir trotz aller wissenschaftlichen Kenntnisse staunend und dankbar stehen. Wichtig dabei ist, die Aufmerksamkeit zu wecken für immerwährende Zyklen in der Schöpfung als Bilder der Zuversicht und Hoffnung. Der Sonnenzyklus oder der Lebensbaum, schließlich auch das Kreuz (Vorstunde) sind weitere Symbole, auf die die Kinder stoßen werden auf der Suche nach Bildern, die Mut machen und Hoffnung ausstrahlen. In der Kunstgeschichte werden wir sicher fündig bei Osterbildern aus verschiedenen Epochen. Hier sollte abstrakten Motiven (z. B. Huneke: „Auferstehung") Vorrang eingeräumt werden vor naturalistischen oder zu verklärten Darstellungen des Auferstandenen. Eine Fantasiereise kann diese Suche begleiten und nach innen spiegeln. Dabei gilt es, die Symbolsprache zu entwickeln, die auf anders nicht auszudrückende Wahrheiten und Erfahrungen verweist. In diesem Kontext werden dann die biblischen Ostererzählungen und nachösterlichen Erfahrungen hörbar und verständlich als Botschaft des anbrechenden Reiches Gottes, die durch Jesus ein für allemal ausgelöst wurde durch sein Leiden und Sterben am Kreuz und eingelöst durch die Auferweckung durch Gott.

Lernmöglichkeiten

Ein Nest mit Ostereiern wird zum Lernmittelpunkt. Sicher wissen viele Kinder von eigenen Erfahrungen beim Färben, Verstecken und Suchen zu erzählen, wenn sie ein schönes Osterei oder ein ganzes Nest sehen. Auf der Suche nach Antworten auf die Bedeutung und Ursprünge des Brauchtums stoßen wir auf österliche

Hoffnungsbilder, die dem Geheimnis der Osternacht Vorstellungskraft und symbolischen Ausdruck verleihen. Den Zyklus der Natur können Kinder nach einer einführenden Erklärung auf verschiedenen Wegen nachvollziehen, hier vor allem durch die Entwicklung des Hühnchens im Ei in einer Bildfolge oder im pantomimischen Spiel.

Damit spüren sie dem Lebensrhythmus der Natur nach, wenn auch nur für eine kurze Kadenz. Gehen wir dann gemeinsam auf die Suche nach weiteren Bildern der Zuversicht und Hoffnung im Alltag, in der Umgebung, in der Kunst oder in unseren Fantasien und Träumen. Dazu tragen wir konkrete Beispiele zusammen, gehen in die Kirche und suchen gezielt nach christlichen Hoffnungssymbolen oder machen uns auf eine Traumreise in die eigene Fantasiewelt. Das geht in Gedanken, aber auch mit Farbe und Pinsel: Was macht mir Mut und Hoffnung? Hoffnung ist für mich wie … Welche Farbe hat die Hoffnung?

Stimmig ist auch, wenn wir selbst Ostereier mit den gefundenen Symbolen christlicher Auferstehungshoffnung bemalen und zur Osterfeier in der Familie oder im Schulgottesdienst so einen konkreten Beitrag leisten. Sind keine gekochten oder ausgeblasenen Eier vorrätig, malen wir Ei-Bilder, abstrakte Ostersonnen (**M 7**) oder gestalten Osterpostkarten nach dem Vorbild eines Kunstbildes. Die ausgemalten Eier können paarweise (Vor- und Rückseite) oder in der Mittelachse geknickt zu Bündeln zusammengeklebt werden.

Weitere Anregungen

- **Gang über einen Friedhof** auf der Suche nach Hoffnungssprüchen und Glaubenssymbolen
- Pflanzaktion und Beobachtung der **Entwicklung des Samenkorns**
- Einen **Abend-/Morgenspaziergang** machen oder von einem Sonnenauf-/-untergang erzählen lassen.

5. glauben + (be)kennen

Leitmedium: Die Feier der Osternacht (SB S. 50–51)

Das Bild aus der Osternachtsfeier konzentriert den Blick auf die Kirche als Ort der Verkündigung der Osterbotschaft. Die vorreligiösen Symboliken und ersten Begegnungen mit christlichen Symbolen der Auferstehungshoffnung werden so verortet und zusammengeführt mit dem Festritus der Osterliturgie, wie ihn einige Kinder vielleicht schon erlebt haben oder in nächster Zeit in ihrer Kirche mitfeiern werden. Wesentliche Elemente der Osternacht sind im Bild ablesbar, auch wenn die Chronologie der Feier sich nicht abbilden lässt und die Rituale deswegen gleichzeitig auf einer Bildebene zu sehen sind. Hier bedarf es sicher weiterer Erklärungen. Unten links eingefügt ist das Osterfeuer (vor der Kirche), an dem die Osterkerze als „Lumen Christi" entzündet wird, um dann feierlich in die Kirche getragen zu werden. Hier wird es an die Gemeinde weitergereicht. Das zuerst dunkle Kirchenschiff wird so allmählich mit Licht gefüllt. Die Osterkerze wird zur Weihe eingetaucht in das Taufwasser, dass sie aus dem Licht des Glaubens Leben spende. Weitere Symbole österlicher Hoffnung finden wir wieder im Osterbrot vor dem Altar und anderen Brauchtumshinweisen, sicher auch im Altar, dem Tabernakel und der Bibel, dem bezeugten Wort Gottes auf dem Ambo. Im Zentrum dieses heiligen Spiels der Osterliturgie steht zum einen die Verkündigung der Osterbotschaft, zum anderen die Begegnung der bekennenden Gemeinde, die hier am Altar im Zeichen von Brot und Wein dem Auferstandenen in der Eucharistiefeier begegnet im großen Geheimnis des Glaubens.

Lernmöglichkeiten

Nach dem Osternest der letzten Stunde wird zum Stundenbeginn ein Osterkorb oder -strauß, ersatzweise auch ein Bild mit weiteren österlichen Insignien, in den Lernmittelpunkt gestellt, möglichst ergänzt durch von den Kindern mitgebrachte Brauchtumsobjekte (Osterbrot, Osterlamm, Palmstöckchen, Osterkranz und vor allem Osterkerze). Sie können betrachtet und in Erweiterung der Vorstundenthematik in ihrer Bedeutung erklärt werden, bevor wir diese symbolischen Elemente dann im Bild auf der Doppelseite wiederentdecken und in den Zusammenhang mit der Osternachtsliturgie bringen. Eigene Erfahrungen der Kinder werden zusammengetragen, eine Geschichte vom Ablauf der Feier erzählt und der Besuch der Osternachtsfeier angeregt. Zur weiteren Arbeit am Bild wird das Arbeitsblatt von der kopierten Kirche (➡ M 8) anhand der Bildmotive im Schülerbuch durch Einkleben der ausgeschnittenen Elemente (➡ M 9) in die Freiflächen oder durch eigenes Ausmalen ausgefüllt.

Weitere Anregungen

- Jedes Kind malt oder gestaltet mit **Knetwachs** eine eigene Osterkerze nach einem Vorbild.
- Wir stellen **Osterschmuck** her und schmücken den Klassenraum, den Schulflur, den Kirchenraum, eine Kapelle (im Altenheim, Krankenhaus oder in der näheren Umgebung) oder nehmen die Elemente als Impuls mit nach Hause.
- Wir backen ein **Osterbrot** oder Osterlamm (Backform) und gestalten damit eine Osterandacht im Kreis der Lerngruppe. Wen könnte man dazu einladen?

6. leben + gestalten

Leitmedium: Lied „Ich bin da" (SB S. 52)

In einfacher Melodieführung und eingängigem Refrain wird die Zuversicht zum Anklang gebracht, die aus dem Gottesglauben erwächst, und zwar in dreifacher Versicherung. 1. Der Gottesname selbst als der „Ich bin da" (Jahwe) wird jeweils mit einem absteigenden Dreiklang hörbar, im Text ergänzt um jeweils eine Metapher als erhellende Kontur des Gottesbildes. 2. Die Zusage Jesu „Ich bin bei euch alle Tage bis ans Ende dieser Zeit" umrankt die Strophen als Refrain, dessen Melodiebogen gleichzeitig als Zweitstimme parallel zur Strophe instrumental, gesummt oder auch vokal intoniert werden kann. Die 3. Ebene ist die Zuwendung des Sängers selbst, der den Gottesglauben in Alltagserfahrungen verankert und – wie der Vater seinem Kind – seinem Gegenüber sein Glaubensbekenntnis mit dieser Weise zu Gehör bringt und ans Herz legt. Es betont gleichzeitig den Titel des Unterrichtswerks und ist schon deshalb nicht auf diese eine Unterrichtseinheit beschränkt, sondern soll die Kinder die ganze Grundschulzeit begleiten.

Lernmöglichkeiten

Innerhalb der Unterrichtsreihe kann das Lied so einen eigenständigen Platz beanspruchen zur Erschließung des Textes und zur Erarbeitung der Melodie. Die einzelnen Zusagen und Bilder der Strophen werden als Bilder arbeitsteilig von den Kindern ausgestaltet und können illustrativ zum Liedvortrag gezeigt werden (Poster, Folien, Dias, Beamer …). Es kann so auch zum Liedbeitrag der Lerngruppe bei einem gemeinsamen Schulgottesdienst werden. Die Stunde selbst beginnt aber zunächst mit der Rückbesinnung auf das Kirchenjahr. Wir suchen in der Übersicht noch einmal das Osterfest und schauen, wie sich der Zyklus nach Ostern weiter entwickelt und entdecken die Festtage nach Ostern (Himmelfahrt, Pfingsten, Fronleichnam). Die Sonntage nach Ostern verstehen sich als „Mini-Osterfeste" („jeden Sonntag Ostern feiern"). Wir erinnern das Erntedankfest und entdecken schließlich nach den Totengedenktagen und St. Martin den 1. Advent als Neubeginn des Kirchenjahres. Hier endet der Kreis nicht, sondern beginnt wieder von Neuem – wie bei einer Spirale. Die Kinder ergänzen ggf. die noch fehlenden Tage in ihrem Arbeitsblatt oder im Bodenbild. Der Kern der Osterbotschaft durchzieht so auch im Bild erkennbar das ganze Kalenderjahr. Alle Tage des Jahres wollen im Licht der Auferstehungsbotschaft beleuchtet werden. Das Lied „Ich bin da" lässt diesen Glaubensgrund immer wieder anklingen.

Weitere Anregungen

- In einer **Fantasiereise** oder einer Brainstorming-Phase eigene Metaphern zum Lied finden und zu Strophen formulieren: Ich bin da …
- Einen **Emmausgang** vorbereiten, eine kleine Andacht zur Emmaus-Geschichte dazu vorbereiten und am Wendepunkt ein Wegkreuz aufstellen

M 1: Die vier Jahreszeiten (Begriffskarten)

Winter

Frühling

Herbst

Sommer

Fischer u.a.: Ich bin da 2, Lehrerhandbuch
© Auer Verlag GmbH, Donauwörth

M2: **Vom Aufgang der Sonne (Lied)**

Text und Melodie: Paul Ernst Ruppel
© by Möseler Verlag, Wolfenbüttel

Vom Auf - gang der Son - ne bis zu ih - rem Nie - der-gang sei ge -
lo - bet der Na - me des Herrn, sei ge - lo - bet der Na - me des Herrn.

M3: Immerwährender Jahreskalender (Arbeitsblatt)

		1. Woche	2. Woche	3. Woche	4. Woche
Winter	① Januar				
	② Februar				
Frühling	③ März				
	④ April				
	⑤ Mai				
Sommer	⑥ Juni				
	⑦ Juli				
	⑧ August				
Herbst	⑨ September				
	⑩ Oktober				
	⑪ November				
Winter	⑫ Dezember				

Fischer u. a.: Ich bin da 2, Lehrerhandbuch
© Auer Verlag GmbH, Donauwörth

1. Advent	Nikolaustag	Weihnachten
Silvester/Neujahr	Dreikönigstag	Rosenmontag
Aschermittwoch	Palmsonntag	Gründonnerstag
Karfreitag	Karsamstag	Ostern
Christi Himmelfahrt	Pfingsten	Fronleichnam
Erntedankfest	Allerheiligen	Mein Namenstag
Mein Geburtstag	Zeugnistag	Kirchweihfest/ Kirmes
Muttertag	Tag der deutschen Einheit	Martinstag

Ostern

Am Ostermorgen ist das Grab Jesu leer. „Jesus lebt!", sagt der Engel den Frauen, „Gott hat ihn auferweckt."

Pfingsten

Am Pfingsttag werden die Jünger ganz Feuer und Flamme vom Heiligen Geist.

Karfreitag

Jesus wird gefangen genommen und zum Tode verurteilt. Er stirbt am Kreuz.

Gründonnerstag

Jesus feiert mit seinen Jüngern das letzte Abendmahl.

Fischer u.a.: Ich bin da 2, Lehrerhandbuch

9. Zusammenleben

Darum geht es

Theologische Perspektive

Das Zusammenleben wird nur gelingen, wenn es verlässliche Werte als Konsens gibt und das gleiche Recht für alle gilt. Unsere rechtsstaatliche Ordnung heute ist wohl eine solche Basis. Doch diese hat sich aus einer langen Geschichte entwickelt und immer wieder als zerbrechlich erwiesen. Der Arm des Gesetzes reicht nicht überall hin, Richter sind nicht unbestechlich und Diktatoren biegen sich das Recht schnell zurecht. Keine Ordnungsmacht ist stark genug, wenn nicht die Stimme des Herzens gehört wird, die wir als die Stimme Gottes deuten – wohl wissend, dass auch in Gottes Namen Menschen oft Unrecht verübt haben. „Seid das Licht der Welt!" So ermutigt uns Jesus, dem Lauteren und Lichten Fenster und Türen zu öffnen. In der jüdisch-christlichen Überlieferung wird Gott als oberste Instanz der Gerechtigkeit hörbar durch die Propheten. Wie Natan sogar dem mächtigen David den Spiegel vorhält, so begegnen wir später Jesus in seinen Gleichnisreden. Gottes Reich ist ein Reich der Gerechtigkeit und des Friedens zwischen Arm und Reich, Groß und Klein, Mächtigen und Schmächtigen. Die Goldene Regel, wie sie in vielen Kulturen und Religionen als Kurzformel übereinstimmend geprägt wurde, wird am Ende noch übertroffen durch das Liebesgebot Jesu.

Religionspädagogische Leitlinie

Menschliche Gemeinschaft braucht demnach bewährte Regeln. Das ist jedem Kind einsichtig. Täglich werden wir mit Verboten und Vorschriften konfrontiert. Dem Recht auf individuelle Freiheit steht die Pflicht zur Unterordnung entgegen. In diesem Spannungsgefüge entfaltet sich dieser Themenkreis. Er greift zunächst die Erfahrungen der Kinder mit Regeln und Geboten auf und stellt sich der Frage: Ist alles verboten? Im Bild wird deutlich, dass eine Welt ohne Gesetz und Ordnung gerade die Schwachen und Kleinen schutzlos und rechtlos macht. Gerechtigkeit für alle kann als moralischer Anspruch schnell gefordert, kaum aber im Lebensalltag jederzeit eingelöst werden. Hier wird eine überparteiliche Instanz gesucht, die Gerechtigkeit gegen jedermann garantiert, die selbst König David ins Gewissen redet. Die Goldene Regel wird zur Kurzformel, die über die christliche Glaubensüberlieferung hinaus nahezu alle Kulturen und Religionen geprägt hat.

Lernanliegen

Wir kommen im Gespräch zum Nachdenken über den Sinn von Geboten. Regeln bieten besonders dem Schwachen Schutz vor Vereinnahmung und Übergriffen. Die Frage nach Gerechtigkeit muss jeden Tag neu beantwortet werden. Wer sich nicht an Vereinbarungen hält, macht sich schuldig. Verantwortliches Handeln braucht Pflege, bis es selbstverständlich wird. Klare Regeln und Rituale helfen, Ordnungen einzuüben und Gebote zu achten. Die Rückbindung an die Glaubensüberlieferung weitet den Sinnhorizont über Alltagsordnungen hinaus und lässt das Wort Gottes als Stimme der Gerechtigkeit hörbar werden, die auch vor Diktatoren und Machthabern nicht schweigt.

Lernertrag

Wir haben über den Sinn von Regeln und Verboten nachgedacht, vielleicht eigene Vereinbarungen getroffen, damit das Zusammenleben in der Schule gelingt. Wir ordnen uns nicht gerne anderen unter. Doch fällt Gehorsam Geboten gegenüber dann leichter, wenn nicht Willkür und Macht des Stärkeren gelten, sondern sich jeder gerecht und gleichberechtigt behandelt fühlt. Wenn wir dabei die Stimme des Herzens nicht überhören, wird das Zusammenleben reicher und heller. Darin teilt sich Gott mit. Er spricht nicht nur zu Propheten mit besonderem Auftrag, sondern auch uns an im Geiste Jesu: Ihr seid das Licht der Welt! Gott will Gerechtigkeit gerade auch zum Schutz für die Schwachen. Dabei ist die Grundregel einfach: Was du nicht willst, das man dir tu, das füg auch keinem andern zu! So kennen wir die Goldene Regel als Sprichwort. Wir prägen sie uns ein, damit sie uns prägt. Sie gilt überall in der Welt als Grundregel für das gute Zusammenleben. Jesus sagt noch mehr: Liebe Gott von ganzem Herzen und liebe deinen Nächsten wie dich selbst!

Prozess-Schritte: Übersicht

Zusammen-leben	Prozess-Schritte
1. **sehen + entdecken**	Kinder wähnen sich zuerst als Opfer von Verboten. Auf der Suche nach gültigen Maßstäben für ein gedeihliches Zusammenleben stoßen wir auf viele Gebote und Verbote. Beim näheren Betrachten stellen sie sich als mehr oder weniger sinnvoll heraus, kommen Fragen auf nach Freiheit und Verantwortung, Grenzen und Möglichkeiten, Pflicht und Gehorsam. Im Austausch eigener Erfahrungen mit **Regeln und Ordnungen** bilden sich Konturen für ein wachsendes Gerechtigkeitsgefühl.
2. **fragen + finden**	Nun stellt sich auch die Frage nach dem **Eigenrecht des Kindes**. Aus der Sicht der Kinder sind die Erwachsenen ihnen bei Weitem überlegen. Das Antreibermodell mit seinen Maximen Pflicht und Gehorsam gilt in unserer Leistungsgesellschaft als vorherrschendes Erziehungskonzept. Das andere Extrem ist die Überbehütung, bei dem das Kind durch Gebote und Verbote vor allem Bösen bewahrt werden soll. Eine Religionspädagogik vom Kinde aus weiß sich der Heilszusage Gottes gewiss, nach der jeder Mensch von Anfang an frei und selbstsicher in Gott geborgen seinen Weg finden und gehen darf.
3. **hören + sagen**	Wie sieht eine Welt aus, in der jeder tun und lassen kann, was er will? Der Volksmund weiß um die Schwächen und Boshaftigkeiten der Menschen. Hier wörtlich genommen und in Szene gesetzt, bieten die Bildmotive reichlich Sprechanlass über **gesetzloses Verhalten und skrupellose Regelüberschreitungen**. Sie animieren zu ähnlichen kleinen Spielszenen. Wie rechtschaffene Menschen überall auf der Welt für Gleichberechtigung eintreten, so riefen einst im Land der Bibel Propheten im Namen Gottes nach Gerechtigkeit und Einhaltung seiner göttlichen Gesetze.
4. **träumen + trauen**	Einen Augenblick nur gibt „das Fenster" den Blick als Gegenrede zum Bild frei auf ein sinnenfrohes, himmelreiches Lebensgefühl, wie es Jesu Vorstellung vom Reich Gottes nahekommt. Sein Reich der Liebe, wie es mit Jesus neu anbricht, lebt in den Herzen und Sehnsüchten der Kinder wie ein verborgener Schatz. „Ihr seid das Licht der Welt", mahnt und ermutigt sein Wort daher zum **beherzten Einsatz für Gerechtigkeit, Frieden und Freiheit**, damit dieser Reichtum der göttlichen Ordnung allen zuteil und zum Heil werde. Gottes Herrschaft ist synonym für letzte Gerechtigkeit und uneingeschränkte Gleichberechtigung als „Kinder eines Vaters".
5. **glauben + (be)kennen**	**Gott will Gerechtigkeit.** Dass vor dem Gesetz, sicher aber vor Gott alle Menschen gleich sind, davon erzählt die Begegnung zwischen Natan und dem mächtigen König David. David, die große Lichtgestalt der Bibel, hat durch seinen Frevel das „Fenster" zugeschlagen. Sein begangenes Unrecht schreit zum Himmel. Natan fühlt sich von Gott beauftragt, die Wahrheit ans Licht zu bringen. Er hält David mit einer Parabel den Gewissensspiegel vor, damit er sich erkennt und wieder unter Gottes Gesetz stellt.
6. **leben + gestalten**	Was ist wohl das wichtigste Gebot? So die Ausgangsfrage. Kinder haben ein ausgesprochenes Gerechtigkeitsgefühl, auch wenn die eigentliche Schuldfähigkeit noch viel Zeit zur Reife braucht. **Die Goldene Regel** soll dabei klare Richtschnur sein. In vielen Kulturen und Religionen hat sie sich im Kern verankert. In einer kleinen Synopse werden ihre Variationen miteinander vergleichbar. Sie wird im jesuanischen Doppelgebot der Liebe um eine theologische Dimension erweitert.

Methoden	Medien	
	Leitmedium	**Begleitmaterial**
Bildbetrachtung: Die Konfrontation mit den Bildszenen schafft eine Gesprächs-basis für die Auseinandersetzung. **Rollenspiel/Reflexion:** Stegreifszenen zum Themenfeld Verbote und Gehorsam schlagen eine Brücke zur eigenen Erfahrungswelt. Kurztexte und Lied dienen als Ergänzung und werfen weitere Fragen auf.	**SB S. 53:** Lass das sein! **M 1/M 2:** Alternative Textangebote	**M 3:** „Die andern dürfen alles" (Lied)
Gesprächskreis: Gemeinsam werden Fragen gesammelt zum Ausgangsimpuls: „Alles verboten?" **Erfahrungsaustausch (PA/GA):** Weitere Fragen werden angeregt und mit kurzen, nachdenklich machenden Texten ggf. arbeitsteilig verdichtet. Eigene Antworten müssen gefunden werden.	**M 4:** Alles verboten? (Arbeitsblatt) **M 5:** Alles geregelt – oder was? (Impulsfragen)	**M 6/M 7:** Textangebote zum Thema Gehorsam
Bildbetrachtung/Szenenspiele: Die Bildszenen laden zum Nachstellen ein. Gefühle von Verfolgern und Opfern werden nachempfunden. Bibelverse und Spruchkarten bieten Formulierungshilfen für unausgesprochene Erfahrungen und mahnen zur Einsicht.	**SB S. 54–55:** A. Fuchshuber: Es ist nicht alles gut	**M 8:** Rollenspiele (Impulskarten)
Texterschließung/Sprechsteinrunde: Der ersten Textpräsentation folgt ein wiederholtes Lesen. Im Gespräch tauschen wir uns aus und bringen die Textaussagen in einen inhaltlichen Zusammenhang mit dem Bild. **Nachgestaltung:** Bild-, Wort- oder Szenenspiel geben weitere Ausdrucksmöglichkeiten zur Nachbesinnung und Interpretation. **Glaubenszuspruch:** Kurzformel am Ende ist: „Ihr seid das Licht der Welt!"	**SB S. 54–55:** „Der Augenblick des Fensters" (Gedicht)	
Bilderschließung: Die beiden Bildgestalten werden zuerst einzeln betrachtet und charakterisiert. Was geht in den Kontrahenten jeweils vor? **Zusammenführung im Bild (Folien):** Die Konfrontation wird sichtbar und kommt zur Sprache. **Textbegegnung:** Die bibl. Erzählung klärt die Situation: König David wird durch Natan vor Gott gestellt und zur Rechenschaft gezogen. Die Psalmworte sprechen von Gott als dem Gerechten und führen zum „bekennenden Sprechen".	**SB S. 56:** W. Habdank: „Natan vor David"/ Parabel des Natan (Text n. Sam 11+12)	**M 9:** Gott will Gerechtigkeit (Arbeitsblatt) **M 10:** Gott als gerechter Richter (Psalmen)
Ausgangsfrage: Wir stellen uns selbst die Frage nach dem wichtigsten Gebot. **Goldene Regeln:** Die Gegenüberstellung der Goldenen Regeln aus vielen Religionen/Kulturkreisen führt zur Konsensbildung. **Biblischer Anspruch:** Das Liebesgebot Jesu verknüpft Gottes- und Nächstenliebe.	**SB S. 58:** Die Goldene Regel	

So gehen wir günstig vor

 1. sehen + entdecken

Leitmedium: Lass das sein! Das darf man nicht! (SB S. 53)

Als Leitmedium dient die Wort-Bild-Collage. Die Bildaussage ist eindeutig. Ein Kind steht im Schussfeuer seiner „Über-Ich-Träger". Aus langer Tradition werden Regeln und Gebote von Generation zu Generation an die Kinder weitergegeben. Kinder wähnen sich schnell als Opfer, weil sie am Ende der Machtkette oft zum Gehorsam verpflichtet werden, ohne ein Recht auf Widerspruch und ohne echte Einsicht in die Ordnungen. Der Text bringt die im Bild dargestellte Situation in Redewendungen zum Ausdruck, die jedem Kind wohl schon einmal zu Ohren gekommen sind.

Lernmöglichkeiten

Die Kinder werden sich in der Collage wiederfinden. Sie werden über die Bildbetrachtung ins Thema geführt und über den Text angeregt und ermutigt, eigene Erfahrungen zur Sprache zu bringen. Wer gerne spielt, kann sich der Worte im Buch bedienen, sie rhythmisch betont im Chor sprechen, um eigene Aussagen ergänzen und die Drohszene dazu spielen. Natürlich lässt sich das Motiv nach eigenen Vorstellungen ausgestalten und um Einfälle erweitern, etwa im freien Erzählen oder Spielen, was vorher und nachher passiert sein mag. Wer gerne malt, dem fallen sicher entsprechende Situationen ein: Was hat das Kind wohl angestellt? In jedem Fall wird die Möglichkeit eröffnet, in das Thema zu finden und mit dem eigenen Lebenskontext zu verknüpfen.

Zur weiteren Anreicherung des Lernprozesses dienen zwei Texte (➡ M 1/M 2). Der Text „Die Klassenregeln zu Karneval" bringen den Sinn oder Unsinn von Regeln zur Sprache. Sie animieren sicher dazu, eigene paradoxe Anordnungen zu formulieren. Sie können die Grenzen zwischen sinnvollen und unsinnigen Vorschriften zur Sprache bringen. Der Text „Wenn ich einmal eine Tochter habe" öffnet den Blick nach vorne. Der Text kann erlesen, dann in einer Sprechsteinrunde besprochen werden und anschließend als Anregung für einen eigenen Text „Wenn ich einmal Kinder habe ..." oder als Basisimpuls für eine Sprechsteinrunde dienen.

Zum Ausklang der Stunde eignet sich das Lied von Peter Janssens und Josef Reding „Die andern dürfen alles" (➡ M 3).

Weitere Anregungen

■ Die Kinder schreiben **eigene Regeln** für das gemeinsame Lernen und Leben in der Schule und vereinbaren entsprechende Regulative, sollten sie übertreten werden.

 2. fragen + finden

Leitmedium: Alles verboten? Alles erlaubt? (M 4)

Zentrales Leitmedium dieses Lernschrittes ist ein Arbeitsblatt (➡ M 4). Es zeigt vier Fragefelder auf. Die obere Hälfte beleuchtet die Welt der Kinder, die untere Hälfte fragt nach den Rechten und Verboten der Erwachsenen. Die Frageliste erweitert die Perspektive und präzisiert die Gedanken auf Schlüsselfragen, die Kindern sicher nicht zum ersten Mal kommen. Natürlich lassen sich nicht alle Fragen einfach beantworten. Sie kreisen vielmehr das große Lernfeld ein und schaffen Lernanreize. Die Liste lässt sich mit eigenen Ideen fortführen. Weitere mögliche Leitmedien dienen dem Aufbau einer Fragehaltung und lassen erste Antworten an konkreten Situationen reifen.

Lernmöglichkeiten

Nach dem Lied aus der Vorstunde „Die andern dürfen alles" (➡ M 3) sammeln die Kinder in Anknüpfung an die Thematik zu den vier Ausgangsfragen des Arbeitsblattes „Alles verboten" (➡ M 4) einzeln oder in kleinen Gruppen Antworten. Das Arbeitsblatt soll dazu dienen, weitere Fragen anzuregen und erste Antworten zu finden. Im Zusammentragen und anschließenden Vergleich zwischen den Verboten von Kindern und Erwachsenen wird deutlich, dass auch die Großen Regeln unterworfen sind und dass Regeln gar Schutz vor Übergriffen durch die Stärkeren bieten. Die Machtfrage stellt sich, Antworten werden gesucht auf die großen Fragen bezüglich der Gehorsamspflicht gegenüber Autoritäten, der Berechtigung und Notwendigkeit von Gesetzen und Geboten, der individuellen Freiheit und Verantwortung.

Die weiteren Impulssätze „Alles geregelt – oder was?" (➡ M 5) fragen nach. Bei schreibschwachen Kindern lässt sich die Aufgabe auch als Reporterspiel im Kreis durchführen. Im Plenum ergänzen sich die vielen Antwortmöglichkeiten, wobei man günstig entlang der Struktur des Arbeitsblattes vorgeht und die Fragen nacheinander aufruft. Für anspruchsvolle Kinder können die Impulsfragen als Satzstreifen zur Auswahl ausgelegt werden. Jeder stellt seine Frage anschließend einem Partner, der Gruppe oder der Klasse vor und begründet – soweit möglich – seine Entscheidung, z. B. „Diese Frage spricht mich an, weil ...". Erste Antworten aus dem Kreis werden versucht. Dabei ist nicht zu jeder Frage gleich eine passende Antwort zu erwarten. Das Fragen selbst soll angeregt und wachgehalten werden.

Als Ergänzung oder Alternative sind die Textangebote (➡ M 6/M 7) gedacht. Sie reichern das Gedankenspektrum um Ideen und Sprachanregungen aus der Kinderliteratur an. Je nach Lernausgangslage wird ein

Text von der Lehrkraft ausgewählt und gemeinsam erarbeitet oder Kinder wählen sich selbst für EA, PA oder Kleingruppenarbeit einen der beiden Texte aus, stellen ihn vor und begründen ihr Interesse nach einer Murmelgruppenphase.

Weitere Anregungen

- Spielregeln, Verkehrsregeln, Schulordnungen oder **Klassenregeln thematisieren** und auf Sinn und Zweck befragen

- Nach den **Grundrechten** der Kinder-/Menschenrechte fragen

 ### 3. hören + sagen

Leitmedium: Es ist nicht alles gut (SB S. 54–55)

Wenn die Doppelseite aufgeschlagen wird, fällt der Blick sicher zuerst auf das Erzählbild. Dargestellt sind in einer Stadtlandschaft viele Szenen, in denen Menschen andere sprichwörtlich übervorteilen oder Opfer von Übergriffen werden. Das Bild ist eine Bilderbuchillustration von Annette Fuchshuber zur Noachgeschichte und will die Sündhaftigkeit der Menschen aufzeigen in einer Welt, in der sich niemand dem Gesetz oder den sozialen Spielregeln verpflichtet weiß. In kleinen Bildszenen erzählt das Bild so von den großen und kleinen Schwächen der Menschen als Täter und den Gefühlen der Opfer. Sodom und Gomorrah heißt es in biblischer Sprache. Auch diese Welt hat ihre Reize, solange man auf der Gewinnerseite steht. „Du musst ein Schwein sein in dieser Welt!", sangen die Prinzen vor einigen Jahren als Hit. Warum also immer nur brav sein? Doch das Gerechtigkeitsempfinden der meisten Menschen will himmelschreiendes Unrecht so nicht hinnehmen. Das galt wohl zu allen Zeiten, wie die biblischen Quellen belegen. Gott schweigt nicht zu Unrecht und Unterdrückung. Er spricht durch die Herzen der Menschen und bewegt sie – nicht nur mit der Stimme des Propheten in längst vergangenen Tagen.

Lernmöglichkeiten

Zur Betrachtung des Bildes:

- Die Kinder erzählen sich nach einer Phase der Orientierung ihre Entdeckungen im Bild.

- Sie spielen Situationen anhand von Bild-/Spruchkärtchen (**M 8**) vor und lassen die anderen raten, welche Szene wohl gerade dargestellt wurde. Die Bilder und Texte können auch einzeln ausgeschnitten werden.

- Kleine Sprechblasen werden beschrieben und ausgeschnitten und zu den Szenen in das Bild gelegt (EA, PA, GA).

- Wir „springen ins Bild" und stellen die Szenen einzeln zunächst stumm als Standbild, dann in kleinen Rollenspielen dar. Dabei werden beide Seiten, Verfolger und Opfer, zur Sprache kommen, und die Ambivalenz der Gefühle deutlich spürbar: Was dem einen Spaß macht und Vorteil bringt, macht den anderen sauer, wütend oder hilflos.

Weitere Anregungen

- Die Bibelverse können auch **als Spruchkarte gestaltet** und aufgehängt werden oder mit aktuellen Nachrichten des Tages in Zeitungsartikeln in Zusammenhang gebracht und mit Bildern illustriert werden.

4. träumen + trauen

Leitmedium: Gedicht „Der Augenblick des Fensters" (SB S. 54)

Das Gedicht „Der Augenblick des Fensters" setzt den Gegenakzent zum Bild der Vorstunde und spricht in fantasiereicher Sprache vom Augenblick des Fensters als dem Lichtmoment des Friedens und der Harmonie. Es lädt zum Träumen ein von einer besseren, göttlichen Ordnung. Deutlich wird auch, dass der im Text beschriebene lichte Zustand noch nicht von langer Dauer ist.
Wenn es offenbar Augenblicke im Leben gibt, die wütend, traurig oder hilflos machen, so gibt es doch auch Menschen, die das Fenster weit öffnen und Licht in die Dunkelheit der Welt bringen. Zu diesen zählen mit Sicherheit Jesus und die ihm nachfolgen. Der Heiligenschein ist Kindern meist bekannt als das augenfällige ikonografische Darstellungsmittel für Menschen, die erfüllt von Gott strahlen. Wir als Christen sind in der Tat auch selbst aufgerufen, in seinem Geist Strahlkraft zu entwickeln und Licht für andere zu sein.

Lernmöglichkeiten

Unter diesem Aspekt lassen sich die Bilder der Vorstunde und ihre lichten Momente noch einmal erinnern, aber auch die biblischen Fingerzeige. Menschen, die nach Gottes Heilsordnung leben, bringen Licht ins Dunkel.
Der Kurztext wird vorgetragen, nachgelesen und vielleicht freiwillig auswendig gelernt. Die Kinder verraten sich gegenseitig, welche Gedanken oder Assoziationen sie mit dem Text verbinden, stellen Fragen an den Text und versuchen, Antworten zu geben.
Wir suchen gemeinsam nach „Lichtquellen" als leuchtende, strahlende Augenblicke im Leben und gestalten dementsprechende Spielszenen wieder als Standbilder oder Szenenfolge, malen sie groß auf ein Blatt. Dabei kann ein gemeinsam gemaltes Gruppenbild ebenso reizvoll sein wie ein großes Wandbild, das erst am Ende aus vielen kleinen Einzelszenen zusammengesetzt wird.

In die Kopie der Erzähllandschaft des Schülerbuchbildes werden in Denkblasen Antworten auf die Fragen versucht: Was geht den Menschen auf dem Bild jeweils durch den Kopf? Was sagen sie wohl? Oder: Was würde der „Schutzengel" hier sagen?

Gibt es auch kleine Lichter unter der Sonne? Wir dürfen uns selbst auch mit einem Strahlenkranz um den Kopf malen und dazu als Unterschrift den Zuspruch „Ihr seid das Licht der Welt". Jesus traut uns das jedenfalls zu, sonst hätte er es nicht gesagt. Dort, wo sein Licht leuchtet, entsteht eine neue Ordnung, ein neuer Himmel. Eine neue Erde bricht mit ihm an. Dann streiten sich Menschen nicht länger, kein Krieg, keine Gewalt, keine Tränen mehr. Menschen sind füreinander da, weil Gott in ihrer Mitte wohnt. So verheißungsvoll hörten die Menschen Jesus predigen. Von ihm begeistert, träumen sie vom kommenden Gottesreich.

Weitere Anregungen

- Einige Abbildungen dieses Buches bieten sich zum **Nachschlagen nach Menschen** an, die Licht gebracht haben in die Welt: Franziskus (S. 19), Drei Könige mit ihrem Stern (S. 34), Jesus in der Weihnacht (S. 39), das Osterlicht (S. 50 ff.) oder St. Martin, Nikolaus.

- **Liedvorschläge:** „Wie eine Kerze leuchtet" (S. 29), „Viele kleine Lichter" (SB 1, S. 28)

5. glauben + (be)kennen

Leitmedium: Gott will Gerechtigkeit (SB S. 56–57)

Bevor das Originalbild von Walter Habdank „Natan vor David" aufgeschlagen wird, sollten seine beiden Bildhälften gesondert erschlossen werden (➡ M9). Wohl kaum jemand wird hinter dem in sich zusammengesunkenen, sitzenden Mann einen mächtigen König vermuten. Eher wirkt die Gestalt verzweifelt oder in sich gekehrt, schuldbeladen oder vom Schicksal gebeugt. Doch wir treffen in dieser jämmerlichen Haltung den einst so wagemutigen David wieder, der sich Goliat in den Weg stellte und unter Gottes Führung das Unmögliche möglich machte. Der Grund für den tiefen Fall vom hohen Königsthron auf die Anklagebank kommt in der Gestalt des Natan ins Blickfeld. Er verkörpert den himmelschreienden Ruf nach Gerechtigkeit, lässt Gott zu Wort kommen als den gerechten Richter, der sich nicht vom Glanz und von der Macht des Königshauses Davids blenden lässt. Durch die Stimme des Propheten konfrontiert er David mit seinem Frevel. Natan zielt mit dem Zeigefinger auf das Herz Davids.

Im Text erfahren wir dann den wahren Hintergrund aus der Biografie Davids, zusammengefasst in einer kindgemäßen Erläuterung der Rahmenhandlung. Das Gleichnis, mit dem Natan den König konfrontiert und überführt, steht im Zentrum. Es fordert gleiches Recht für alle, vor allem für die Ausgebeuteten und wehrlosen Opfer der Mächtigen. Gottes Wort erweist sich als die dominante Stimme des Herzens, die ins Gewissen redet und Gerechtigkeit gegen jedermann einfordert.

Lernmöglichkeiten

Wie angedeutet, werden die beiden Bildhälften (➡ M9) zunächst günstig vor der Bildbetrachtung im Schülerbuch bearbeitet. Das kann in zwei Schritten oder auch arbeitsteilig in zwei großen Gruppen oder PA sinnvoll sein, je nach den Vorlieben und Fähigkeiten der Lerngruppe. Die Kopiervorlage wird dazu günstig auf DIN A3 vergrößert und in der Mitte auseinandergeschnitten, sodass zwei getrennte DIN-A4-Arbeitsblätter entstehen.

Zu jedem Bild werden Anmerkungen in Form einer Denk-/Sprechblase mit Worten oder Skizzen gemacht und ausgetauscht. Man kann natürlich auch die Gestalten nachstellen und befragen („doppeln"), wie sie sich fühlen und was sie wohl gerade denken und sagen möchten. Ziel ist es, sich in die Personen auf den Bildern hineinzudenken und -zufühlen.

Wenn danach das Bild im Schülerbuch (S. 56) aufgeschlagen wird, entdecken die Kinder die beiden Gestalten in einer Szene wieder. Die Gegenüberstellung gibt neuen Gesprächsstoff. Fertigt man zuvor je eine Folie von den beiden Protagonisten, dann lassen sie sich auf dem OHP langsam aufeinanderzubewegen. Dabei wird die Konfrontation sichtbar, denn Natans Fingerzeig dringt tief ins Herz des stolzen Königs.

Die Rahmengeschichte verdeutlicht den Hintergrund der Situation auf dem Bild. Das Gleichnis, mit dem der Prophet Natan in Gottes Namen dem König David ins Gewissen redet, ist eindeutig und für Kinder verständlich. Das Wort Gottes spricht auch ihnen aus dem Herzen. Gott will Gerechtigkeit, wenn das Unrecht zum Himmel schreit. Die Situation erinnert Kinder vielleicht an die Geschichten aus 1001 Nacht. Auch dort wird das harte Herz des grausamen Herrschers von der klugen Scheherazade durch das mitfühlende Erzählen am Ende einsichtig und geläutert. So wirkt auch Gottes Wort in die Herzen der Menschen.

Die Psalmworte (➡ M10) werden ausgelegt oder aufgedeckt und führen dabei den Kerngedanken der Überschrift „Gott will Gerechtigkeit" weiter aus. Sie können Titel werden für eine eigene Beispielgeschichte, Aufschrift einer Spruchkarte oder Bildunterschrift unter einem Plakat, das vielleicht dem Bild (S. 56) von Natan und David nachgestaltet wird.

Weitere Anregungen

- Die Kinder bringen eine **eigene Geschichte** mit, in der es um Gerechtigkeit und Wahrheit geht: ein Märchen, eine kurze Geschichte oder ein Filmerlebnis.

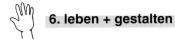

6. leben + gestalten

Leitmedium: Die Goldene Regel (SB S. 58)

Die Goldene Regel bringt nicht nur die Erfahrung aus der David-Parabel auf den Punkt. In allen Kulturen und Religionen hat sich ein ähnlicher Grundsatz mitmenschlicher Gerechtigkeit durchgesetzt und die Zivilisation geprägt. Die hier ausgewählten Beispiele vom Volksmund bis zu Konfuzius schlagen auch einen großen Bogen über die Weltreligionen. Das Gleichgewicht zwischen Eigenrecht und Fremdansprüchen lässt sich so auf eine markante Formel bringen. Der christliche Anspruch hebt sich nicht von anderen Weltanschauungen ab. Allerdings weist er im Gebot der Gottes- und Nächstenliebe über den reinen Interessenausgleich hinaus. Die Liebe zum Leben und zum Mitmenschen wird verankert und rückgebunden an die Liebe von und zu Gott.

Lernmöglichkeiten

Was eigentlich ist das wichtigste Gebot? So könnte die Ausgangsfrage zur letzten Sequenz heißen. Ob sie schön verpackt wird in eine Rahmengeschichte oder direkt als Aufhänger und Stundenthema an der Tafel zum Nachdenken auffordert: Am Ende wird der Erkenntnisweg in eine Art Goldene Regel münden. Hier ist dann der didaktische Ort, das Schülerbuch aufzuschlagen und sich von den vielen Formulierungsangeboten der Weltreligionen und Philosophien beschenken zu lassen.

Der Vergleich der verschiedenen Versionen schärft die Wahrnehmung und schafft Gesprächsanlass: Was ist gleich? Welche Nuancen und feinen Unterschiede sind auszumachen? Wie dicht sind unsere Formulierungsversuche herangekommen?

Daraus können die Kinder Spruchkärtchen gestalten (z. B. auf kleine goldverzierte Papp-/Würstchenteller), Poster für die Wand mit/auf Goldfolie oder eine Schmuckseite im Heft mit goldenen Lettern. Als Satzstreifen ausgelegt, werden sie Mitte einer meditativen Andacht, in der jeder eine Version laut vorträgt.

Der Blick auf andere Religionen beginnt bewusst an diesem Angelpunkt. Wie in der Mitte einer großen Kreuzung alle Himmelsrichtungen zusammenfließen, so erscheint die Goldene Regel als das kleinste gemeinsame Vielfache, als der Schwerpunkt, der Halt und Richtung gibt, um den sich alles dreht.

Die theologische Dimension des Liebesgebotes Jesu als eine weitere Überhöhung werden nur wenige Kinder herauslesen. Dafür ist auch noch Gelegenheit in späteren Jahren. Es reicht, wenn dieser Wortlaut geläufig wird und sich in die Herzen der Kinder eingraviert.

Materialien

M1: Klassenregeln zu Karneval (Textangebot)

Der Unterricht hat grundsätzlich der Erholung zu dienen. Anstrengungen sind daher unbedingt zu vermeiden.

1. Wer einen Schläfer im Unterricht weckt, setzt sich der gerechten Strafe aus.
2. Der Beginn des Unterrichts ist dem Ermessen der Schüler anheimzustellen.
3. Die beiden Tage vor und nach dem Wochenende sind unterrichtsfrei.
4. Das Schulgebäude darf von den Schülern nur zwischen 10 und 12 Uhr betreten werden.
5. Während des Unterrichts darf in jeder Tonlage und Lautstärke gesungen und gepfiffen werden.
6. Die große Pause hat mindestens eine Stunde bis sechzig Minuten zu dauern.
7. In den Pausen sind den Schülern als Dank für ihr Erscheinen Kakao und belegte Brötchen zu servieren.
8. Der Schulleiter ist verpflichtet, jedem Schüler beim Verlassen des Schulgebäudes persönlich die Hand zu schütteln und ihm im Namen der Schule für seine beispielhafte Aufmerksamkeit zu danken.
9. Für die bequeme Heimbeförderung der Schüler sind Omnibusse und Taxis in nötigen Mengen bereitzustellen.
10. Diese Vorschläge sind von der Schulbehörde schnellstens zu verwirklichen.

Reinhard Abeln

M2: Wenn ich einmal eine Tochter habe (Textangebot)

Wenn ich einmal eine Tochter habe, wird alles ganz anders sein. Sie darf im besten Kleid zur Schule gehen. Sie darf antworten, was sie will. Sie darf in meinen Schubladen wühlen und meine Ringe und Armbänder tragen, ohne zu fragen. Sie darf sich jede Woche ihre Freunde einladen.

Sie braucht nur einmal in der Woche zu baden. Schon am ersten warmen Tag darf sie ohne Mütze, Mantel und Stiefel aus dem Hause laufen, mag es dann auch wieder schneien. Sie darf mit ihren Haaren machen, was sie will. Im Winter wird niemand ihr verbieten, Schnee zu essen. Im Sommer kann sie baden, solange sie will; auch wenn sie dabei vor Kälte ganz blau wird.

Sie darf alles anfassen, auch die Pelzkragen der Damen im Bus oder an der Haltestelle. Sie darf jeden Hund streicheln, ob er böse oder gut ist. Sie darf alles von mir erzählen, wem sie will. Sie darf immer den Telefonhörer abnehmen und sprechen, mit wem sie will, auch wenn es ein Anruf für ihren Vater ist.

Jede Woche bekommt sie neue Buntstifte, obwohl sie die alten nur anzuspitzen bräuchte.

Sie muss nicht vor Dunkelwerden nach Hause kommen, sondern darf sich den Mann im Mond ansehen. Sie darf allen Katzen Milch geben, und wenn sie ihr ins Haus folgen, dürfen sie alle, alle bleiben.

Wenn ich einmal eine Tochter habe, werde ich ihr nichts verbieten.

Und ich werde niemals zu ihr sagen: „Wenn du erst einmal eine Mutter bist, wirst du verstehen, warum man vieles verbieten muss." Meine Mutter sagt, das hätte sie auch immer gesagt, als sie noch ein kleines Mädchen war.

Charlotte Zolotow

M3: **Die andern dürfen alles (Lied)**

Text: Hans-Jürgen Netz
Musik: Peter Janssens
aus: He du, mich drückt der Schuh, 1975
alle Rechte im Peter Janssens Musik Verlag,
Telgte-Westfalen

Die an-dern dür-fen al-les und ich darf nichts, die nichts.

1. Frei-tags-a-bend fern-seh-gu-cken bis zum letz-ten Film,

je-den A-bend im Bett le-sen, kei-ner macht's Licht aus. Die

2. Hausaufgaben später machen, erst mal spielen gehn,
Taschengeld für sich ausgeben, nichts ins Spar-
schwein tun.
Kehrvers

3. Müssen nicht zur Oma fahren, wenn sie mal nicht
wolln,
laut im Hausflur Lieder singen, keiner regt sich auf.
Kehrvers

4. Neu-lich saß mein Va-ter in der Ba-de-wan-ne und sang so vor sich hin:

die an-dern dür-fen al-les und ich darf nichts, die

nichts. 5. Sams-tags in die Knei-pe ge-hen bis zum letz-ten Schluck,

Sonn-tag-mor-gen lan-ge schla-fen bis sie nüch-tern sind. Die

Das darf ich:	Das darf ich nicht:
Das dürfen nur Erwachsene:	Das dürfen auch Erwachsene nicht:

Fischer u. a.: Ich bin da 2, Lehrerhandbuch
© Auer Verlag GmbH, Donauwörth

Warum macht es Spaß, andere zu ärgern?

Wer darf bestimmen, was richtig oder falsch ist?

Darf man alles, wenn man nicht erwischt wird?

Werden die bestraft, die sich nicht an Gebote halten?

Von wem werden gute Taten belohnt?

Wer weiß besonders gut, was für mich richtig ist?

Welche Rechte sollten Kinder haben?

Welches Spiel geht ohne Regeln?

Warum ist es oft schwer, Regeln einzuhalten?

Muss ich alles tun, was andere mir sagen?

Welche Regeln wären gut für unsere Klasse?

Hat immer der Stärkere recht?

Dürfen Jungen mehr als Mädchen?

Wer sieht, was ich falsch mache?

Schlimm ist ein Geizhals,
der sein Gesicht abwendet und
die Hungernden verachtet.

Sir 14,8

Befreunde dich nicht
mit dem Jähzornigen,
verkehre nicht mit einem Hitzkopf.

Spr 22,24

Es ehrt den Menschen,
vom Streit abzulassen,
jeder Tor aber bricht los.

Spr 20,3

Wer sich durch Raub bereichert,
zerstört sein Haus.

Spr 15,27

Was rühmst du dich deiner Bosheit,
du Mann der Gewalt?

Ps 52,3

Fischer u.a.: Ich bin da 2, Lehrerhandbuch
© Auer Verlag GmbH, Donauwörth

Schon viele hat das Geld
übermütig gemacht,
die Herzen der Großen
hat es verführt.

Sir 8,2

Besser ein Dieb als einer,
der immer nur lügt;
beide aber werden zugrunde gehen.

Sir 20,25

Quäle nie ein Tier zum Scherz,
denn es spürt
wie du den Schmerz.

Sprichwort

Stell deinen Nächsten zur Rede,
ehe du ihm Vorwürfe machst.
Gib dem Gesetz des Höchsten Raum!

Sir 19,17

Du hast es gesehen, Herr,
so schweig doch nicht!
Verschaff mir Recht
nach deiner Gerechtigkeit,
Herr, mein Gott!
Sie sollen nicht über mich lachen!

nach Ps 35

Fischer u.a.: Ich bin da 2, Lehrerhandbuch

Die Himmel sollen seine Gerechtigkeit künden; Gott selbst wird Richter sein.
(Ps 50,6)

Mein Gott, wie lange noch willst du ungerecht richten und die Bösen vorziehen?
(nach Ps 82,2)

Verschafft Recht den Unterdrückten und Waisen, (Ps 82,3a)

Verhelft den Gebeugten und Bedürftigen zum Recht! (Ps 82,3b)

Wohl denen, die seine Vorschriften befolgen von ganzem Herzen. (Ps 119,2)

Wären doch meine Schritte fest darauf gerichtet, deinen Gesetzen zu folgen!
(Ps 119,5)

Deinen Gesetzen will ich immer folgen. Lass mich doch niemals im Stich!
(Ps 119,8)

Nach deinen Vorschriften zu leben freut mich mehr als großer Besitz. (Ps 119,14)

Ich will nachsinnen über deine Befehle und auf deine Pfade schauen. (Ps 119,15)

Ich habe meine Freude an deinen Gesetzen, dein Wort will ich nicht vergessen.
(Ps 119,16)

Öffne mir die Augen für das Wunderbare an deiner Weisung! (Ps 119,18)

Deine Vorschriften machen mich froh; sie sind meine Berater. (Ps 119,24)

Ich eile voran auf dem Weg deiner Gebote, denn mein Herz machst du weit.
(Ps 119,32)

Gib mir Einsicht, damit ich deiner Weisung folge aus ganzem Herzen.
(Ps 119,34)

Führe mich auf dem Pfad deiner Gebote! Ich habe an ihm Gefallen. (Ps 119,35)

An deinen Geboten habe ich meine Freude, ich liebe sie von Herzen. (Ps 119,47)

Du bist gut und wirkst Gutes. Lehre mich deine Gesetze! (Ps 119,68)

Die Weisung deines Mundes ist mir lieb, mehr als große Mengen von
Gold und Silber. (Ps 119,72)

Dein Wort ist meinem Fuß eine Leuchte, ein Licht für meine Pfade. (Ps 119,105)

M6: Schöne Buchstaben (Textangebot)

„Setz dich, Stefan, und schreib schön! Als ich sieben war", sagt Stefans Mutter, „schrieb ich jeden Tag eine Seite voll Buchstaben, einen Buchstaben schöner als den anderen. Zur Belohnung durfte ich zum Kaufmann gehen und für den Lehrer Zigaretten holen."

Stefan schreibt Buchstaben, einen schlechter als den anderen, eine ganze Seite voll.

„Was soll das heißen?", fragt Stefans Mutter.

„Das sind *meine* Buchstaben. Und ich hole auch keine Zigaretten."

Irmela Wendt

M7: Schon dreimal verboten (Textangebot)

„Ich habe es dir schon dreimal verboten!", grollt der Vater und packt den kleinen Tim hart am Arm und geht mit ihm hinaus. Draußen hört Mario seinen Bruder bitterlich weinen. Bestimmt hat er Schläge bekommen. Die Erwachsenen sind seltsam, denkt Mario. Im Wald ist das Rauchen verboten – Vati raucht seine Zigarette beim Spazierengehen. An der Straße steht ein Schild: Überholverbot – Vati tritt aufs Gaspedal und überholt den alten VW. „Hebe das Schokoladenpapier auf!", sagt Vati. – Dann geht er weg, steckt sich eine Zigarette an und wirft die leere Schachtel fort.

Rolf Krenzer

10. Vertrauen

Darum geht es

Theologische Perspektive

Im Mittelpunkt der Lerneinheit steht der Zusammenhang von Selbstwerdung und Gottesbild. Vertrauen, das letztlich unsere Menschwerdung erst ermöglicht, hat seinen letzten Grund in der Treue Gottes. Deshalb beginnt das Kapitel mit lebensweltlichen Erfahrungen von Kindern und entfaltet mit dem Gleichnis von Lk 15,11–32 und dem Vaterunser einen Deutungshorizont, sodass sich die Perspektive des Kindes und die biblischen Inhalte wechselseitig beleuchten. In beiden neutestamentlichen Texteinheiten wird Gott als derjenige vorgestellt, der für mich da ist, der mir den Rücken stärkt und der für mich ansprechbar ist.

In dieser Lerneinheit geht es um die Mitte des Gottesbildes Jesu, nämlich die Gewissheit, dass Gott „Abba" ist, was so viel meint wie: ein liebender, gütiger, barmherziger und fürsorgender Vater. Das Vaterbild schließt nicht aus, ihm auch mütterliche Züge zuzusprechen. Was Jesus mit dem Gleichnis uns Menschen zusagen will, ist dies: Gott kommt, auch zu den Verlorenen. Er stellt uns die Zuwendung Gottes vor Augen, die neues Leben schafft. Die Liebe des Vaters und das Vertrauen zu ihm öffnen den Raum für eigene Wege.

Das Vaterunser, das in konzentrierter Form die Gottesverkündigung Jesu bündelt, leitet dazu an, sich die in diesem Gebet formulierten Anliegen zu eigen zu machen und in einem kindlich vertrauenden Glauben dem „Abba" vorzutragen. So ist das Vaterunser, das Jesus selbst gebetet hat, in erster Linie Ermutigung und Anleitung zum Gebet.

Religionspädagogische Leitlinie

Die Begegnung und Auseinandersetzung mit der biblischen Botschaft von der grenzenlosen Liebe Gottes eröffnet neue Lebensperspektiven und befähigt zu Offenheit und Vergebungsbereitschaft. Zentrale Bedeutung für die Botschaft von Gott kommt in diesem Kontext deshalb dem Gleichnis vom verlorenen Sohn bzw. guten Vater (Lk 15,11–32) zu. In der ersten Klasse hat die Unterrichtseinheit zur Gottesfrage über lebensweltlich verankerte Symbole versucht, die Beziehung zwischen Mensch und Gott zu deuten und Beziehung zu stiften, wohingegen dieses Kapitel sich auf das Vatersymbol konzentriert. Die grundlegende Bedeutung dieses Gleichnisses vom guten Vater für die Entwicklung der kindlichen Gottesvorstellung und einer persönlichen Gottesbeziehung ist unbestritten.

Das Vaterunser ist nicht nur das christliche „Modellgebet" schlechthin, sondern es umschreibt den Kern der Botschaft Jesu und zeigt mit seinem Sprachmuster, wie wir uns an Gott wenden können. Somit leistet es auch einen Beitrag zur Sprachkompetenz und -entwicklung des Kindes.

Lernanliegen

Schon auf den ersten Blick stößt man auf die didaktische Mehrperspektivität dieses Kapitels. Ethisches Fragen, biblisches Lernen, Aufbau des Gottesbildes und Förderung der Gebetsfähigkeit schließen aneinander an. Eröffnet wird der Lernprozess durch eine Vater-Sohn-Geschichte, deren Ausgang das ethische Urteil der Kinder evoziert. Die Auseinandersetzung mit der Bildgeschichte auf Seite 59 macht auf eine im Gegensatz zur lebensweltlichen Erfahrung stehende alternative Verhaltens- und Reaktionsweise aufmerksam. Die Ungewissheit der Frage, was nun auf den Jungen zukommt, verbindet die Bildgeschichte der Kapitelseite mit dem Bild „Junge am Fenster". Die Kinder entdecken, dass es ohne Vertrauen im Gepäck nicht geht, bei allem, was man ansonsten mit auf den Weg nehmen möchte. Pointiert wird die fundamentale Bedeutung des Vertrauens, um Neues zu erfahren und bisherige Grenzen zu überschreiten, mit der Erzählung „Das Wagnis" ins Licht gehoben. Der darauf folgende Lernschritt setzt mit dem Märchen „Hans im Glück" einen weiterführenden Akzent. In dem nun folgenden Familiendrama Lk 15,11–32 wird das Verständnis für die existenzielle Bedeutung von Beziehungen und Vertrauen vertieft und auf Gott übertragen. Zugleich wird die Erzählung zur Aufforderung an das Kind, in diese vertrauensvolle Beziehung einzutreten und auch seine Zuflucht bei diesem Vater zu suchen. Das Vaterunser wird in diesem didaktischen Kontext zu einem Handlungs- und Sprachmodell, das zeigt, wie wir Gott ansprechen und uns vor ihm aussprechen dürfen und in der Gemeinschaft beten können.

Lernertrag

Durch die exemplarische Auseinandersetzung mit der Sehnsucht des Menschen nach eigenen Wegen, Aufbruch und Ausweitung bisheriger Lebensräume, wird das eigene Fragen nach dem, was einerseits Halt gibt und andererseits zum existenziellen Wagnis bewegt, geweckt und intensiviert. Die Kinder lernen das Vertrauen als eine Kraft kennen, die dazu befähigt, sich und anderen etwas zuzutrauen. Sie erkennen, dass Vertrauen und Ichstärke einerseits und Vergebung andererseits im Zusammenhang stehen und zum Lebensglück beitragen. Diese Lernerfahrungen bauen Zuversicht und Vertrauen auf, weil das Kind die Einsicht gewinnt, auch bei Schuld und Versagen sich nicht vor Gott verkrümmen zu müssen, sondern gehalten, aufgenommen, geliebt und bejaht zu sein. Gleiches gilt für das Vaterunser, was die Kinder mit ihrer ganzen Körpersprache aufnehmen und nun auch ausdrücken können.

Prozess-Schritte: Übersicht

Vertrauen	Prozess-Schritte
1. **sehen +** **entdecken**	**Aus Angst flüchten gehen:** Weil das Gottesbild des Kindes von sozialen Erfahrungen geprägt wird, zeigt die Eröffnungsseite dieses Kapitels einen Geschehensablauf im Rahmen der Vater-Sohn-Beziehung. Das Ende dieser Bildergeschichte veranlasst die Kinder, alternativ mögliche Ausgänge in den Blick zu nehmen. Dabei entdecken sie den Kontrast zwischen der Reaktion des Vaters und der Angst des Jungen. Die Reaktion des Vaters überrascht und lässt ihn für den Sohn in einem neuen Licht erscheinen.
2. **fragen +** **finden**	War der Junge vor seinem Vater geflüchtet, was als Mangel an Vertrauen oder ungute Erfahrungen gedeutet werden kann, so geht es in diesem Lernschritt um den Zusammenhang von der **Sehnsucht nach eigenen Wegen und der Vertrauensfähigkeit.** Die Kinder bringen unterschiedliche Erfahrungen und Geschichten mit ihren mitgebrachten Schuhen zusammen, wodurch der Schuh zu einem Sinnbild für die persönliche Wegsuche und die Entwicklung des Menschen wird. Im Zusammenhang damit werden ebenso viele Fragen aufgeworfen wie durch das Bild von dem Jungen am offenen Fenster: Wo möchte ich gerne sein? Was nehme ich mit, wenn ich aufbreche? Was wünsche ich mir und anderen auf dem Weg in die Welt? Der Hut kann Ausdruck für das Vertrauen sein, auf unseren Wegen „behütet" zu sein.
3. **hören +** **sagen**	Sich etwas zutrauen kann nur, wer Vertrauen zu sich und zur Welt hat. **Vertrauen macht frei, etwas Neues zu wagen und eigene Wege zu gehen.** Ein Vertrauensspiel soll diesen Zusammenhang erschließen helfen. Auf erzählerische und visuelle Weise wird den Kindern dieser Zusammenhang dann exemplarisch nahegebracht. Die konträre Grundhaltung zwischen der Menge und dem Jungen auf dem Bild macht einsichtig, dass der Mut zum Wagnis im Vertrauen des Jungen zu seinem Vater gründet.
4. **träumen +** **trauen**	Die Grundhaltung des Vertrauens zum Mitmenschen und zum Leben öffnet die Augen für das **Glück im Alltag** und ist Voraussetzung für ein gelingendes Leben. Das Märchen „Hans im Glück" erzählt von einem Weg, der Selbstfindung und Lebensglück gelingen lässt, der allerdings konträr zu gesellschaftlichen Konventionen steht, sich eben nämlich nicht an materielle Güter zu klammern, sondern nach dem zu greifen, was das Leben erleichtert und zufrieden stellt.
5. **glauben +** **(be)kennen**	Das Gleichnis Lk 15,11–32 zeigt einen Vater, der sich ausschließlich von der Liebe zu seinem Sohn leiten lässt. Damit eröffnen sich ungeahnte Möglichkeiten. Die Einzigartigkeit der Erzählung legt nahe, von dem Vater des Gleichnisses auf Gott zu schließen. Die Symbolik der ausgebreiteten Arme (Bild S. 63) macht auf charakteristische Züge dieses Gottes ebenso aufmerksam wie das Gleichnis selbst. **Weil Gott niemanden aufgibt, können wir eigene Wege wagen.**
6. **leben +** **gestalten**	Das Bild des vergebenden und gütigen Gottes begegnet uns auch in dem **Grundgebet der Christen, dem Vaterunser.** Von daher eignet es sich als Abschluss der Lernsequenz. Der Ausdruck des Gebetes in Bewegung und Gesten lässt die Geborgenheit, den vertraulichen Umgang mit Gott und die existenzielle Relevanz der hier angesprochenen Erfahrungen nachempfinden und ermutigt zum Gebet.

Methoden	Medien	
	Leitmedium	**Begleitmaterial**
Bildbetrachtung und Unterrichtsgespräch: Impuls: Was sind die Vorstellungen der Kinder vom besten Vater? Wir beschreiben/deuten die Bildgeschichte. Die Kinder sammeln Ideen über das mögliche Schlussbild. **Bildpräsentation/Sprechblasen erstellen:** Das Schlussbild wird im SB präsentiert. Worte von Vater und Sohn werden an die Tafel geschrieben und ins Arbeitsblatt übertragen.	**SB S. 59:** Bildgeschichte	Tapetenrolle/Leerfolie **M 1:** Die Liebe des Vater gibt nicht auf (Erzählvorlage) **M 2:** Schlussbild der Bildgeschichte Sprechblasen aus Tonpapier
Erzählrunde: Wir sprechen über Erlebnisse mit einem eigenen Schuh. **Bildbetrachtung und Sprechsteinrunde:** Wir deuten das Bild. Fragen werden artikuliert. Wir diskutieren gewünschte Orte eigener Wahl. **Hut als Impuls und Gestaltungsaufgabe:** Die Worterweiterung Hut → behütet führt zur Begriffsklärung. Ein Hut mit guten Wünschen für unterwegs wird beschriftet.	**M 3:** Junge am offenen Fenster (Illustration)	**M 4:** Was ich dir wünsche (Arbeitsblatt) **M 5:** Einen Hut falten (Anleitung) gefalteter Hut
Vertrauensspiel: Die Kinder lassen sich blind durch Zuruf leiten. Im Gespräch benennen wir Gründe für das problemlose Erreichen des Zielpunktes. **Vorlesen und Bildbetrachtung:** Die Erzählung wird besprochen und anhand des Bildes nacherzählt. **Textarbeit:** Die Kinder stellen die verschiedenen Grundhaltungen heraus.	**SB S. 60–61:** „Das Wagnis" (Erzählung und Bild)	zwei Softbälle und Eimer **M 6:** Das Wagnis (Arbeitsblatt)
Erarbeitung des Märchens: Die Entwicklungsschritte des Märchens werden bildlich dargestellt und mithilfe einer Erzählkette nacherzählt. Ein Gespräch klärt, was das Besondere auf dem Weg zum Glück ist. **Gestaltungsarbeit:** Die Kinder gestalten in Farbe ihre eigene Vorstellung vom Glück.	**M 7:** Hans im Glück (Märchen)	Tapetenbahn, Goldpapier und Wasserglas Wortkarten Malutensilien
Erarbeitung des Gleichnisses: Im Rollenspiel erarbeiten die Kinder die Beziehung von Vater und Sohn. Mithilfe eines Legespiels werden Inhalt und Aufbaustruktur der Geschichte erfasst. **Bildbetrachtung und Interpretationsgespräch:** Wir erschließen die Gefühle von Vater und Sohn über die Bilder und stellen diese als Standbilder dar. **Gestaltungsarbeit:** Die Kinder fertigen Einladungskarten oder Schmuckblätter.	**SB S. 62–63:** „Der gute Vater" (Gleichnis)	**M 8:** Erzählung vom guten Vater (Text-/Bildkarten) Tonpapier
Vaterunser erlernen: Einem Tafelimpuls folgt die Besprechung jeder Gebetszeile. **Bodenbild:** Textelemente des Vaterunsers werden in Kreuzform gelegt. Eine Meditation beschließt die Sequenz.	**SB S. 64:** Vaterunser	Folie mit Vaterunser Tonpapierquadrate **M 9:** Vaterunser (Bodenlegebild) **M 10:** Vaterunser (mit Gesten)

So gehen wir günstig vor

 1. sehen + entdecken

Leitmedium: Bildgeschichte (SB S.59)

Die Bildgeschichte „Vater und Sohn" von E.O. Plauen führt durch ihr überraschendes Ende und dem damit ausgelösten Impuls zu eigenständigen Überlegungen und zu einem nachhaltigen Lerneffekt. Der Handlungsablauf der Bildgeschichte ist leicht durchschaut und erzählt. Heiterkeit löst das fünfte Bild beim Betrachter aus. Im wahrsten Sinne wird dem Vater knallhart eröffnet, dass sein Sohn bereits zu Hause ist. Diese Bildaussage wird nicht von allen Kindern auf den ersten Blick erkannt, weswegen ein genaues Betrachten der Bildzeichen erforderlich ist.

Lernmöglichkeiten

Ein erster Lernschritt wird mit dem Frageimpuls eröffnet: „Wie stellst du dir den besten Vater vor, den es gibt?" Entsprechende Stichworte (Zeit zum Spielen, unternehmungslustig, Sorgen verstehen ...) werden auf Tonpapierstreifen geschrieben, die in eine große Umrisszeichnung eines Erwachsenen (Tapete) geklebt oder auf eine Folien-Umrisszeichnung geschrieben werden. Der Gedankengang lässt sich ausweiten auf die Vorstellung von einer guten Mutter. Dadurch wird deutlich: Den Wunschvater oder die ideale Wunschmutter gibt es nicht.

Die Bildgeschichte „Vater und Sohn" wird zunächst der Reihe nach anhand einer von der Lehrkraft erstellten Folie, die das letzte Bild zugunsten eines Fragezeichens ausblendet, Bild für Bild betrachtet, sodass von allen Kindern jedes Einzelbild bewusst wahrgenommen wird. Danach wird der gesamte Handlungsablauf von den Kindern mündlich zusammengefasst. Besonders in schwächeren Klassen empfiehlt es sich, die Bildgeschichte als Lehrererzählung darzubieten (➡ **M 1**). In einem weiteren Schritt verständigen sich die Kinder über den möglichen Ausgang der Erzählung. Was könnte das letzte Bild mit dem Fragezeichen zeigen? Was wird der Vater machen? Die Lösungen, die an der Tafel festgehalten werden können, werden nach zwei Kategorien zu unterscheiden sein: Bestrafung oder Erleichterung (Verständnis). In diese didaktische Spanne hinein wird die gesamte Bildgeschichte auf der Seite 59 betrachtet. Die Kinder werden überrascht sein von dem Ausgang der Geschichte und sich darüber äußern, was der Vater in diesem Augenblick sagt. Wir heften Sprechblasen an die Tafel und beschriften sie mit den Worten, die nach Meinung der Kinder vom Vater und vom Sohn gesprochen werden. Dann wird nach einer passenden Überschrift gesucht. Abschließend tragen die Kinder auf dem Arbeitsblatt mit dem letzten Bild der Bildgeschichte (➡ **M 2**) jeweils einen Satz in die Sprechblase des Vaters und des Sohnes ein, der aus den ausgefüllten Sprechblasen an der Tafel ausgewählt werden kann.

Weitere Anregungen

■ Es ist reizvoll, die Bildgeschichte in ein pantomimisches Spiel oder in ein **Rollenspiel** umzusetzen.

 2. fragen + finden

Leitmedium: Bild „Junge am offenen Fenster" (M3)

Junge Menschen stehen vor der Notwendigkeit, sich von den Eltern zu lösen, eigene Wege zu gehen und sich von der Sehnsucht leiten zu lassen, eigenständig ihre Welt zu entdecken. Eine enge Beziehung zu Vertrauenspersonen und familiäre Bindung geben die Kraft und die innere Energie, die Geborgenheit zu verlassen und sich mit Zuversicht auf neue Wege einzulassen. Nur mit einem Schatz guter identitätsstärkender Erfahrungen im Gepäck sind erste Schritte auf eine eigene Lebensperspektive hin möglich. Der Blick des Jungen auf dem Bild geht deshalb in die Ferne, der Rücken ist bereits dem Zimmer zugewandt, der Rucksack scheint gepackt, die Wanderschuhe sind schon angezogen. Alles deutet auf Aufbruch hin. Zugleich stellt das Bild die Frage, ob der Aufbruch gelingt und unter welchen Voraussetzungen eigene Wege glücken können. Aber auch: Welche Erwartungen und Hoffnungen beflügeln uns zu eigenen Schritten? Der Glaube verbindet die Aufbruchsszene mit der Überzeugung „Du führst uns hinaus ins Weite" (vgl. Ps 18,20).

Lernmöglichkeiten

Die Kinder werden aufgefordert, Schuhe mitzubringen und zeigen diese. Im Sinne eines biografischen Lernens erzählen sie ihre Erlebnisse und Erfahrungen, die sie mit dem Schuh verbinden. Sie erzählen von verlockenden Zielen, von schwierigen Wegen, von unvergesslichen Erlebnissen, von geliebten Begleitern und nicht zuletzt von Anlässen, die mit neuen Schuhen verbunden sind, weil die alten zu klein geworden waren oder neue Schuhe die Bedeutung eines persönlichen Ereignisses unterstreichen sollten (z.B. Geburtstag oder Einschulungstag). Sie erzählen auch von Orten, wo sie gerne hingehen würden. Durch die Einbettung des Schuhs in Erlebnisse und Erfahrungen wird der Gegenstand zu einem Symbol für das Unterwegssein.

Die Lehrkraft präsentiert – möglichst abschnittsweise – die selbst erstellte Folie von dem Bild „Junge am offenen Fenster" (➡ **M 3**). Nach der Erhebung des Bildbestandes folgt das Interpretationsgespräch, das durch einige Fragestellungen angeregt werden kann,

z. B. Wo will der Junge wohl hin? Was hat er eingepackt? Was braucht er unbedingt unterwegs?

Um eine Identifikation zu erreichen, versetzen sich die Kinder in die Situation des Aufbrechenden im Bild: Was würde ich auf meinem Weg in die Welt mitnehmen? Wen würde ich gerne dabei haben? Hier wird deutlich: Alles, was man gut kennt und lieb gewonnen hat, hilft einem, eigenständige Wege zu gehen.

Die Lehrkraft zeigt der Klasse einen aus Papier gefalteten Hut. Die Kinder sprechen über den Nutzen eines Hutes, wobei abschließend durch einen Tafelimpuls auf die sinnbildliche Bedeutung des Hutes aufmerksam gemacht werden kann. Tafelimpuls: Hut → behütet.

Was wünschen wir dem Jungen auf dem Bild auf seinem Weg? Die Kinder schreiben ihre Wünsche auf die freie Fläche des Arbeitsblattes (➡ M 4), wobei auch Segenswünsche eingebracht werden sollten.

Weitere Anregungen

■ Wer zügig fertig ist, nimmt ein großes Blatt und **faltet selbst einen schönen Hut** (➡ M 5).

3. hören + sagen

Leitmedium: Erzählung „Das Wagnis" mit Illustration (SB S. 60–61)

Die Erzählung kontrastiert die beiden Grundhaltungen Angst – Misstrauen gegen Mut – Vertrauen. Die Erzählhandlung stellt deutlich die existenzielle Bedeutung der positiven Grundhaltung heraus, indem sie die Verhaltens- und Handlungskonsequenzen anschaulich vor Augen führt: Fehlendes Vertrauen verknüpft sich mit Angst, verfestigt sich zur Abwehr und blockiert den Mut zum Wagnis; damit wird das Wagnis zum Aufbruch und zu neuen Wegen verhindert. Vertrauen dagegen befreit von Angst und ermutigt zum Wagnis. In der Erzählung klingt auch die entscheidende Voraussetzung an, damit sich Vertrauen zum Menschen bilden kann, nämlich Verbindung und Beziehung, durch die mir der andere vertraut wird. Diese Grundvoraussetzung wird mit dem Ruf des Jungen: „Das ist doch mein Vater!" angesprochen. Dieses Vertrauensverhältnis macht das Wagnis möglich. In dieser Grundhaltung unterscheidet sich der kleine Junge von der Menge, was die Illustration zum einen durch den Fingerzeig des Jungen nach oben zu dem Artisten hin zum Ausdruck bringt und zum anderen durch die identische Farbgebung bei den Kleidungsstücken (rotweiß-gestreifte Hose des Artisten und rotweiß-gestreifter Pullover des Jungen; Blau als Farbe beim Hut des Artisten und bei den Schuhen des Jungen). Weil der Junge keine Angst vor dem Wagnis hat, kann er sogar lachen, während die Umstehenden mit sorgenvollen Mienen dreinschauen.

Lernmöglichkeiten

Durch ein Vertrauensspiel am Unterrichtsbeginn soll die Aufmerksamkeit auf den Zusammenhang von Vertrauen – etwas wagen gelenkt werden. In der freien Mitte des Klassenraums stehen Stolpersteine (Stühle, Taschen usw.), zwei „blinde" Kinder mit einem kleinen Ball in der Hand werden von zwei Kindern durch Anweisungen so geleitet, dass sie möglichst ohne anzuecken zu einem Eimer gelangen, in den sie den Ball fallenlassen. Dieses Spiel kann mehrfach wiederholt werden.

Das Unterrichtsgespräch umkreist die Aspekte: Was haben die Umstehenden wahrgenommen? Wie haben sich die „Blinden" gefühlt? Was hat dazu beigetragen, dass die Geführten das Ziel erreicht haben? Die Gründe für das gute Gefühl der Geführten werden als Tafelbild festgehalten.

Tafelbild

gutes Gefühl

– sich gut kennen
– wissen, dass man sich verlassen kann
– Vertrauen haben

Die Lehrkraft trägt die Erzählung vor bis zu der Zeile „… setzen sich in die Karre!" Die Kinder überlegen in Gruppen den Fortgang der Erzählung und spielen das Ende des Gesprächs vor. Es erfolgt die Klärung, indem die Kinder den Schluss der Erzählung lesen. Nun wird das dazugehörige Bild betrachtet: Was ist alles zu sehen? Was fällt besonders auf? Anhand des Bildes wird die Geschichte nacherzählt. Nun suchen wir aus dem Text den wichtigsten Satz über den Mann wie auch über den Jungen. Hierin zeichnen sich die gegensätzlichen Grundhaltungen ab. Die Bearbeitung des Arbeitsblattes (➡ M 6) vergegenwärtigt noch einmal die unterschiedliche Grundhaltung zwischen dem Mann und dem Jungen.

4. träumen + trauen

Leitmedium: Hans im Glück (M 7)

Das Stichwort „Wagnis" schlägt die Brücke von dem dritten zu diesem Lernschritt, weil der Akteur dieses Märchens einen für viele Kreise gewagten und riskanten Weg einschlägt, um sein Glück zu finden. Während in der Gesellschaft ein Glücksverständnis vorherrscht, das an das Haben gekoppelt ist, zeigt das Märchen den Weg zu Glück in einem ganz anderen Licht: Glücklich werden hängt hier zusammen mit der Fähigkeit, weggeben zu können, sich nicht von materiellen Werten abhängig zu machen, sondern das zu ergreifen, was entlastet, was erleichtert, frei und zufrieden macht. Die im Verlauf des Weges sich vollziehende Entwicklung von der vom Goldklumpen verursachten drückenden schweren Lasten bis hin zur Befreiung von aller Last, wo nichts mehr drückt, ist gleichsam ein Spiegel für die gewonnene innere Freiheit. Durch die Erfahrungen auf dem Weg hat Hans sich entwickelt, gewandelt und verändert. Er hat unterwegs nicht die Vermehrung seiner materiellen Ausstattung verfolgt, sondern hat sich von seiner inneren Stimme her leiten lassen und sich jeweils für das entschieden, was ihm in der jeweiligen Lebenssituation guttat. Die Einstellung von Hans erinnert an die biblische Weisung: Sorgt euch nicht um Essen, Trinken und Kleidung, sondern darum, dass ihr euch Gottes neuer Welt unterstellt (vgl. Mt 6,25–34).

Lernmöglichkeiten

Mit der Erzählung des Märchens (━▶ M 7) wird die Unterrichtsstunde eröffnet. Parallel zur Erzählung wird der Weg von Hans durch ein Bodenbild visualisiert: Eine Tapetenbahn markiert den Weg, an dessen Beginn ein in Goldpapier gewickelter Ball gelegt wird, die Gegenstände, die von Hans unterwegs getauscht werden, sind auf große Wortkarten geschrieben, die der Reihe nach analog dem Märchen auf den Weg gelegt werden; an das Wegende wird ein Glas mit Wasser gestellt.

In der methodischen Form einer Erzählkette wird das Märchen nacherzählt (alle Kinder stehen neben der „Straße" und nacheinander erzählt jeweils ein Kind, was Hans an der jeweiligen Station passiert ist). In einem Unterrichtsgespräch wird der Frage nachgegangen: Was war das Besondere, das Hans unterwegs gemacht hat? Was hat das frische Wasser am Schluss des Märchens mit Glück zu tun?

Da jedes Kind sowohl über Glückserlebnisse als auch -vorstellungen verfügt, bietet es sich bei guten Lernvoraussetzungen an, diese in einem Ich-Gedicht zu versprachlichen. Der Gedichtanfang wird vorgegeben („Ich fühle mich glücklich, wenn …") und die darauffolgenden drei bis fünf Zeilen sollen jeweils nur zwei Worte haben. Danach werden einige Ich-Gedichte zum Vergleich vorgelesen (auch als GA möglich).

Nun erfolgt eine gestalterische Umsetzung der eigenen Glücksvorstellung, indem die Kinder sich selbst im Glück malen, wobei dieses Glück möglichst nur in Farbe dargestellt werden sollte.

Den Abschluss der Stunde bildet eine kleine Meditation. Dazu wird ein helles Tuch um das Glas mit Wasser gelegt, dazu die gemalten Bilder. Zunächst stellen die Kinder ihre Arbeit vor, dann wird eine kurze Stille bei Musikbegleitung eingelegt und zum Schluss wird das allgemein bekannte Lied gesungen: „Viel Glück und viel Segen/auf all deinen Wegen/Gesundheit und Frohsinn/sei auch mit dabei."

5. glauben + (be)kennen

Leitmedium: „Der gute Vater" (SB S. 62–63)

Wie an keiner anderen Stelle des Evangeliums prallen hier konträre Lebenseinstellungen von Menschen zusammen, und nur an wenigen Stellen der Bibel wird die existenzielle Wirkung der Liebe so überzeugend ablesbar wie an diesem Beispiel. Die Parabel beschäftigt sich mit der Erfahrung des eigenen Begrenztseins und des zutiefst Angenommenseins. Sie schildert Gott als den barmherzigen und guten Vater, der auf die Menschen zugeht, sich ihnen mit offenen Armen zuwendet und damit neue Lebenschancen eröffnet. Jesus zeigt mit dieser Geschichte, dass Gott ohne Grund Zuwendung und damit den Grund des Vertrauens schenkt.

Trotz seiner theologischen Tiefe ist das Gleichnis aufgrund seiner sorgsam überlegten Dramaturgie, seiner lebendigen Sprache und seiner emotionalen Spannbreite für Zweitklässler verständlich, ansprechend und zur Identifikation einladend. Die lebensrelevante Güte des Vaters wird durch die gegenüberliegenden Illustrationen der Seiten 62 und 63 noch optisch unterstrichen und für die kindliche Wahrnehmung nachvollziehbar gemacht. Die offenen Arme des Vaters als Sinnbild für das Entgegenkommen Gottes sind zugleich eine Einladung an die Kinder, Vertrauen zu Gott zu fassen.

Lernmöglichkeiten

Die Lehrkraft erzählt das Gleichnis in enger Anlehnung an den Schülerbuchtext bis zu der Zeile „und ging zurück zu seinem Vater". Wie wird die Geschichte ausgehen? Im Rollenspiel (Vater – Sohn) stellen wir verschiedene Möglichkeiten dar. Dabei werden sich wahrscheinlich drei bis vier Varianten herauskristallisieren, die wir vergleichen. Welches Ende wünschen die Kinder dem heimkehrenden Sohn? Jetzt wird der Schlussteil des Gleichnisses im Schülerbuch gelesen. Zur Inhaltsfestigung wird der Ablauf der Gleichnishandlung durch Legen der Bild-Text-Kärtchen in der richtigen Reihenfolge rekonstruiert (━▶ M 8). Die Kinder äußern sich frei darüber, was sie an der Geschichte bewegt hat.

Die beiden Darstellungen auf den Seiten 62–63 werden betrachtet und als Ausdruck von Ratlosigkeit und Resignation (Sohn) bzw. von Erleichterung und Freude (Vater) gedeutet.

Die Begegnung zwischen dem zurückgekehrten Sohn und dem Vater wird jetzt als Standbild gebaut. Welche Gefühle werden erkennbar? Die Klasse versetzt sich in den Vater: Was wird er (über den Bibeltext hinaus) dem Sohn sagen?

In einem kleinen Unterrichtsgespräch wird zusammenfassend geklärt, was Jesus mit diesem Gleichnis sagen will und dass diese Erzählung Gott meint. Abschließend kann eine Einladungskarte auf farbigem Tonpapier mit einem kurzen Einladungstext für die Nachbarn („Kommt, feiert doch mit!" o. Ä.) gestaltet werden, oder die Kinder suchen den Satz aus dem Text heraus, der ihnen besonders gut gefällt und schreiben ihn auf ein Schmuckblatt.

Weitere Anregungen

- Einzelne Bilder zu dem Gleichnis malen und zu einem **Bilderfries** zusammenkleben

- Das Gleichnisgeschehen mit **Instrumenten** wiedergeben
- Auch den zweiten Teil des Gleichnisses erzählen (Lk 15,25–32) und die Szene in ein **Standbild** umsetzen

6. leben + gestalten

Leitmedium: Gebetstext des Vaterunser (SB S.64)

Die Hinwendung zu Gott, unserem Vater, öffnet neue Lebensmöglichkeiten, wie es das Gleichnis Lk 15,11–32 paradigmatisch zeigt. Jesus fordert uns in dem Gebet, das er selbst gesprochen hat, dazu auf, sich vertrauensvoll an Gott zu wenden, ihn mit „Vater" anzusprechen und ihn zu bitten.

Die didaktische Schwierigkeit, die angesichts gelegentlicher problematischer Vater-Kind-Beziehungen mit der Gottesanrede „Vater" gegeben ist, wird zum einen dadurch relativiert, dass jedes Kind zumindest eine Vorstellung von einem guten Vater hat und zum anderen durch das einfühlsame Gottesbild des Gleichnisses: der himmlische Vater als Höchstmaß an Zuneigung, Fürsorge, Güte, Liebe und Geborgenheit. Die Gesten auf der Schülerbuchseite leiten dazu an, weitere Gesten zu überlegen und das Gebet gestalterisch umzusetzen.

Lernmöglichkeiten

Als Tafelimpuls werden die ersten drei Worte des Vaterunsers in großer Schrift angeschrieben: „Vater unser, der …". Vielleicht können sich die Kinder darüber äußern, zu welchen Gelegenheiten das Gebet gesprochen wird. Auf einer selbst erstellten Folie wird der Gebetstext entsprechend den einzelnen Bitten aufgedeckt und gelesen. Danach decken die Kinder auch in ihrem Schülerbuch die Zeilen nacheinander auf und tauschen sich über die Bedeutung der einzelnen Bitten aus. Dann wird das Gebet von drei Gruppen entsprechend den drei verschiedenen Farben des Textes vorgetragen.

Aus vorbereiteten Bausteinen (Tonpapierquadrate schneiden und mit Textelementen des Vaterunsers beschriften) legen wir das Vaterunser als Bodenbild und bringen es in die Form des Kreuzes (vgl. ➡ **M 9**). Diese Arbeit kann auch anschließend nochmals mithilfe eines Arbeitsblattes(➡ **M 9**), zu einem Ausschneideblatt umgewandelt, in Kleingruppen durchgeführt werden.

Nun überlegen wir uns über die Schülerbuchseite hinausgehend weitere Gesten, mit denen wir den Text des Vaterunsers umsetzen können. Als Anregung dient die Vorlage (➡ **M 10**).

Mit einer kleinen Schlussmeditation endet die Lernsequenz: Wir gruppieren uns als Gebetskreis um das auf dem Boden kreuzförmig angeordnete Vaterunser, sprechen gemeinsam den Gebetstext und setzen ihn in Gesten um. Danach lassen wir leise Musik spielen und erweitern das Gebet vor dem „Amen" durch eigene Bitten.

Weitere Anregungen

- Ein **Medaillon** aus Ton/Efaplast formen. Auf eine Seite ritzen die Kinder die Anrufung „Vater unser im Himmel" ein, auf die andere Seite eine Bitte ihrer Wahl.

Materialien

M 1: Die Liebe des Vaters gibt nicht auf (Erzählvorlage)

Der Sohn spielt in der Wohnung mit seinem Fußball. Ein kräftiger Schuss trifft unbeabsichtigt die Fensterscheibe. Mit einem lauten Knall zerbricht die Scheibe und der Ball fliegt nach draußen. Das bringt den Vater auf die Palme. Er ist so verärgert über seinen Sohn, dass er ihn sich schnappen will. Blitzschnell jedoch rennt der Junge aus der Wohnung. Der Vater ist nicht so schnell und will einfach abwarten, bis der Sohn wieder nach Hause zurückkommt. Er liest zunächst in aller Ruhe eine Zeitung. Aber als es inzwischen sieben Uhr geworden ist, wird der Vater unruhig. Er macht sich langsam Sorgen. Als es dann neun Uhr wird, hält es der Vater voller Ungeduld nicht mehr aus. Er hat Angst um seinen Sohn und macht sich auf den Weg, ihn zu suchen. Er hastet durch die Straßen. Aus Leibeskräften ruft er seinen Namen aus: „Komm! Wo bist du? Ich tu dir nichts!" Aber alles Rennen, Hasten, Rufen und Schreien ist vergeblich.

Enttäuscht und voller Sorge geht der Vater wieder nach Hause. Und gerade in dem Moment, wo er sein Haus erreicht, die Haustür schon im Blick hat, kommt ihm durch die Scheibe ein Ball entgegengeflogen und trifft ihn knallhart am Kopf. Bruchstücke der Fensterscheibe fallen ihm vor die Füße, der Hut fällt ihm vom Kopf, fast wäre er vor Schrecken rücklings zu Boden gefallen. Aber nun weiß er:

Mein Sohn ist schon wieder zu Hause. Eilig stürmt er auf die Eingangstür zu …

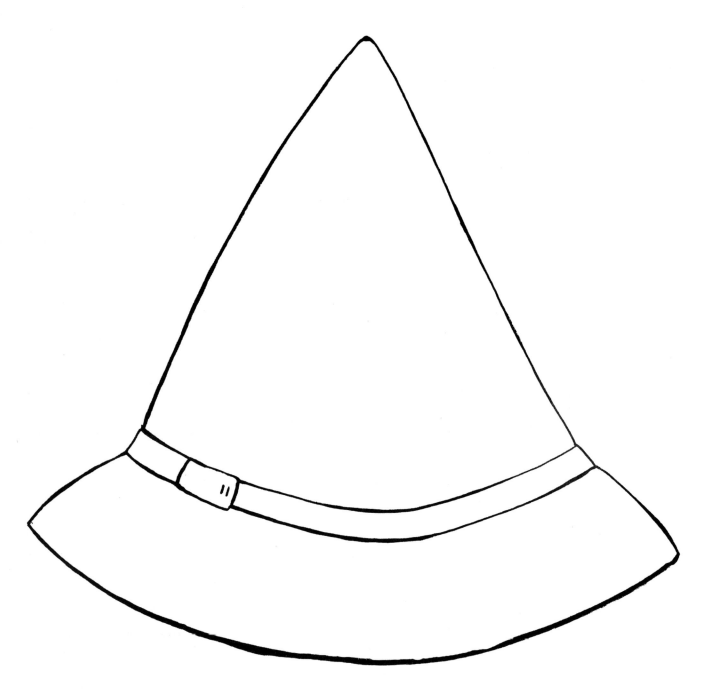

Was wünschst du dem Kind auf seinem Weg in die Welt? Schreibe es in den Hut!

Fischer u. a.: Ich bin da 2, Lehrerhandbuch
© Auer Verlag GmbH, Donauwörth

M 5: Einen Hut falten (Anleitung)

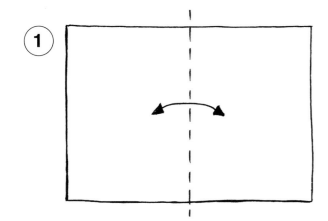

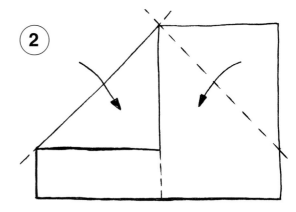

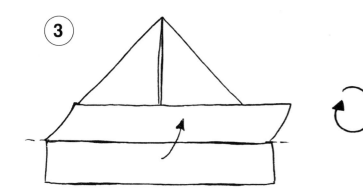

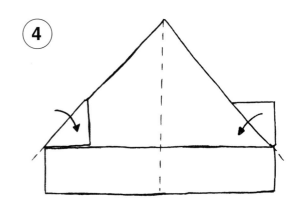

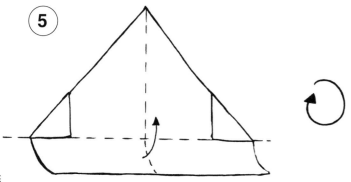

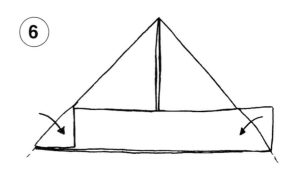

M7: Hans im Glück (Märchen)

Hans hatte sieben Jahre bei einem Herrn gedient. Da sagte er: „Nun möchte ich wieder heim zu meiner Mutter." Der Dienstherr sprach: „So war es ausgemacht. Du hast gut gearbeitet, gut soll auch dein Lohn sein." Und er gab Hans einen Goldklumpen, so groß wie sein Kopf.

Mit dem Goldklumpen auf der Schulter begann Hans den Heimweg. Wie er so dahinzog Schritt für Schritt, kam ihm ein Reiter auf einem munteren Pferd entgegen. „Ach, was würde ich jetzt gern auf einem Pferd sitzen, statt mich mit einer so schweren Last abzuschleppen!" Der Reiter hörte das, hielt das Pferd an und fragte: „Was drückt dich denn so schwer?" „Ein Klumpen Gold", sagte Hans. „Mein Hals ist schon ganz schief. Wär ich den Klumpen nur los!" „Tauschen wir doch", sagte der Reiter. „Du bekommst das Pferd und gibst mir den Klumpen." „Von Herzen gern", sagte Hans, und der Reiter half ihm auf das Pferd. „Wenn's dir nicht rasch genug geht, schnalz nur mit der Zunge und ruf hopphopp!"

Hans fühlte sich als König, wie er nun dahinritt. Nach einer Weile wollte er das Pferd antraben lassen. Er schnalzte mit der Zunge, rief hopphopp! und schon trabte das Pferd so stark, dass Hans im Sattel hüpfte. Und ehe er bis zehn zählen konnte, war er abgeworfen und lag im Straßengraben.

Zum Glück fing ein Bauer, der mit einer Kuh des Weges kam, das Pferd auf. „Nichts für mich, das Reiten", sagte Hans zum Bauern, „wär ich das Pferd nur wieder los!" „Tauschen wir doch!", sagte der Bauer. Und Hans war einverstanden. Der Bauer bekam das Pferd. Hans zog mit der Kuh weiter. Dabei dachte er: Was für ein guter Handel! Wer vom Pferd fällt, kann sich den Hals brechen. Von einer Kuh bekommt einer Milch und Butter und Käse. Ein Stück Brot dazu – was braucht es mehr?

Es war Mittag geworden. Die Sonne brannte, Hans wurde durstig. „Jetzt werde ich meine Kuh melken und mich mit Milch erfrischen", sagte er laut. Er band die Kuh an einen Baum und fing an zu melken. Aber nicht ein Tropfen Milch kam aus der Kuh, weil Hans nicht melken konnte. Zuletzt gab ihm die Kuh einen Schlag vor den Kopf. Hans lag zum zweiten Mal im Graben.

Zum Glück kam gerade ein Metzger mit einem Schwein daher. Der half Hans auf die Beine. „Nichts für mich, so eine Kuh", sagte Hans zum Metzger. „Wär ich sie nur wieder los!" „Tauschen wir doch!", sagte der Metzger. „Ich bekomme die Kuh und du bekommst das Schwein."

Gesagt, getan. Und Hans zog glücklich weiter und dachte: Wie trifft es sich doch immer gut bei mir bei jedem Tausch!

Da traf er einen Burschen, der eine fette Gans unterm Arm trug. Hans und der Bursche kamen ins Gespräch. „Gänsebraten ist für mich ein Traum", sagte Hans, „aus Schweinefleisch mach ich mir nichts. Die Gans sticht mir in die Augen, das sag ich frei heraus." „Du kannst sie haben", sagte der Bursche. „Tauschen wir doch!" Das taten sie. Hans nahm die Gans unter den Arm und überlegte: Nicht nur einen guten Braten hat man von einer Gans, auch Fett für magere Tage und Federn und Flaum für ein Kopfkissen. Immer wieder hab ich Glück beim Tauschen.

Da traf er im nächsten Dorf einen Scherenschleifer, der eben am Schleifen war. Das Tretrad schnurrte, und der Scherenschleifer sang dazu: „Ich schleife die Scheren und drehe geschwind und hänge mein Mäntelchen nach dem Wind." „Du hast es gut", sagte Hans zum Scherenschleifer. „Ja", sagte der Scherenschleifer, „ich kann nicht klagen. Mit dem Schleifen verdient man genug und hat ein lustiges Leben. Aber wo hast du denn die fette Gans gekauft?" „Nicht gekauft", sagte Hans. „Ich habe sie eingetauscht für ein Schwein. Und das Schwein für eine Kuh. Die Kuh für ein Pferd und das Pferd für einen Goldklumpen, so groß wie mein Kopf. Du siehst: Immer hatte ich Glück beim Tauschen." „Wenn du jetzt erst noch einen Schleifstein hättest!", sagte der Scherenschleifer. „Aber woher soll ich einen bekommen?", fragte Hans. „Von mir natürlich", sagte der Scherenschleifer. „Mehr als die Gans brauchst du mir nicht zu geben." Da gab Hans dem Scherenschleifer die Gans und bekam einen alten Schleifstein mit vielen Scharten.

Wie am Anfang seines Heimweges zog er mit einer schweren Last auf der Schulter weiter. Aber er kam sich wie ein Sonntagskind vor, weil ihm jeder seiner Wünsche erfüllt worden war. Nur Durst quälte ihn. Und als er an einen Brunnen kam, setzte er sich auf den Brunnenrand und legte den Schleifstein darauf. Als er mit dem Schöpfeimer Wasser aus dem Brunnen heraufholen wollte, stieß er an den Schleifstein. Plumps! fiel er in den Brunnen.

Einen Augenblick war Hans erschrocken, aber dann trank er das kühle Brunnenwasser. Nun drückt mich nichts mehr, dachte er, und frei von aller Last kehrte er zu seiner Mutter heim.

Gebrüder Grimm

Der Vater ließ seinen Sohn ziehen.

Es ging ihm schlecht. Er besann sich. Er entschloss sich, zu seinem Vater zurückzugehen.

Der Vater ließ ein Festmahl anrichten und sagte: „Wir wollen essen und fröhlich sein."

Erzählung vom guten Vater

Ein Mann hatte zwei Söhne. Der jüngere Sohn bat den Vater um sein Geld.

Der Sohn lebte in Saus und Braus und gab alles aus.

Als der Vater ihn sah, hatte er Mitleid. Er lief ihm entgegen.

Fischer u.a.: Ich bin da 2, Lehrerhandbuch
© Auer Verlag GmbH, Donauwörth

M 9: Vaterunser (Muster für das Bodenlegebild)

Vater unser
im Himmel,

geheiligt werde
dein Name.

Dein Reich
komme.

Dein Wille
geschehe,
wie im Himmel
so auf Erden.

Unser
tägliches Brot
gib uns heute.

Und vergib uns
unsere Schuld,

wie auch wir
vergeben unsern
Schuldigern.

Und führe uns
nicht in
Versuchung,

sondern
erlöse uns von
dem Bösen.
Amen

Vater unser im Himmel,

geheiligt werde   dein Name.

Dein Wille geschehe,

wie im Himmel,

Dein Reich komme.

so auf
Erden.

Unser tägliches Brot   gib uns heute.

Und vergib
uns

auch

vergeben
unsern
Schuldigern.

unsere Schuld, wie

wir

Und führe
uns nicht
in Versuchung,

sondern
erlöse uns   von dem Bösen.

Denn dein
ist das Reich   und die Kraft   und die

Herrlichkeit

in   Ewigkeit.   Amen.

Fischer u.a.: Ich bin da 2, Lehrerhandbuch

11. Worauf hoffen?

Darum geht es

Theologische Perspektive

Das im vorangehenden Kapitel erarbeitete Gleichnis vom Guten Vater wird als Gottesbild Jesu in seiner Zuwendung gerade auch zu den Ausgegrenzten und zu kurz Gekommenen seiner Zeit sichtbar. „Worauf hoffen?", so fragten Menschen in bodenloser Trauer und grenzenlosem Leid mit Hiob und konfrontierten Jesus mit ihrem hoffnungslosen Schicksal. Was ist das für ein liebender Gott, der seine Kinder leiden und verkümmern lässt? Den Enttäuschten und Fragenden stellt sich Jesus, lädt alle an seinen Tisch und schenkt ihnen neue Zuversicht, Hoffnung aus dem Glauben an Gott in seiner persönlichen Zuwendung. Durch ihn erfahren sie die Nähe Gottes, erfahren Heilung und Erlösung von Schmach und „Sünde" (= das Absonderliche, von Gottes Liebe Trennende). Sie fühlen sich neu angenommen und aufgehoben, aufgerichtet und bereit, ihm nachzugehen und zu folgen. Lesen wir genau nach, dann finden wir bei Matthäus (10,7–8) die unmissverständliche Aufforderung zur Nachfolge auch an uns gerichtet. Auch wir können dem Reich Gottes Bahn brechen, uns von dieser unverbrüchlichen Liebeserklärung Gottes anstecken und leiten lassen. Die sich darauf einließen, haben darin Erfüllung gefunden, wie beispielhafte Menschen es immer wieder bezeugen.

Religionspädagogische Leitlinie

Auch Kinder heute wissen Klagelieder zu singen. Seien es die Hiobsbotschaften, die uns jeden Tag mit Katastrophen, Hungersnöten, Klimawandel oder Terror und Krieg konfrontieren oder die kleinen Nöte, Ängste und Traurigkeiten, die manchem Kind nicht erspart bleiben, die es einsam und ratlos machen, ausgeliefert einer rastlosen und seelenlosen Leistungsgesellschaft. Selbst der Raum der Schule oder Familie bietet für viele keinen verlässlichen Lebensraum der Geborgenheit und tragfähigen Gemeinschaft. Jesu Gottesbild soll glaubwürdig zur Sprache kommen, seine Mut machende Botschaft vom anbrechenden Gottesreich Gehör finden und Ansporn geben. Das wird ablesbar zum einen aus den biblischen Zeugnissen seines Heilshandelns, seiner Art, den Schwachen und Hoffnungslosen zu begegnen und

Gemeinschaft mit ihnen zu halten, um die Menschenliebe Gottes auch in seiner Person zu vermitteln. Zum anderen aber auch in der Wirkungsgeschichte der Bibel, aufgezeigt an exemplarischen Menschen, die sich von Gott berufen fühlten, Jesus gefolgt sind und mit ihrem Leben Gottes Liebe bezeugten und bewahrheiteten.

Lernanliegen

Dabei geht es nicht darum, ein mustergültiges Leben zu propagieren. Lernanliegen ist vielmehr, ein schlichtes, ansprechendes Grundmuster vorzustellen, das vielen Menschen einen tiefen Lebenssinn geschenkt hat, um dabei dem eigenen Glück auf die Spur zu kommen. Was versprechen wir uns vom Leben? Worauf hoffen wir und welche Heilsbotschaften heute sind tatsächlich glaubwürdig, tragfähig und richtungweisend? „Wer Glauben hat, zittert nicht!", so sagte es Johannes XXII. einst. Was kann alles Leid der Welt am Ende aufwiegen? Wer das Wagnis des Glaubens eingeht, der darf sich getragen und begleitet wissen von Gottes reichem Segen. Wir sind nicht nur Zaungäste, sondern auch aufgefordert, die Botschaft Jesu wahr zu machen, um zu einem erfüllten Leben zu finden.

Lernertrag

Die große Frage nach dem Sinn des Lebens, nach dem, was uns Hoffnung und Zukunft schenken kann, damit unser Leben als Ganzes gelingt, fordert uns zu einer eigenen Antwort heraus: Worauf hoffst du persönlich? Welche Ziele hast du? Was machst du heute, damit es ein schöner Tag wird für dich? So klein gearbeitet wird die große Einladung Jesu an seinen Tisch für Kinder verständlicher. Jeder Augenblick des Lebens birgt die Chance, zu versagen oder zu gewinnen. Große und kleine Enttäuschungen werden erträglicher in der Gemeinschaft von vertrauten Menschen. Kinder, die es schwerer haben, lassen aufhorchen und fordern zur Solidarität heraus. Das Unvollkommene, Unfertige oder Zerbrochene reißt uns aus unserer Selbstgenügsamkeit und Sattheit, unseren eigenen Sorgen und Perspektivlosigkeiten heraus. Wer sich einladen lässt, dem Reich Gottes eine Chance zu geben, der findet jeden Tag Gelegenheiten dazu, wie die großen Vorbilder uns aufzeigen – und sei es auch nur in kleinen Sternzeichen der Hoffnung, wie es die Sternsingeraktion belegt.

Prozess-Schritte: Übersicht

Worauf hoffen?	Prozess-Schritte
1. **sehen +** **entdecken**	Angst und Traurigkeit sind keine unbekannten Erfahrungen für Kinder, auch nicht in einem der reichsten Länder der Erde. Materielle Sattheit selbst kann Grund für Unzufriedenheit und Depression sein. **Warum sind Kinder bei uns traurig?** Worauf hofft das Kind auf dem Bild? Welche Erfahrung hat es gemacht? Es fordert heraus, nach dem Grund der traurigen Stimmung zu suchen. Dabei kommt vielleicht auch der Kummer der Kinder der Lerngruppe zum Ausdruck. Die Hiobsbotschaft (6,2): „Ach, wenn es doch eine Waage gäbe, auf der man meine Traurigkeit und mein Leid wiegen könnte", animiert zum Ausdeuten. Was erschwert das Leben?
2. **fragen +** **finden**	Wir öffnen den Blick für die weite Welt und begegnen Kindern in anderen Ländern, die es schwer haben. Das wirft viele Fragen auf. Das Bild der Waage der Vorstunde lässt jetzt nach **möglichen Gegengewichten** fragen. Worauf hoffen Kinder? – Wie stellen sie sich eine bessere Welt vor? Wo finden sie Trost? Was brauchen Menschen zum Glück?
3. **hören +** **sagen**	Wie geht Jesus auf Menschen zu, die es schwerer haben? Wir lernen im Gastmahl der Ausgegrenzten (S. Köder), **dass Jesus alle an seinen Tisch geladen hat.** Das Bild wird so Sinnbild des Gottesreiches, wie es Jesus bezeugt, verkündet und allen Menschen aufgetragen hat. Was entdecken wir im Bild? Wer ist Gastgeber? Wer sind die Gäste? Wovon träumen sie? Wen würde Jesus heute an seinen Tisch laden? Wie wäre es, wenn wir selbst Platz nehmen am Tisch? So wird das Bild zur Erzähllandschaft für das Lukasevangelium auf der Gegenseite.
4. **träumen +** **trauen**	Die Erzählung vom „Brot des Glücks" führt uns weg von der materiellen Not, der Sorge um das eigene Leben oder die eigene Zukunft. Die Suche nach dem Brot des Glücks endet in der **Erfahrung des „miteinander Teilens".** Die Sehnsucht nach Liebe wird gestillt durch das Zugehen auf andere Menschen und das Wahrnehmen der Bedürfnisse anderer. Ich selbst kann meine innere Not und Verzweiflung überwinden, wenn ich mich anderen zuwende und die Not der anderen sehe, erkenne und mich derer annehme.
5. **glauben +** **(be)kennen**	Jesu Botschaft breitet sich aus wie Wellen. Bis heute haben sich Menschen anstecken lassen, ihr ganzes Leben an ihm auszurichten. Wir verehren sie als Heilige. Einige davon kennen wir schon: Nikolaus, Martin, Franziskus. Das **Reich Gottes leuchtet durch alle Menschen** auf, ob groß, ob klein, arm oder reich, die in Jesu Namen solidarisch miteinander und füreinander leben und bezeugen, dass er selbst in ihnen lebendig ist.
6. **leben +** **gestalten**	Die **Botschaft Jesu** ist auch uns heute noch gegenwärtig und will auch uns anstecken. Wir müssen nur bereit sein, diese zu hören und anzunehmen und uns von ihr einnehmen zu lassen. Jesu Botschaft spricht uns Mut zu und macht uns stark, wenn wir uns auf sie einlassen. Gott lässt uns nicht allein, in welche Not wir auch geraten, was auch immer uns bedrückt. Wir können immer auf ihn bauen.

Methoden	Medien	
	Leitmedium	**Begleitmaterial**
Bildbetrachtung/Texterschließung: Die Kinder betrachten das Bild, lesen den Text und erschließen das Gefühl von Traurigkeit und Trost. **Gestaltungsaufgabe:** Die Kinder gestalten eine Waage, die sie mit ihrer Traurigkeit und ihrem Leid beschweren. Für die andere Seite suchen sie nach Gegengewichten.	**SB S.65:** Trauriges Mädchen sitzt auf einem Stuhl	**M1:** Waage (Bastelvorlage) Toilettenpapierrolle
Lebensgeschichten von Kindern aus der Dritten Welt: Wir lernen Kinder aus einer anderen Welt und deren Lebensgeschichten kennen. Wir stellen Fragen an diese Kinder. **Gestaltungsaufgabe:** Gestalten einer Waage für diese Kinder und Suche nach Gegengewichten.	**M2–M4:** Berichte aus Südamerika **M5:** Fotomaterial	**M1:** Waage (Bastelvorlage)
Bildbetrachtung: Bild und Text werden gemeinsam erschlossen. **Gestaltungsaufgabe:** Aus Zeitschriften werden Menschen ausgeschnitten und um den kopierten Tisch herumgesetzt. Zum Schluss fügen die Kinder sich selbst in das Bild ein.	**SB S.66–67:** „Jesus lädt ein" (Text)/S. Köder: „Das Mahl"	**M6:** Der Mahl-Tisch (Arbeitsblatt) Zeitungen, Zeitschriften, Fotos der Kinder
Hören der Erzählung „Brot des Glücks": Die Lehrkraft liest/erzählt die Geschichte vom „Brot des Glücks". Die Kinder erschließen diese. **Szenisches Spiel:** In Gruppen spielen die Kinder die Geschichte nach.	**M7:** „Brot des Glücks" (Erzählung)	
Meditativer Einstieg: Die Lehrkraft wirft einen Stein in einen Wasserbehälter. Alle betrachten die Wellenbewegungen. **Bildbetrachtung und -erschließung:** Die Kinder betrachten die Bilder im Buch, vergleichen diese und entdecken Einzelheiten. **Arbeitsphase:** Aus Zeitungen schneiden die Kinder Menschen aus, die einander die Hand reichen.	**SB S.68–69:** „Jesu Liebe steckt an" (Bilder und Texte)	Stein, Behälter mit Wasser, Zeitungen, Zeitschriften
Liederarbeitung: Gemeinsam wird das Lied erarbeitet, gelernt und gesungen. **Arbeitsphase:** Aus mehreren Ich-Aussagen Jesu wählen die Kinder eine aus und malen dazu.	**SB S.70:** „Herr, gib uns Mut" (Lied)	**M8:** Ich-Aussagen Jesu (Satzstreifen) Malutensilien

So gehen wir günstig vor

 1. sehen + entdecken

Leitmedium: Trauriges Mädchen und Hiob-Vers (SB S. 65)

Auf dem Bild im Buch sehen wir ein etwa 10–12-jähriges Mädchen mit angezogenen Beinen auf einem Stuhl sitzen. Die Arme liegen verschränkt über den Knien, der Kopf ruht auf der Hand. Das Mädchen hat kurz vorher geweint, die Augen sind rot, das Gesicht ist etwas fleckig. Es wirkt nicht nur traurig, sondern enttäuscht, verzweifelt und niedergeschlagen. Das Mädchen schaut auf einen Punkt in der Ferne und scheint nichts um sich herum wahrzunehmen. Es ist mit sich beschäftigt, vielleicht einem Problem, einer Situation, die es kurz vorher erlebt hat.

Das Hiob-Zitat unter dem Bild scheint die Gedanken des Mädchens wiederzugeben. Es wird deutlich, dass es in diesem Moment nur mit sich und seiner Situation beschäftigt ist. Das eigene Leid und die eigene Traurigkeit stehen im Vordergrund und scheinen so übermächtig, dass sie auf einer Waage kaum aufzuwiegen wären.

Lernmöglichkeiten

Zu Beginn der Unterrichtsreihe schlagen die Kinder die Seite 65 auf und betrachten das Foto. Sie beschreiben das Bild mit dem Mädchen und äußern sich zu dem Gemütszustand des Kindes. Wie fühlt sich das Mädchen? Was könnte passiert sein? Woran denkt das Mädchen? Was möchte es jetzt vielleicht gerne tun? Neben dem Thema Traurigkeit kann auch das Thema Trost mit eingebracht werden. Was würdest du tun, wenn du dem Mädchen begegnest? Welche Person(en) hätte das Mädchen jetzt gerne bei sich?

In einem weiteren Schritt können die eigenen Erfahrungen der Kinder thematisiert werden: Hast du dich schon einmal so gefühlt wie das Mädchen auf dem Bild? Was ist dir passiert? Wann bist du traurig? Was tust du, wenn du traurig bist? Wer kann dich gut trösten? Wo/bei wem bist du gerne, wenn es dir nicht gut geht?

Als Vorbereitung auf die Arbeitsphase kann der Hiob-Vers unter dem Bild vorgelesen werden und mit dem Bild oder den eigenen Erfahrungen in Verbindung gebracht werden. Wer könnte diesen Satz gesagt haben? Passt er zu dem Mädchen? Was könnte derjenige erlebt haben, der diesen Satz gesagt hat?

Im Anschluss stellt die Lehrkraft eine gebastelte Waage vor die Kinder (➡ **M 1**).

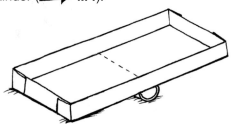

Die Aufgabe der Kinder ist es nun, die eine Seite der Waage mit ihrer eigenen Traurigkeit zu beschweren, indem sie die Dinge, die sie besonders traurig oder unglücklich machen oder gemacht haben, in Gedanken auf eine der Waagschalen legen. Um die Waage wieder ins Gleichgewicht zu bringen, suchen sie nach Gegengewichten auf der anderen Seite. Was kann mich wieder glücklich machen? Wer kann mir Trost spenden? Wann bin ich besonders glücklich oder wann habe ich besonders viel Spaß? Mit wem bin ich gerne zusammen und fühle ich mich geborgen? Nachdem die Kinder Vorschläge gesammelt und verschiedene Ideen eingebracht haben, zeichnet jedes Kind seine Waage auf ein leeres Blatt Papier, wobei die Kinder die Waagschalen mit Zeichnungen oder mit Texten füllen können. Zum Schluss der Stunde können sich die Kinder ihre Waagen und die jeweiligen Gewichte gegenseitig vorstellen, bevor die Blätter in die Religionsmappe geheftet werden.

 2. fragen + finden

Leitmedium: Lebensgeschichten (M 2–M 4) und Fotos (M 5) von Kindern aus Kolumbien

Die Geschichten der Kinder Andrés und Edvin Bello aus Kolumbien (➡ **M 2–M 4**) führen uns in eine andere Welt: Die Welt von Kindern, die anders leben als unsere Kinder, als wir. Kinder, die keine regelmäßigen Mahlzeiten kennen, jeden Tag hart arbeiten und ihre Familie ernähren müssen und nur selten die Möglichkeit haben, eine Schule zu besuchen. Die Berichte führen uns die Not, das Leid und auch die Traurigkeit der Kinder bzw. der Familien deutlich vor Augen. Die Fotos (➡ **M 5**) unterstützen die Berichte und geben den Kindern ein Gesicht. Die Not und die Traurigkeit, die diese Kinder spüren, ist eine ganz andere als die unserer Kinder.

Lernmöglichkeiten

Zu Beginn der Stunde entscheidet die Lehrkraft, ob sie im Unterricht beide Berichte der Kinder erarbeiten, oder sich auf eine Lebensgeschichte beschränken möchte. Die Berichte sind hier zur Information für die Lehrkraft in Originallänge abgedruckt, aber nicht für die Hand der Kinder geeignet, da sie sprachlich nicht leicht verständlich sind. Die Lehrkraft muss bei der Vorbereitung dieser Unterrichtsstunde zuerst die Texte sichten, auswählen, kürzen oder leicht verändern, damit sie als Erzählvorlage für die entsprechende Lerngruppe genutzt werden können. Je nach Lerngruppe müssen Dinge eventuell ausgespart werden.

Zunächst werden den Kindern die Fotos (➡ **M 5**) gezeigt. Diese müssen auf Folie kopiert werden (in der Foliensammlung auch als Farbfolie enthalten). Die

ADVENIAT – Partner für die Menschen in Lateinamerika setzt sich in ganz Lateinamerika dafür ein, dass Kinder und Jugendliche die Chance auf ein Leben in Würde erhalten. So unterstützt das Lateinamerika-Hilfswerk seit vielen Jahren die Jugendinitiativen der Salesianer, die auf der ganzen Welt als vorbildlich gelten. Mit der Hilfe aus Deutschland gelang es der Ordensgemeinschaft, in allen Ländern Lateinamerikas ein engmaschiges Netz aus Kinder- und Jugendzentren aufzubauen. Obdachlose Jugendliche, Straßenkinder und Waisen erhalten hier neue Lebens- und Berufsperspektiven.

Mit mehr als 3800 Projekten und einem Gesamtvolumen von rund 50 Mio. ist ADVENIAT das europaweit größte Hilfswerk für Lateinamerika. Wichtigstes Kriterium für die Projektförderung ist die Armutsorientierung. ADVENIAT unterstützt ausschließlich Projekte, die von den Menschen vor Ort in Eigeninitiative entwickelt wurden. Dadurch wird gewährleistet, dass sich die Betroffenen aus eigener Kraft aus ihrer Not befreien, statt sich in neue Abhängigkeiten zu begeben. Mit einem Verwaltungs- und Werbeaufwand von 6,6 % nimmt ADVENIAT einen Spitzenrang unter den Hilfsorganisationen ein. Der sogenannte Spenden-TÜV, das Deutsche Zentralinstitut für Soziale Fragen (DZI), würdigt die effektive und gewissenhafte Arbeit mit seinem Spendensiegel.

Kinder im Unterricht beschreiben die Fotos und stellen Vermutungen über die Herkunft und die Lebensweise der Kinder auf den Fotos an. Dazu bringt die Lehrkraft einige Hintergrundinformationen zum Land, zum Kind (Name, Alter …) in das Gespräch mit ein. Eventuell kann das Herkunftsland auf einer Karte/einem Globus gesucht werden. Danach erzählt die Lehrkraft die Lebensgeschichte dieser Kinder (➡ M2–M4). Gemeinsam wiederholen die Kinder im Unterrichtsgespräch wichtige Dinge aus den Erzählungen, die auf einem großen Plakat oder an der Tafel festgehalten werden. Was hat mich besonders beeindruckt? Was kann ich mir nur schwer vorstellen? Was macht mich traurig, wenn ich die Erzählungen höre? Was müssen die Kinder jeden Tag leisten? …

Zusammen versuchen wir, das Leid der Kinder zu benennen. Was ist Leid? Wie ist es dahin gekommen? Sind diese Kinder denn traurig? Es sollte mit den Kindern auch herausgearbeitet werden, dass man fröhlich sein kann, auch wenn es einem sehr schlecht geht. Die Kinder leiden eine materielle Not, sind aber trotzdem nicht nur traurig.

Im nächsten Schritt versuchen die Kinder, erneut die Waage (➡ M1) zu beschweren, diesmal aber für eines der vorgestellten Kinder. Die eine Waagschale wird mit Dingen beschwert, die eines der Kinder traurig oder unglücklich machen. Für die andere Seite sollen die Kinder im Unterricht nach passenden Gegengewichten für die Kinder von den Fotos suchen. Wie könnte das Leid der Kinder aufgewogen werden? Worauf hoffen die Kinder? Was könnte die Kinder glücklich oder zufriedener machen? Worüber können sie lachen? Was macht ihnen Spaß? Auch diese Waage wird wieder auf ein leeres Blatt gezeichnet und in der Mappe abgeheftet.

Zum Abschluss werden unsere eigenen Waagen mit den Waagen der Kinder aus Südamerika miteinander verglichen. Gibt es Unterschiede oder Ähnlichkeiten? Welches Leid spüren wir? Welches die Kinder aus der dritten Welt? Welche Gegengewichte machen es möglich, dass sich die Waagschalen annähern? Können die Waagschalen sich überhaupt annähern? Können die Waagen im Gleichgewicht stehen?

Weitere Anregungen

- Je nach Lesefähigkeit der Kinder können die beiden Berichte auch **in Gruppen erarbeitet** werden. Die Kinder bekommen die überarbeiteten Texte und Fotos der Kinder und gestalten ein Plakat zum jeweiligen Text.

 3. hören + sagen

Leitmedium: Jesus lädt ein (SB S. 66–67)

Das Bild auf Seite 67 zeigt einen reich gedeckten Tisch, an dem Menschen aus aller Welt sitzen. Oben auf der linken Seite sitzen zuerst ein afrikanischer Junge, daneben ein Indio aus dem Andenhochland, dessen Gewand die Farben des Regenbogens zeigt. Vorne links sehen wir ein Liebespaar, welches einen Strauß Rosen in den Händen hält. Auf der rechten Seite oben lehnt sich eine Frau an eine Hand. Neben ihr sitzt ein kleiner farbiger Junge, der gerade über den Tisch gucken kann. Hinter ihm sitzt eine Asiatin, deren Hand auf der Schulter eines Afrikaners ruht, der mit beiden Händen sein Glas festhält und seinen Wein genießt. Diese Tischgemeinschaft ist eingeladen vom dem, dessen Antlitz sich im Becher auf dem Tisch spiegelt und der mit seinen Händen das Brot bricht. Der Tisch ist gefüllt mit Gaben. Neben zwei Fischen und fünf Broten erkennen wir eine Schale mit Reis, blaue Trauben, Flaschen mit Wein und Wasser, Gläser und Obst.

Durch den Text auf Seite 66 (Mk 2,13–17) wird deutlich, dass Jesus mit den Sündern und Zöllnern isst und trinkt. Jesus macht keine Unterschiede zwischen den Menschen. Er lädt diese Menschen an seinen reichlich gedeckten Tisch und feiert mit ihnen das Mahl. Menschen unterschiedlicher Herkunft und Kultur sitzen zusammen an einem Tisch und essen. Vor Gott sind sie alle gleich.

Alle diese Menschen machen eine neue Gemeinschafts-erfahrung durch Jesus. Sie werden getröstet.

Lernmöglichkeiten

Wir schlagen das Buch auf der Seite 67 auf und betrachten das Bild. Die Kinder haben einige Minuten Zeit, das Bild still zu betrachten und alle Einzelheiten wahrzunehmen. Dabei kann ruhige Entspannungsmusik gespielt werden. Danach dürfen sie den anderen alles mitteilen, was ihnen aufgefallen ist, was sie besonders schön oder interessant finden oder was eine besondere Bedeutung für sie hat.

Um mit den Kindern tiefer in das Bild einzusteigen, eignen sich folgende Methoden oder Fragestellungen:

■ Versuche, die Mitte des Bildes zu finden, indem du zwei Diagonalen über das Bild legst. Was findest du in der Mitte?

■ Drehe das Bild um. Was entdeckst du?

■ Wessen Hände kannst du dort sehen?

■ Kommt Jesus auf dem Bild vor? Wenn ja, wo kannst du ihn sehen? (Jesus ist nicht als Person da, er ist nur in Zeichen, den Händen, sichtbar und in der Gemeinschaft spürbar.)

Gemeinsam lesen wir den Text auf Seite 66 und bringen ihn mit dem Bild in Verbindung. Im Unterrichtsgespräch wird deutlich, dass Jesus „die anderen", die Ausgegrenzten an seinen Tisch holt, die, die keiner bei sich haben möchte.

In der sich anschließenden Arbeitsphase schneiden die Kinder aus Zeitschriften oder Illustrierten unterschiedliche Menschen aus und kleben sie um den Tisch herum (➤ M 6). Dabei kann das Bildmaterial bereits von der Lehrkraft vorsortiert worden sein, damit die Kinder von unpassenden Bildern in Zeitschriften nicht zu sehr abgelenkt werden. Sie setzen unterschiedliche Menschen (Alter, Geschlecht, Herkunft, Größe …) um einen Tisch herum. Einen Platz lassen sie frei. Auf diesen Platz setzen die Kinder sich selbst. Entweder bringen sie ein Foto mit, welches sie an die Stelle kleben oder sie zeichnen sich selbst in die Mahlgemeinschaft hinein. Kinder, die mit ihrer Arbeit bereits fertig sind, können den Tisch bunt gestalten und ihre Gemeinschaft mit der ihres Nachbarn vergleichen. Die Arbeitsblätter mit den Mahlgemeinschaften werden in der Religionsmappe abgeheftet.

 4. träumen + trauen

Leitmedium: Erzählung vom „Brot des Glücks" (M 7)

Die Erzählung vom Brot des Glücks handelt von einem alten und weisen König, dessen Tage gezählt sind und der sein Volk immer mit Liebe und Weisheit regiert hat. Voller Sorge um seine Nachfolge und um seine Unterta-

nen schickt er nun seinen einzigen Sohn, den Prinzen, in die Welt hinaus, damit er das Brot des Glücks suche. Denn nur, wenn dieser als Nachfolger seines Vaters den Untertanen von dem Brot geben kann, werden die Menschen satt und glücklich werden. Nachdem der Sohn lange erfolglos gesucht hat, begegnet er eines Tages einem Kind, welches sein Brot mit ihm teilt. Sofort verschwindet seine Not und er weiß, dass er das Brot des Glücks gefunden hat. Aber erst, als das Kind ihm berichtet, dass dies ganz gewöhnliches Brot sei, welches die Mutter am Morgen gebacken hat, erkennt er, dass das Brot durch das Teilen zwischen dem Kind und ihm zum Brot des Glücks für ihn geworden ist. Er kehrt zurück und kann nun die Nachfolge seines Vaters antreten und das Reich mit Liebe und Weisheit regieren.

Die Erzählung vom Brot des Glücks führt uns weg von der materiellen Not, hin zur inneren Not des Einzelnen. Um diese zu überwinden, müssen wir uns auf unseren Nächsten einlassen. Wir müssen die Not der Menschen um uns herum wahrnehmen und erkennen. Nur wenn wir beginnen zu teilen, abzugeben und uns für andere und deren Nöte zu öffnen, können wir auch unsere eigene Verzweiflung, unsere Nöte und Ängste abbauen und überwinden.

Lernmöglichkeiten

Die Lehrkraft liest den Kindern die Erzählung vom „Brot des Glücks" (➤ M 7) vor oder erzählt diese frei. Nachdem alle Verständnisfragen geklärt worden sind, haben die Kinder die Aufgabe, sich mit einem Partner zusammenzutun und sich gegenseitig Fragen zur Geschichte zu stellen. Jedes Kind darf im Wechsel dem anderen Kind je drei Fragen zum Inhalt der Erzählung stellen, die dieses beantworten muss.

Im Anschluss werden Vierergruppen gebildet, die nun die Geschichte nachspielen sollen. Jede Gruppe soll die Rollen selbstständig verteilen und den Text und die Requisiten festlegen bzw. aussuchen.

Zum Schluss der Stunde werden die verschiedenen Gruppenarbeiten vorgestellt. Jede Gruppe spielt ihre Erzählung vor. Diese werden miteinander und mit der Originalerzählung verglichen.

In einer Abschlussrunde überlegen die Kinder gemeinsam, was sie miteinander teilen könnten und was so für sie das Brot des Glücks werden könnte.

Weitere Anregungen

■ Alternativ zum szenischen Spiel können die Kinder auch in Gruppen zu Teilen der Erzählung **große Plakate gestalten**. Diese können später in die richtige Reihenfolge gebracht und im Klassenraum ausgehängt werden. So haben die Kinder die Geschichte immer vor Augen.

5. glauben + (be)kennen

Leitmedium: Jesu Liebe steckt an (SB S. 68–69)

Betrachtet man den Hintergrund der Doppelseite, erkennt man Wellen, die sich über die Seite hinweg kreisförmig ausbreiten. Die Wellen gehen von dem Christusbild aus. Auf dem Bild ist die Heilung der Schwiegermutter des Petrus dargestellt. Jesus sitzt auf einem Schemel und hat die Füße auf einer Fußbank stehen. Das Bild lässt erkennen, dass die Szene im Freien, vielleicht auf einem Hügel, spielt. Jesus umfasst mit seiner rechten Hand das Handgelenk der Schwiegermutter des Petrus, als wollte er sie retten oder emporziehen. Hinter der Schwiegermutter stehen drei einfach gekleidete Männer, was bedeutet, dass auf diesem Bild auch von der Heilung anderer Menschen erzählt wird. In dem großen Heiligenschein Jesu stehen schwer erkennbar die drei Buchstaben L, U und X (lat. Licht). Damit wird deutlich, dass Jesus das Licht bringt. Er will Licht sein für alle auf der Welt. Jetzt ist zu verstehen, dass die Wellen auf dem Bild ihren Ausgangspunkt im Wirken Jesu haben und sich hin zu den Menschen ausbreiten, die auf den anderen Bildern dargestellt sind. Dort erkennt man neben einigen Heiligen (Nikolaus, Martin, Franziskus und Elisabeth) die Ärztin Ruth Pfau, den schwarzen Bürgerrechtler Martin Luther King und die Sternsinger. In der Nachfolge Jesu stehen zeitlich gesehen zunächst die Heiligen, die auch auf der Doppelseite direkt auf das Bild von Jesus Christus folgen. Daran schließen sich die Fotos an, die dokumentieren, dass wir uns in der Nachfolge Jesu in der neueren Zeit befinden. Alle diese Menschen haben sich von der Liebe Jesu anstecken lassen. Worte und Taten Jesu haben bis heute Auswirkungen auf die Menschen. Auf allen Bildern lässt sich die Zuwendung zu einem Menschen erkennen. Deutlich wird dies vor allem durch das Symbol der Hand. Auf fast allen Bildern (Ausnahme: Sternsinger) reicht ein Mensch einem anderen die Hand, hält diese fest oder streckt die Hand empor. Was auf den Bildern zu sehen ist, wird im Text auf der Doppelseite zusammengefasst.

Lernmöglichkeiten

Die Stunde beginnt mit einem meditativen Einstieg. In unserer Mitte steht ein großes Glas oder eine Schüssel gefüllt mit Wasser. Nachdem alle Kinder ruhig geworden sind, wirft die Lehrkraft unterschiedlich große Steine in das Glas/die Schüssel. Die Kinder betrachten die Wellenbewegungen, die dadurch hervorgerufen werden. Sie verfolgen die Kreise, die von der Mitte her immer größer und weiter werden und sich zum Rand fortsetzen. Wenn die Kinder das Bedürfnis haben, dürfen sie sich zu den Wellen äußern.

Danach schlagen wir das Buch auf der Seite 68–69 auf und betrachten die Bilder. Einige Dinge werden die Kinder wiedererkennen, andere sind ihnen fremd und müssen erklärt werden. Zu den Heiligen Franziskus,

Ruth Pfau

Die Jüdin Ruth Pfau wurde 1929 in Leipzig geboren. 1949 flüchtete sie in den Westen, wo sie ihr Medizinstudium begann. Sie wollte Leid lindern und Menschen ihre Würde wiedergeben. 1951 trat sie zunächst zum evangelischen Glauben über, bevor sie sich 1953 katholisch taufen ließ. Einige Jahre später (1957) trat sie dem Orden der „Töchter vom Herzen Mariä" bei. 1960 wurde sie von ihrem Orden nach Pakistan gesandt. Das Elend, vor allem das der Leprakranken, bestimmte von da an ihr Leben. Sie machte es sich zur Aufgabe, diesen Menschen zu helfen und sie zu heilen. Sie kümmerte sich um die Aussätzigen, ging in die Slums und schaffte es, mit Spenden aus Deutschland eine moderne Spezialklinik, das Marie-Adelaide-Leprazentrum, aufzubauen. Sie baute ein flächendeckendes Netzwerk auf und erreichte auch in weit abgelegenen Dörfern die Menschen, um sie mit Medikamenten zu versorgen. 1996 war die Lepra erstmals unter Kontrolle.

Heute ist Ruth Pfau Ehrenbürgerin Pakistans und behandelt neben der Lepra auch andere Krankheiten, vor allem Tuberkulose und Augenkrankheiten.

Martin Luther King

Martin Luther King wurde am 15.01.1929 in Atlanta, in Georgia geboren. Er war Pfarrer einer Baptistengemeinde, machte seinen Abschluss am theologischen College und studierte danach in Boston. 1953 heiratete er Coretta Scott, 1955 promovierte er zum Doktor der Philosophie.

Bekannt wurde er durch den Montgomery-Bus-Boykott. Er war der Anführer dieses Boykotts, dessen Auslöser eine Schwarze war, die sich geweigert hatte, einem weißen Fahrgast ihren Sitzplatz zu überlassen. Der Boykott endete 1956 erfolgreich mit einem Erlass des Obersten Gerichtshofes, der jede Art von Rassentrennung in öffentlichen Verkehrsmitteln verbot. Martin Luther King aber wurde inhaftiert, sein Haus in die Luft gesprengt und er erhielt Morddrohungen. Sein ganzes Leben lang setzte er sich engagiert und couragiert gegen die Rassentrennung ein. Seinen gewaltlosen Kampf gegen die Diskriminierung der Schwarzen in den USA führte er inspiriert von den Gedanken und Methoden Gandhis. King hatte viele Widersacher. Er wurde tätlich angegriffen, überlebte ein Bombenattentat und wurde ca. 30-mal in Haft genommen. 1964 erhielt er den Friedensnobelpreis. Nach seiner letzten Rede am 3. April 1968 wurde er am nächsten Tag in Memphis, Tennessee erschossen.

Nikolaus und Martin haben die Kinder im Unterricht bereits gearbeitet. Durch die Bildunterschriften können die Kinder diese Bilder den Heiligen zuordnen und beschreiben. Dabei wiederholen sie, was sie von ihnen behalten haben. Elisabeth von Thüringen wird von der Lehrkraft als eine weitere Heilige beschrieben, die sich auch für ihre Mitmenschen eingesetzt hat. Um den Kindern deutlich zu machen, dass die Menschen auf den Bildern etwas für andere tun, ihnen helfen, sich für sie einsetzen, bekommen die Kinder die Aufgabe, alle Bilder zu suchen und zu beschreiben, auf denen eine Hand ausgestreckt wird. Dabei kann auch ein Spiel entstehen. Ein Kind sucht sich ein Detail auf einem Bild aus und beschreibt dieses. Die anderen Kinder suchen das entsprechende Bild. Im Gespräch macht die Lehrkraft deutlich, dass die Menschen auf den Fotos rechts oben (Ruth Pfau, Sternsinger) heute noch aktiv sind. Im Unterrichtsgespräch sollte sowohl die Verbindung zwischen der Seitenüberschrift „Jesu Liebe steckt an" und den Bildern gezogen werden als auch die zwischen den Bildern und dem Seitenhintergrund. Jesu Liebe steckte nicht nur die Menschen damals an, die diese Liebe weitergaben und weiterlebten, sondern auch wir heute können uns noch davon anstecken lassen. Einige Menschen (Ruth Pfau, Martin Luther King) stehen sogar mit ihrem ganzen Leben dafür ein. Je mehr Menschen etwas tun, je mehr sich anstecken lassen und durch Taten und Worte zeigen, wofür sie einstehen, umso größere Kreise kann die Liebe Jesu ziehen, umso mehr kann sie sich ausbreiten wie die Wellen im Wasser. Die beiden Texte auf der Seitenmitte werden gelesen und gemeinsam erschlossen.

Im Anschluss suchen die Kinder aus Zeitschriften Bilder oder Fotos heraus, auf denen Menschen einander die Hand reichen. Wie steckt uns Jesu Liebe im Alltag an, wie leben wir seine Liebe? Diese Bilder legen wir um unsere Wasserschale herum. Zum Abschluss dürfen einige Kinder noch einmal die Steine ins Wasser werfen, während alle die entstehenden, sich ausbreitenden Wellen mit den Augen verfolgen.

Weitere Anregungen

■ Als Alternative zu den Bildern aus den Zeitschriften können die Kinder sich auch **um das Wasserglas herumsetzen**, einen Stein ins Wasser werfen und dazu sagen, wann ihnen schon einmal etwas Gutes getan wurde.

6. leben + gestalten

Leitmedium: Herr, gib uns Mut (SB S. 70) und Ich-Aussagen Jesu (M 8)

Jesu Botschaft kann uns heute noch anstecken. Die Wellen (S. 68–69) dringen auch bis zu uns, zu mir heute vor und selbst ich kann diese Wellen noch ein Stückchen weitertragen. Jesus spricht uns Mut zu, spendet Trost und gibt uns Hoffnung. Aber wir müssen seine Botschaft hören und uns auf sie einlassen. Das Lied „Herr, gib uns Mut" (S. 70) verdeutlicht noch einmal, dass wir uns immer auf Gott verlassen können, dass er immer bei uns ist, uns nie verlässt. Auch in scheinbar ausweglosen Situationen können wir auf ihn und seine Liebe bauen. Wir können auf ihn, auf sein Reich hoffen.

Lernmöglichkeiten

Wir schlagen die Seite 70 auf und erarbeiten gemeinsam das Lied „Herr, gib uns Mut". Dazu wird im Unterrichtsgespräch noch einmal aufgegriffen, dass Jesu Liebe auch uns anstecken kann. Sie ist auch heute noch gegenwärtig, wenn wir auf sie hören. Jesu Botschaft und Jesu Liebe will uns Mut machen, will uns stark machen und uns Trost zusprechen. Auf Jesus und das Reich Gottes können wir immer hoffen, sind die Situationen auch noch so ausweglos.

Nachdem die Kinder das Lied gesungen haben, werden auf Pappstreifen verschiedene Ich-Aussagen Jesu ausgelegt (➡ M 8). Die Aussagen werden vorgelesen. Dabei wird gemeinsam kurz überlegt, wer das „Ich" in den Sätzen ist und welche Bedeutung die Sätze haben. Gibt es die Möglichkeit, anstelle von „Ich" auch etwas anderes einzusetzen? Mit den Kindern sollte weiterhin erarbeitet werden, dass nicht nur die Menschen damals (vgl. glauben + (be)kennen) Mut und Kraft aus der Botschaft Jesu schöpfen konnten. Auch wir heute können uns durch diese Aussagen von Jesu Liebe anstecken lassen und Kraft für uns daraus schöpfen.

Die Kinder dürfen sich nun eine oder auch mehrere Aussagen heraussuchen, die ihnen zusagen, die ihnen gefallen, die sie mögen. Welche Aussage macht mir Mut und steckt mich an? Was folgt für mich daraus? Wie kann ich selbst den Glauben leben und weitergeben? Dann sollen sie den Satz auf ein leeres DIN-A4-Blatt schreiben und dazu malen. Was fällt mir zu dem Satz ein? An was erinnert mich der Satz? War ich schon einmal in einer Situation, in der ich diesen Satz hätte gebrauchen können? Die Bilder können ausgestellt und danach in der Religionsmappe abgeheftet werden.

Materialien

M 1: Waage (Bastelvorlage)

M2: Schule statt Kohle (Bericht aus Kolumbien)

Mit jedem Meter fällt das Atmen schwerer. Die Luft ist getränkt von Schwefelgasen und Staub. Längst hat das Thermometer die 50-Grad-Marke erreicht. Das schmale Erdloch endet abrupt an einer Steinmauer. Selbst ein 13-Jähriger könnte hier nicht mehr aufrecht stehen. Eine einzelne, mit Staub bedeckte Glühbirne wirft ihr fahles Licht auf drei Männer in Schwarz. Sie stecken bis zu den Knien in Schlamm. Mit Sitzhacken schlagen sie auf das Gestein ein. Alle zehn Minuten müssen die Männer „auftauchen". Dann kriechen sie 200 Meter nach oben, bis sie die Mitte der Erdhöhle erreicht haben. Kurzes Verschnaufen, ein paar Mal tief Luft holen, dann geht es wieder in die Tiefe.

Für Jesus, Jorge und Ernay ist es ganz normaler Arbeitstag. Ihr halbes Leben haben sie in winzigen Erdhöhlen unter der Erde verbracht. Die drei Männer kommen aus Amagá, einer Kleinstadt rund 50 Kilometer nordwestlich von Medellín. Der ganze Ort lebt von der Kohle. Von den 108 unterirdischen Minen haben ganze sechs eine staatliche Lizenz. Die restlichen Gruben werden illegal betrieben: ungesicherte, dunkle Erdlöcher, die bis zu 400 Meter in den Boden dringen. Viele Schächte sind gerade einmal einen halben Meter breit. Sie sind weder belüftet noch ausreichend abgestützt. Erwachsene verdienen umgerechnet zwei Dollar am Tag, Kinder einen Bruchteil davon. Lohn gibt es nur, wenn die Mine den erwarteten Ertrag bringt. Arbeitsunfälle, oft mit tödlichem Ausgang, gehören zum Alltag. Keine Zeitung nimmt davon Notiz. Nur die großen Tragödien bleiben im Gedächtnis haften. Wie 1982, als fast 80 Menschen bei einer Gasexplosion ums Leben kamen. Arbeiten auf eigene Gefahr.

Andrés begann seine „Karriere" vor zwei Jahren. Da war er gerade einmal zehn. Kein ungewöhnliches Einstiegsalter für die „Mineneros" von Amagá. Kinderarbeit hat hier Tradition. Bei Stichproben fand die staatliche Kohlegesellschaft Minacol im vergangenen Jahr 230 Minderjährige in den Schachtanlagen rund um Amagá. Das ist fast ein Zehntel der Bevölkerung unter 18 Jahren. Die tatsächliche Zahl dürfte um ein Vielfaches höher liegen. Andrés ist ein typischer Fall. Ohne Vater aufgewachsen, musste er schon früh zum Unterhalt der Familie beitragen. Zunächst brachte er den Arbeitern das Essen an die Zeche. Für die meisten Kinder ist das der Einstieg in die Halbwelt der Kohlegruben. Wenige Monate später folgte der erste „Abstieg". Ihm wurde ein Seil um die Stirn gebunden, an dessen Ende ein zentnerschwerer Kohlesack befestigt war. Auf den Knien schleppte er den Sack mehrere hundert Meter weit bis zum Ausgang. Den ganzen Tag lang. Sein Verdienst: knapp zwei Euro pro Woche. Die Minenbetreiber setzen vorwiegend Kinder als „Lastesel" ein. Die meisten Erdlöcher sind so schmal, dass Erwachsene sie nur mit Mühe passieren können.

Es begann mit Hautausschlägen

Andrés war stolz, als er den ersten Tag überstanden hatte. Ab jetzt sollte ihn jeder respektieren. Doch schon nach wenigen Wochen wurde er krank. Es begann mit Hautausschlägen und Rückenproblemen. Danach begann die Lunge zu schmerzen. Mit elf konnte er nicht mehr frei atmen, alle Knochen taten ihm weh. Es sind die typischen Beschwerden, die jeder der kleinen „Mineros" durchleben muss. „Ich habe bisher noch kein Minenkind gesehen, das nicht an Wachstumsstörungen und körperlicher Unterentwicklung leidet", sagt Juan Sánchez vom Jugendzentrum Don Bosco. Die Jungen seien in der Regel zehn Zentimeter kleiner als ihre Altersgenossen. Vor einem Jahr fand er Andrés gemeinsam mit sieben weiteren Kindern in der berüchtigten Mine El Troncal. Sie ist nur 40 cm hoch und völlig unbeleuchtet. „Wir mussten ihn regelrecht davon überzeugen, mit uns zu kommen", erinnert sich der Erzieher. Erst Monate danach begriff der Junge, dass die Begegnung für ihn eine Art Wiedergeburt war.

Das Jugendzentrum „Don Bosco" in Amagá ist Teil eines Pilotprojekts zum Schutz vor Kinderarbeit. 1994 von Salesianer-Padres ins Leben gerufen, will die Initiative jungen „Mineros" eine Alternative zur Arbeit in der Mine bieten. Das Projekt gliedert sich in zwei Stufen: Zunächst finden die „Aussteiger" Zuflucht im Jugendzentrum „Don Bosco". Nachdem sie hier ihre Schulausbildung absolviert haben, werden sie im „Centro de Capacitación" (Ausbildungszentrum) für das Berufsleben fit gemacht. Dieser Schritt ist besonders wichtig, denn ohne eine berufliche Zukunftsperspektive ist der erneute „Abstieg" zumeist nur eine Frage der Zeit. Zur Wahl stehen die Ausbildungsgänge Maschinenschlosser, Automechaniker und Agrartechniker. Bis heute haben mehr als 1800 Kinder und Jugendliche das Programm durchlaufen. Die Rückfallquote liegt bei ganzen sieben Prozent. Erfolge, die Ausbildungsleiter Orlando González jedoch nicht den Blick für die Realität verstellen: „Kinderarbeit gehört hier nach wie vor zum Alltag", ist sich der 59-Jährige bewusst. „Solange das so ist, geben wir keine Ruhe".

Operation Freundschaft

Um langfristigen Erfolg zu garantieren, setzen die Ausbilder des „Centro Don Bosco" dort an, wo Kinderarbeit entsteht: in den Familien. Einmal pro Woche macht sich einer der Sozialarbeiter auf zur „Operación amistad" (Operation Freundschaft). Er besucht die einschlägigen Kohleminen und sucht das Gespräch mit den Eltern und Verwandten. Hier ist echte Überzeugungsarbeit gefragt. Den meisten Erwachsenen seien die katastrophalen Folgen für Psyche und Körper überhaupt nicht bewusst, ist sich Orlando sicher: „Seit ihrer Kindheit kennen die Männer nichts anderes als die Mine. Da ist es nur logisch, dass der Nachwuchs in die gleichen Fußstapfen tritt." Diesen „Generationenvertrag" zu durchbrechen und das Bewusstsein der Familie zu schärfen, gehört zu den vorrangigen Zielen der Salesianer. Die „Operation Freundschaft" ist hierbei nur der erste Schritt. Nicht selten benötigen die Eltern eine ebenso intensive Betreuung wie die Kinder selbst. Ob psychologische und medizinische Hilfe, Ernährungsberatung oder die Aufklärung über Kinderrechte: Die Mitarbeiter des „Centro Don Bosco" müssen echte Allroundtalente sein. „Die Familie ist der Schlüssel zum Erfolg des Projektes", weiß Orlando aus langer Erfahrung. „Ohne ihre Rückendeckung haben die Kinder kaum eine Chance, den vorgezeichneten Lebensweg zu verlassen." Hierzu gehört auch die finanzielle Entlastung der Eltern. Im Jugendzentrum erhalten die Schüler eine ausgewogene Ernährung und umfassende medizinische Betreuung. Die Salesianer kommen auch für Unterrichtsmaterialien und Kleidung auf. „Die Kinder erhalten bei uns, was sie sich früher in der Mine hart erarbeiten mussten", sagt Orlando. Dadurch entfällt der materielle Zwang, sich in die Hände skrupelloser Minenbetreiber zu begeben.

„Nie wieder Kohle"

13 Uhr: Essenszeit im „Centro Juvenil". Andrés sitzt auf der Bank und löffelt gedankenverloren seine Suppe. Er redet wenig, ganz im Gegensatz zu seinen Schulfreunden, die übermütig um das Essen ringen. Mal ruhig auf die Jungen einredend, mal im harschen Kasernenton versuchen die Betreuer, die wilde Horde im Zaum zu halten. „Der Umgangston unter den Schülern ist rau", erklärt Erzieher Juan Sánchez. Die meisten stammen aus zerrütteten Familien und kennen nur die Sprache der Gewalt. Von frühester Kindheit an mussten sie sich in der Berufswelt der Erwachsenen durchsetzen. Ethische Grundregeln wie Respekt, Ehrlichkeit und die Bereitschaft zum Dialog müssen erst erlernt werden. „Das meiste vermitteln wir ihnen im Spiel", so Juan. „Hier dürfen sie das, was ihnen ‚draußen' stets verwehrt wurde: Kind sein." Während vormittags gepaukt wird, steht der Nachmittag ganz im Zeichen kreativer Entfaltung. Die Schüler haben die Wahl zwischen Handwerksgruppen, Lese- und Theaterwerkstätten sowie Musik- und Tanzkursen. Kinder, die nichts anderes kennen, als in dunkle Erdlöcher zu steigen und Kohlesäcke zu schleppen, lernen zum ersten Mal, ihre Persönlichkeit frei zu entfalten. Der kreative Lehransatz setzt sich in der pastoralen Ausbildung fort. Hierfür ist Padre Luis Carlos Osa zuständig. Regelmäßig veranstaltet er Gottesdienste, leitet Katechesekurse und Bibelgruppen und kümmert sich in Einzelgesprächen um das seelische Wohl der Kinder. Wöchentlich wählen die Schüler ein Motto aus der Bibel, das sie in Plakaten, Bildtafeln, Gedichten und Leitworten kreativ verarbeiten.

Die Balance zwischen kindlicher Entfaltung und Disziplin zu halten, ist für die Betreuer eine stetige Gradwanderung. Bei allem Freiraum sei es wichtig, Grenzen zu markieren und feste Spielregeln vorzugeben, betont Juan: „Die Jungs müssen lernen, sich ihre Zukunft selbst zu erarbeiten. Sonst haben sie im späteren Leben keine Chance." Zumindest bei Andrés hat das pädagogische Konzept erste Erfolge gezeigt. „Als er vor einem Jahr hierher kam, war der Junge völlig traumatisiert", erinnert sich Juan. „Er redete mit niemandem, und den Unterricht ließ er teilnahmslos über sich ergehen." Ruhig ist Andrés zwar immer noch, doch seine anfängliche Apathie ist Entschlossenheit gewichen: „Sobald ich meinen Schulabschluss habe, werde ich Automechaniker. In einer Mine hat man mich jedenfalls zum letzten Mal gesehen."

Text: Michael Brücker

M3: Edvin Bello, 14 Jahre, aus Kolumbien, berichtet (Textvorlage)

Ich bin im wahrsten Sinne ein Kind der Straße. Schon meine Eltern waren obdachlos. Ich habe sie nie kennengelernt. Großgezogen wurde ich von einer Gruppe von Jugendlichen, die im „Barrio Cartuche"[1] auf der Straße lebten. Wir waren ständig auf der Flucht. Paramilitärs und private Wachfirmen machten regelrecht Jagd auf uns Obdachlose. Viele wurden einfach auf offener Straße erschossen. Als das „Barrio Cartuche" dichtgemacht wurde, war ich elf Jahre alt. Ich wusste nicht, wohin. Mein größter Wunsch war es, einmal in meinem Leben das Meer zu sehen. Ich hatte einmal gehört, dass ganz Kolumbien von Meer umgeben sei. Also versteckte ich mich als blinder Passagier in einem Bus. Als wir am Ziel ankamen, fragte ich den Erstbesten nach dem kürzesten Weg zum Strand. Der Mann sagte, ich solle die Metro nehmen und ins Zentrum fahren. Doch auch dort kein Meer in Sicht. Eine Polizeistreife sah mich umherirren und griff mich auf. Sie brachte mich zur staatlichen Kinderfürsorge. Hier wurde ich erst einmal darüber aufgeklärt, dass ich in Medellín gelandet war, einer Stadt im Landesinneren, in der es weit und breit kein Meer gibt.

Nach einigen Tagen wurde ich in ein Heim gebracht. Der Anfang war verdammt schwer. Ich war der Kleinste meines Alters und wurde regelmäßig verprügelt. Außerdem war ich die strengen Regeln der Herberge nicht gewohnt. Für alles gab es feste Zeiten, die ich mir nie merken konnte. Jeder Streit, jede Handgreiflichkeit wurde mit Minuspunkten bestraft. Doch ich kannte nichts anderes: Auf der Straße sind deine Fäuste die einzige Waffe, um dein Leben zu verteidigen.

Inzwischen habe ich mich an das Leben hier in der Don-Bosco-Stadt gewöhnt. Ich habe eine Menge Freunde gefunden, mit denen ich viel Spaß habe. Jeden Tag warmes Essen, ein festes Dach über dem Kopf: Das ist schon eine feine Sache. Das Beste aber ist: Ich muss nicht mehr täglich Angst um

---

1 Das „Barrio Cartuche" galt über viele Jahre als das gefährlichste Viertel in Bógota, der Hauptstadt Kolumbiens. Bis es 2001 einem Parkplatz weichen musste, war das Viertel ein zentraler Zufluchtsort für Straßenkinder, Flüchtlinge aus allen Landesteilen, Drogendealer und Prostituierte. Erzählungen zufolge traute sich nachts nicht einmal die Polizei ins „Barrio Cartuche".

mein Leben haben. Sogar die Schule macht einigermaßen Spaß. Einen Wunsch haben sie mir aber bis heute nicht erfüllt: Aufs Meer warte ich immer noch.

Text: Michael Brücker

M 4: Ciudad Don Bosco (Das Straßenkinderprojekt der Salesianer in Medellín)

Die Don-Bosco-Stadt, an den Berghängen Medellíns im Stadtviertel Aures gelegen, ist das Ziel ihrer Träume: Wer es bis hier oben geschafft hat, ist dem Leben auf der Straße endgültig entkommen. Rund 700 Jugendliche leben zurzeit in der „Ciudad Don Bosco" und absolvieren hier ihre Ausbildung. Davor liegt für die „Gamines", wie die Straßenkinder Kolumbiens genannt werden, allerdings ein langer und steiniger Weg.

Erste Station ist der sogenannte „Patio Don Bosco", ein Heim für jugendliche Obdachlose in dem berüchtigten Stadtviertel „Barrio Triste". Jede Woche tauchen zwei Salesianer-Pater in die Halbwelt des „Barrio Triste" ein und laden die Straßenkinder in ihren „Patio" ein. Hier können sich die „Gamines" waschen, erhalten eine warme Mahlzeit, werden medizinisch und psychologisch betreut. Das im März 2004 neu eröffnete Heim bietet rund 150 „Gamines" einen Schlafplatz. Die Bedingungen für den Einstieg in die Welt von Don Bosco: keine Waffen, keine Drogen, kein Diebstahl.

Wer sechs Wochen regelmäßig in den „Patio" geht und die Verhaltensregeln beachtet, erhält einen Platz in der sogenannten „Albergue" (spanisch: Herberge). Hier ist die Betreuung intensiver, das Bildungsangebot größer, doch auch die Regeln sind strenger. Die Kinder müssen sich an einen festen Tagesablauf gewöhnen, bekommen Grundregeln des Zusammenlebens vermittelt, besuchen täglich den Unterricht. Großen Wert legen die Salesianer darauf, dass die „Gamines" sich ihren Traum von einem neuen Leben selbst erarbeiten. Sie bekommen nichts geschenkt, sondern müssen für jedes Paar Schuhe, für jedes T-Shirt Punkte sammeln. Wer seine Kleidung und sein Geschirr sauber hält, Verantwortung für die anderen übernimmt oder ein Handwerk erlernt, sammelt Punkte. Wer dagegen überwiegend auf der faulen Haut liegt, hat kaum eine Chance auf den Aufstieg in die Don-Bosco-Stadt. Hier, hoch über dem stickigen Zentrum der Millionenmetropole, durchlaufen die Kinder und Jugendlichen die beiden letzten Etappen des Ausbildungssystems. Abschnitt drei endet mit dem Sekundarabschluss, Station vier mit einer staatlich anerkannten Berufsausbildung. Wer es bis hierhin geschafft hat, ist bestens darauf vorbereitet, auch „draußen" sein Leben zu meistern. Oder er bleibt gleich bei Don Bosco und verhilft anderen Straßenkindern zum Ausstieg.

Text: Michael Brücker

M 7: Das Brot des Glücks (Erzählung)

Es lebte einmal ein alter und weiser König. Er hatte all die Jahre seines Lebens hindurch sein Volk mit Liebe und Weisheit regiert. Nun fühlte er, dass seine Zeit gekommen war, und er dachte voller Sorge an das, was nach seinem Tod mit seinem Volk und Land geschehen sollte. Da rief er seinen Sohn zu sich, den einzigen, und sprach zu ihm: „Mein Sohn, meine Tage sind gezählt! Geh du deshalb in die Welt hinaus und suche das Brot des Glücks, denn nur, wenn du deinen Untertanen das Brot des Glücks geben kannst, werden sie satt werden, und du wirst ein guter König sein."

So ging der Prinz in die Welt hinaus und suchte das Brot des Glücks. Aber in welche Backstube er auch schaute, in welchem Laden er auch nachfragte, niemand kannte das Brot des Glücks. Der Prinz war verzweifelt. Niemand wusste von dem Brot des Glücks, niemand hatte auf seine Frage eine Antwort.

Als er in seiner Angst und Sorge dasaß, kam ein Kind des Wegs und schaute ihn an: „Du hast Hunger", sprach es und reichte ihm ein Stück Brot. „Da nimm, ich habe nicht mehr, aber mit dir will ich teilen."

Der Prinz nahm das Brot und sogleich verschwand seine Not, als sei sie nie da gewesen. „Das Brot des Glücks!", rief er. „Du hast das Brot des Glücks!", rief er. „Du hast das Brot des Glücks. Schnell, gib mir mehr davon: Wo hast du es her?"

„Das ist das Brot, das meine Mutter heute Morgen gebacken hat. Sie gab es mir, damit ich keinen Hunger zu leiden brauche. Du hattest Hunger, und so teilte ich es mit dir."

„Das ist alles?", fragte der Prinz. „Ist es kein besonderes Brot?"

„Nein, es ist wie jedes andere Brot, aber weil es zwischen dir und mir geteilt wurde, ist es für dich das Brot des Glücks geworden."

Da erkannte der Prinz, wo das Brot des Glücks für alle Zeit zu finden war. Er kehrte zu seinem Vater zurück und erzählte ihm, wie er das Brot des Glücks gefunden und wie es ihm geholfen hatte, mit seiner Verzweiflung fertig zu werden. Von da an wusste der Vater, dass der Prinz, genau wie er selbst, das Reich mit Liebe und Weisheit regieren würde, alle Tage seines Lebens.

Schule statt Kohle: Kinder müssen zum Unterhalt der
Familie beitragen

Schule statt Kohle: Schuften für zwei Dollar am Tag

Edvin Bello

Ciudad Don Bosco

Fischer u.a.: Ich bin da 2, Lehrerhandbuch
© Auer Verlag GmbH, Donauwörth

Ich bin das Brot des Lebens. (Joh 6,48)

Ich bin der Weg und die Wahrheit und das Leben;
niemand kommt zum Vater außer durch mich. (Joh 14,6)

Ich bin der Weinstock, ihr seid die Reben. (Joh 15,5)

Ich bin der gute Hirt. Der gute Hirt gibt sein Leben hin
für die Schafe. (Joh 10,11)

Ich bin bei euch alle Tage
bis zum Ende der Welt. (Mt 28,20)

Ich bin der Quell des Lebens.
Wer aber von dem Wasser trinkt, das ich euch geben werde,
der wird nie mehr dürsten. (nach Joh 4,13 f.)

Ich bin das Tor zum Leben. (nach Joh 10,9)

Ich bin das Licht der Welt. Wer mir nachfolgt,
wird nicht in der Finsternis umhergehen,
sondern wird das Licht des Lebens haben. (Joh 8,12)

Fischer u. a.: Ich bin ich da 2, Lehrerhandbuch

12. Dem Wort vertrauen

Darum geht es

Theologische Perspektive

Aus der zunächst mündlichen Weitergabe der Frohen Botschaft von der Auferstehung Jesu, seinem Heilshandeln und der Aussendung der Jünger in seinem Geist, entstanden durch erste Aufzeichnungen, Briefe und Fragmente die Schriftzeugnisse über das, was die Freunde Jesu in jenen Tagen mit ihm erlebt, gehört und gesehen hatten. Erste jüdische/christliche Gemeinden fanden zusammen, beriefen sich auf Jesus und hielten Kontakt mit den letzten Zeitzeugen und Aposteln der Urkirche. Die Evangelien entstanden so auch unter dem Eindruck allmählich verblassender Erinnerung nach dem Aussterben der Wegbegleiter Jesu. Durch Zeiten der Anfeindung und Verfolgung fanden die Urgemeinden zu einer existenziellen Innigkeit und Glaubwürdigkeit. Die verbrieften, biblischen Urkunden wurden umso wertvoller als Glaubenszuspruch in schweren Zeiten. Mit dem Fall Jerusalems war auch das Herz des Judentums getroffen, sodass sich jüdisches/christliches Gedankengut weit außerhalb Israels verbreitete und sich von seinen jüdischen Wurzeln löste. Seit der konstantinischen Wende, bei der sich der Kaiser von Rom zum erstarkten Christentum bekannte, wurden gar antisemitische Tendenzen spürbar, die auch Ursachen in der wachsenden Sympathie für Rom hatten, zu dessen Staatsreligion das Christentum jetzt avancierte. Das Christentum erstarkte und entwickelte sich zur organisierten Kirche. Die Gottesdienstformen der Urkirche gingen in rituelle, liturgische Feiern über. Im Mittelpunkt des Wortgottesdienstes hielt die Kirche stets die Urkunde des Glaubens hoch und heilig: die Bibel, das Buch der Kirche Jesu.

Religionspädagogische Leitlinie

Die Bedeutung der Schrift als Erinnerungshilfe und Erfahrungsschatz wird Kindern gerade in der Klasse 2 bewusst, weil sie selbst eben erst Schreibkompetenzen erworben haben. Die Kulturgeschichte im Ganzen ist ohne Schriften und Bücher, ohne Literatur nicht denkbar. Das wird auch Kindern einleuchten, wenn sie über die Bedeutung von Büchern für ihr Leben nachdenken.

Dabei stoßen wir wieder auf das Buch, das die Literatur, ja Weltgeschichte wie kein anderes beeinflusst und geprägt hat. Wer weiß, wie wichtig die schriftliche Überlieferung für die ersten Christen als Kraftquelle und Glaubenszeugnis in existenzieller Not war, der wird ihren wahren Wert und die Bedeutung der Schriften besser einschätzen können. Die Patina der bewegten Geschichte verleiht dem Buch den Respekt und die Aufmerksamkeit, die nötig sind, um es ernst zu nehmen. Erst im zweiten Schritt wird Gottes Wort darin hörbar.

Lernanliegen

So ist es erstes Lernanliegen, die Aufmerksamkeit für dieses einmalige Zeugnis des Glaubens zu wecken, Ursprungssituationen des Glaubens aufzusuchen und die lange Tradition der biblischen Botschaft auch mit ihrem jüdischen Anteil spürbar werden zu lassen. Neben dem reichen Erfahrungsschatz, den Literatur immer zu bieten hat, weist die Bibel darüber hinaus auf Transzendenzbezüge mit existenzieller Dichte. Die Bibel wird zum Buch der Kirche und findet ihren zentralen Ort in der Liturgie des Wortgottesdienstes. Hier begegnet sie Kindern im festlichen Rahmen. So erfahren wir hautnah, dass die Bibel mehr als ein Buch oder eine alte Bücherei für uns ist, weil Christen sie hoch und heilig halten als Urkunde des Glaubens an den dreifaltigen Gott.

Lernertrag

Die Kinder haben erfahren, dass Bücher einen wertvollen Erfahrungsschatz darstellen, in dem Menschen aller Generationen ihr Leben unvergesslich bekundet und beurkundet haben, in guten wie in schweren Zeiten. Die Bibel überbietet diese Qualität der Buchkultur in ihrer Einzigartigkeit und Eindringlichkeit: Gottes Wort kommt hierin zur Sprache, Fragen auf Leben und Tod, nach Sinn und Unsinn des Lebens werden bewegt. Daher halten Christen dieses Buch so hoch und heilig, da sie es als Quelle und Urkunde des Gottesglaubens lesen. Das Verfahren des Bibelteilens als gemeinsame Lesart erweitern wir jetzt zur Grundform eines Wortgottesdienstes, bei dem auch in der Kirche dieses Buch ganz im Rampenlicht der Aufmerksamkeit steht.

Prozess-Schritte: Übersicht

Dem Wort vertrauen	Prozess-Schritte
1. **sehen + entdecken**	Am Ende des 2. Schuljahres sind die Kinder zu geübten Lesern herangewachsen, die erste Begegnungen mit unterschiedlicher Literatur gemacht haben. Das Eröffnungsbild des Kapitels, in Verbindung mit der Erzählung von dem Buch mit den leeren Seiten, konfrontiert die Kinder mit einer **besonderen Wirkung von Büchern**. In ihnen können Lebensgeschichten festgehalten werden; sie können nicht nur der Unterhaltung dienen, sondern Bedeutung für das eigene Leben bekommen. So gilt es in diesem Schritt das Buch neu zu entdecken und ein Buch mit eigenen Geschichten zu gestalten.
2. **fragen + finden**	**Das Schreiben eines eigenen Buches** erfolgt nicht auf Geradewohl. Dieses noch leere, eigene Buch soll ja schließlich ein besonderes Buch werden. Ein Buch, das das Merkmal trägt, etwas von mir selbst zu erzählen. Die Kinder machen sich auf die Suche nach bedeutsamen Geschichten. Welche Geschichte, welcher Text hat für dich eine wichtige Bedeutung? Dies ist die zentrale Frage, nach der die Kinder Texte für ihr eigenes Buch verfassen bzw. auswählen sollen. So wird dieses Buch Zeugnis des Denkens und Lebens der Kinder.
3. **hören + sagen**	**Die Bibel hat diese besondere Qualität eines Buches.** Es gibt mit seinen Texten Zeugnis über das Leben anderer Menschen, die ein Leben im Glauben bezeugen. Wir erfahren von Menschen, die ihr Leben in Gottes Hände gegeben haben. Ihre Biografien füllen die Seiten dieses besonderen Buches. Bevor es geschrieben wurde, wurden die Geschichten und Erzählungen mündlich weitergegeben. Erst im Laufe der Zeit ist daraus eine schriftliche Überlieferung geworden. In diesem Aspekt ähnelt unser Buch der Bibel. Am Beispiel der ersten Christen soll diese Tradition verdeutlicht werden. Das Bild und die Erzählung der Schülerbuchseite geben den Kindern dabei einen ersten Einblick in das Leben dieser ersten Christen.
4. **träumen + trauen**	Die ersten Christen konnten noch nicht auf eine schriftliche Tradition zurückgreifen. Bevor die Kinder in den nächsten Schritten kennenlernen, welche Bedeutung die Bibel für die Kirche bekommen hat, positionieren sie sich zunächst selbst zu diesem Buch. **Die Bibel rückt in unsere Mitte** und die Kinder erhalten die Möglichkeit, ihrer Beziehung zu diesem Buch Ausdruck zu geben.
5. **glauben + (be)kennen**	Im Wortgottesdienst der Kirche wird das Bibelwort in besonderer Weise verkündet. Die Verkündigung ist eingebettet in eine bestimmte Liturgie. Diese **Liturgie gilt es zu erkunden.** Sie bietet den Rahmen für die Begegnung mit der Botschaft der Bibel, von der wir uns anstecken lassen wollen. Die Abfolge der Elemente und ihre Bedeutung für das gemeinsame Feiern werden erläutert.
6. **leben + gestalten**	**Das Wort tatsächlich feiern**; darum geht es im letzten Schritt dieser Lernsequenz. Die Kinder gestalten selbst eine Wortgottesfeier.

Methoden	Medien	
	Leitmedium	**Begleitmaterial**
Bildbetrachtung: Die Kinder betrachten das Bild und erzählen dazu. **Lesevortrag:** Die zum Bild gehörende Geschichte wird vorgetragen. **Gestaltungsaufgabe:** Die Kinder beginnen in ihr Geschichtenbuch zu schreiben.	**SB S. 71:** Junge schläft unter einem Buch (Bild)	**M 1:** Ein Buch mit leeren Seiten (Erzählvorlage) Ein leeres Geschichtenbuch für jedes Kind
Einzelarbeit: Im stillen Lesen lernen die Kinder verschiedene Texte kennen. **Gestaltungsaufgabe:** Eine ausgewählte Geschichte wird in das persönliche Geschichtenbuch geschrieben.	**M 2:** Auswahl an Gedichten und kurzen Texten/ Geschichtenbücher der Kinder	
Bildbetrachtung: Das Bild zeigt eine typische Zusammenkunft in der christlichen Urgemeinde. **Texterschließung:** Der Inhalt der Textseite wird gemeinsam erarbeitet. **Arbeitsaufgabe:** Die Kinder formulieren eigene Briefe an den Freund Jesu.	**SB S. 72–73** „Eine gute Nachricht" (Erzählung)	Briefpapier
Imaginationsübung: Wir nehmen die Bibel in unserer Mitte in den Blick. **Sprechsteinrunde:** Wir tauschen unsere Gedanken zu diesem Buch aus. **Gestaltungsaufgabe:** Die Kinder gestalten gemeinsam die Mitte, in der die Bibel liegt.	**M 3:** Die Bibel in unserer Mitte (Imaginationsübung)	Bibel Kerze, Tücher, Blumen u. Ä. für eine gestaltete Mitte
Bildbetrachtung: Bilder und Text zeigen einen Teil des Gottesdienstes. **Lehrervortrag:** Die Lehrkraft erläutert den Aufbau des Wortgottesdienstes. **Texterschließung:** Gemeinsam deuten wir die Bildsprache des Textes.	**SB S. 74–75:** Die frohe Botschaft	**M 4:** Der Wortgottesdienst (Symbolkarten)
Text und Symbolerschließung: Wir lernen den Ablauf eines Wortgottesdienstes kennen. **Gruppenarbeit:** Wir bereiten gemeinsam einen Gottesdienst vor. **Gemeinsamer Wortgottesdienst:** Wir feiern gemeinsam einen Klassengottesdienst.	**SB S. 76:** Wortgottesdienst	Lieder, Kinderbibeln, Kerze, Tücher, ein Kreuz **M 5:** Unser Wortgottesdienst (Arbeitsblatt)

So gehen wir günstig vor

 1. sehen + entdecken

Leitmedium: Bild vom Jungen unter einem Buch (SB S. 71)

Das Bild von dem Jungen unter dem Buch mutet befremdlich an. Die Proportionen scheinen nicht stimmig zu sein. Ist es ein sehr kleiner Junge, der da unter dem Buch liegt oder ist es ein riesengroßes Buch, das den Jungen bedeckt? Das Bild hat eine Geschichte zu erzählen. Die karge Landschaft lässt viele Vermutungen zu. Die Tageszeit scheint deutlich angezeigt durch den Mond und die relative Dunkelheit. Der Junge selbst scheint zufrieden. So wird das Buch zum Dach oder Zelt, in jedem Fall zu einem Ort der Zuflucht.
Die Buchseite lädt somit zum Träumen ein. Sie lädt ein, das Verhältnis zwischen uns Menschen und unseren Büchern neu zu entdecken und genauer hinzusehen, was es damit auf sich hat.

Lernmöglichkeiten

Die Bildbetrachtung der Titelseite führt zu einer Vielzahl von Vermutungen über den Jungen und das Buch. Die Äußerungen der Kinder können an der Tafel oder auf Karten festgehalten werden. Die Kinder können dem Bild auch unabhängig von der Kapitelüberschrift einen Titel geben. Insgesamt sollte den Kindern genügend Zeit für ihre Vermutungen und Ideen eingeräumt werden, bevor die Geschichte „Ein Buch mit leeren Seiten" (➡ M 1) vorgetragen wird. Dies kann auch beinhalten, das Bild in Gedanken weiterzumalen. Wie mag es wohl um den Jungen aussehen? Wen oder was gibt es dort zu entdecken?
Die Geschichte gibt zum einen eine mögliche Erklärung für die Darstellung und motiviert zum anderen, selbst ein solches Buch zu schreiben. Gemeinsam mit den Kindern kann am Ende der Erzählung die Besonderheit dieser Geschichte – eine Geschichte in einer Geschichte – erarbeitet werden.
Die Erzählung kann auch als Vorbild dafür dienen, wie das eigene Geschichtenbuch begonnen werden kann. Abschließend können die Kinder nun mit der Gestaltung ihres Geschichtenbuches beginnen, indem sie das Deckblatt gestalten und evtl. die erste Geschichte – in Anlehnung an die gehörte – hineinschreiben. Größe und Form des Buches spielen eine untergeordnete Rolle. Als günstig hat es sich gezeigt, DIN-A5-Seiten mit der entsprechenden Liniatur zu wählen. Diese können leicht durch einen Heftstreifen oder einen Wollfaden gebunden werden und sind von den Kindern schnell gefüllt. Eine dickere Pappe als Deck- bzw. Rückblatt gibt dem einfachen Buch eine gewisse Stabilität.
Bei allen Texten, die in dieses Buch geschrieben werden, sollte daran gedacht werden, dass wir uns im RU

befinden. Die Rechtschreibung spielt daher eine eher untergeordnete Bedeutung.

Weitere Anregungen

■ **Eigene Lieblingsbücher:** In der Klasse kann eine kleine Ausstellung mit den Lieblingsbüchern der Kinder entstehen.

 2. fragen + finden

Leitmedium: Texte, Gedichte und Kurzgeschichten (M 2)

Den Kindern steht eine Auswahl an verschiedenen kurzen Texten und Gedichten zur Verfügung (➡ M 2). Diese Texte sollen die Kinder zum Nachdenken anregen und verschiedene Möglichkeiten aufzeigen, wie mit Worten umgegangen werden kann. Das Arbeitsblatt soll die Kinder motivieren, eigene Texte für ihr Geschichtenbuch zu schreiben bzw. zu finden. Dabei können sie sich von ihrer momentanen Gemütsstimmung leiten lassen.

Lernmöglichkeiten

Zur Einstimmung eignet sich die bekannte Erzählung „Frederick" von Leo Lionni. Das Bilderbuch erzählt die Geschichte einer Feldmausfamilie, die sich auf den Winter vorbereitet. Alle Familienmitglieder helfen eifrig, nur Frederick sammelt anscheinend keine Vorräte, er sammelt Sonnenstrahlen, Farben und Wörter.
Als im Winter die Essensvorräte zu Ende gehen, fragen die Mäuse Frederick nach seinen Vorräten. Er beschreibt nun die Wärme des Sommers, die schönen Farben der Blumen und erzählt Geschichten.
Diese kurze Erzählung stimmt die Kinder darauf ein, selbst auf die Suche zu gehen. Welche Worte, welche Geschichten oder auch Farben würden sie einsammeln und behalten wollen? Unterstützt wird ihre Suche durch Texte, die in der Klasse bereitliegen (➡ M 2). Die Kinder bekommen Zeit, die Texte zu erlesen und auszuwählen. Die Auswahl sollte durch eigene Texte ergänzt werden. Auch Postkarten oder andere Bilder können dazukommen.
Die ausgewählten oder auch ausgedachten Geschichten der Kinder finden ihren Platz im Geschichtenbuch.
In einer Abschlussrunde können einzelne Kinder ihre Geschichte/n vortragen. Dazu sollte das vortragende Kind eine besondere Position im Kreis (z. B. auf einem besonderen Vorlesestuhl, hinter einem Lesepult) einnehmen.

Weitere Anregungen

- **Endlos-Erzählung:** Ein Kind erzählt den Anfang einer Geschichte. Das nächste Kind greift das Erzählte auf und erfindet etwas Neues hinzu. Wer findet einen Schluss?

 ### 3. hören + sagen

Leitmedium: Die Urchristen (SB S. 72–73)

Die Doppelseite führt die Kinder in die Lebenswirklichkeit der ersten Christen ein. Das Bild steht für eine typische Situation der ersten Gemeinden. Die Kinder benennen die abgebildeten Gegenstände und die Lehrkraft erläutert, dass diese Gegenstände exemplarisch für diese Zeit sind. Der Text unterstützt die Einführung.

Die Christen haben sich abends im Geheimen getroffen und von Jesus und seinen Taten erzählt. In den Briefen an die verschiedenen Gemeinden, z. B. von Paulus, werden Fragen der ersten Christen bzgl. des Miteinanders geklärt und die Gemeinden ermutigt, den christlichen Glauben weiterzutragen.

Die Leitung der Urgemeinde wird wohl dem Simon Petrus zugerechnet, der dann aber die Führung an Jakobus den Älteren überträgt. Jakobus stirbt als erster der Apostel den Märtyrertod gegen 63 n. Chr. Die uns bekannten Paulus- und Jakobusbriefe sind exegetisch wahrscheinlich nicht authentisch und typisch für die ersten Jahrzehnte in Jerusalem. Es ist daher wahrscheinlich, dass bereits Jakob und Simon Petrus ein schriftliches Kommunikationssystem in Jerusalem unterhalten haben. Nach der Bekehrung des Saulus zum Paulus gab es Rivalitäten zwischen der Jerusalemer Urgemeinde um Jakobus (anfangs Petrus) und den sogenannten Heidenchristen.

Nach dem Untergang Jerusalems hat sich mehr und mehr der paulinische Einfluss durchgesetzt.

Die Befreiung Roms war aus der jüdischen Sicht gescheitert.

Die Erzählung „Eine gute Nachricht" kann daher in die Zeit vor der Zerstörung des Tempels, in die erste Verfolgungswelle der Judenchristen im zentralen Judentum, eingeordnet werden.

Lernmöglichkeiten

Zu Beginn der Stunde werden die Kinder mit der Seite 73 in die Lebenswirklichkeit der ersten Christen eingeführt. Das Bild bietet eine Reihe von Gesprächsanlässen. Die Kinder beschreiben, was sie alles auf dem Bild erkennen. Einige Gegenstände müssen evtl. erläutert werden. Besonders bedeutsam sind die unterschiedlichen Menschen, die sich hier um den gedeckten Tisch versammelt haben. Es sind Junge und Alte, Kinder und Erwachsene, Männer und Frauen zu sehen.

Diese Menschen können von den Kindern nun zum Sprechen gebracht werden. Die Kinder legen ihnen Worte und Sätze in den Mund.

- Was sagt die junge Frau am Tisch?
- Was redet der Sohn mit seinem Vater?
- Was denkt der ältere Mann?

Dabei sollten die Kinder die Ausrichtung der Menschen nicht vernachlässigen: Alle auf dem Bild richten ihre Aufmerksamkeit dem Vorleser zu.

Bei der Betrachtung des Bildes darf auch der gedeckte Tisch nicht in den Hintergrund rücken. Die Menschen trafen sich zum gemeinsamen Essen. Sie brachten Brote und Fische. Sie teilten ihr Essen und Trinken und hörten die gute Nachricht.

Nachdem das Bild erschlossen und eingehend besprochen wurde, können die Kinder nun den Text „Eine gute Nachricht" auf der gegenüberliegenden Seite lesen. Nach einer ersten eigenen Lektüre und ersten Nachfragen zum Verständnis des Textes kann dieser durch die Lehrkraft vorgelesen werden.

Die Vermutungen aus der ersten Betrachtung des Bildes können nun ergänzt werden mit dem Wissen aus dem Text. Den Personen können erneut Wörter, Sätze und Gedanken zugesprochen werden.

Gemeinsam kann die Gruppe nun überlegen, wie der kleine Junge unten rechts mehr über Jesus erfahren könnte: einen der Erwachsenen befragen oder dem Absender des Briefes schreiben.

Daraus ergeben sich Möglichkeiten der Weiterarbeit. In PA oder auch einzeln können die Kinder Fragen überlegen, die sie einem Erwachsenen über Jesus und sein Leben stellen könnten. Andere wiederum können dem Absender tatsächlich einen Brief schreiben.

4. träumen + trauen

Leitmedium: Imaginationsübung – Die Bibel in unserer Mitte (M 3)

Die Imaginationsübung „Die Bibel in unserer Mitte" (M 3) knüpft in ihrem ersten Teil an die Erfahrungen der Kinder mit Büchern überhaupt an. In den zurückliegenden Stunden sind den Kindern bereits Bücher begegnet. Sie erhalten nun die Gelegenheit, sich im „Traum" einem Buch zu nähern. In Anlehnung an die Eröffnungsstunde (vgl. sehen + entdecken) wird so eine außergewöhnliche Begegnung mit einem Buch ermöglicht. Dabei erinnern sich die Kinder an ihre Gefühle und Gedanken, die sie in Verbindung mit einem Buch hatten. In der zweiten Phase der Imaginationsübung wird der Blick auf das besondere Buch – die Bibel – gerichtet. Auch mit diesem speziellen Buch haben die Kinder zumindest durch den bisherigen RU schon Erfahrungen gesammelt. Die Kinder erhalten den Raum und die Zeit, sich ihrer Beziehung zu diesem Buch bewusst zu werden. Damit ist die Voraussetzung geschaffen, in den weiteren Lernschritten eine eigene Position gegenüber der Bibel einzunehmen.

Lernmöglichkeiten

Zu Beginn der Stunde sollte die Lehrkraft eine angenehme und entspannende Atmosphäre schaffen. Die Kinder versammeln sich zunächst im Stuhlkreis. Auf einem schlichten Tuch liegt in der Kreismitte die Bibel. Bevor die Lehrkraft die Imaginationsübung „Die Bibel in unserer Mitte" (➤ M 3) startet, sollte sie die Kinder darauf hinweisen, was das gemeinsame Vorhaben ist. Einige Kinder werden evtl. Schwierigkeiten haben, die Übung mitzutragen. Solche Probleme sollten offen angesprochen und gemeinsam mit dem betroffenen Kind überlegt werden, welche Vereinbarungen getroffen werden können (z. B.: Möchtest du es versuchen? Wir vereinbaren ein Zeichen, auf das hin du die Übung leise abbrechen darfst, ohne die anderen zu stören …).
Dann kann die Imaginationsübung durchgeführt werden.
Nachdem alle Kinder mit den Augen die Mitte verlassen haben, schließt sich eine Sprechsteinrunde an. In einem ersten Durchlauf können die Kinder sich frei äußern. Sie werden vermutlich einige der Fragen, die während der Übung gestellt wurden, beantworten wollen. In einer zweiten und auch in einer dritten Runde sollte die Lehrkraft einzelne Fragen aus der Übung, die sich speziell mit der Bibel beschäftigt haben, aufgreifen. So können einzelne Kinder über die Gemeinsamkeiten zwischen der Bibel und anderen Büchern sprechen oder eine biblische Geschichte erzählen, bzw. von ihren Erinnerungen an die Begegnung mit solchen Geschichten berichten.
In dieser Phase sollten gerade auch kritische Stimmen und Unwohlsein in Verbindung mit biblischen Geschichten oder der Bibel als Buch Raum bekommen. Um einen Eindruck zu bekommen, wie unterschiedlich die Ferne oder Nähe der einzelnen Kinder zu der Bibel ist, können sich alle Kinder in einer je angenehmen Entfernung von der Kreismitte hinstellen. Weiterführende Fragen können hilfreich sein:

- Wie nah fühlst du dich diesem Buch?

- Wie würdest du dich fühlen, wenn du unter der Bibel liegen könntest?

- Gibt es Menschen, mit denen du dich traust, näher an die Bibel zu kommen?

Zum Abschluss des Gespräches überlegt die Klasse, ob und in welcher Form sie dem Buch einen besonderen Platz in der Klasse bereiten möchte. Dazu können Materialien wie Kerzen, Blumen, Tücher usw. verwendet werden. Auch können die Kinder in den nächsten Tagen diesen besonderen Ort für die Bibel durch mitgebrachte Gegenstände erweitern.

Weitere Anregungen

- **Das eigene Buch:** Auf eine weitere Seite im Geschichtenbuch kann in der Mitte eine Bibel gemalt werden. Die eigenen Gedanken und Erinnerungen an dieses Buch können so schriftlich festgehalten werden.

- **Die eigene biblische Erzählung:** Die in der Imaginationsübung erinnerte biblische Erzählung hat Platz im eigenen Buch.

5. glauben + (be)kennen

Leitmedium: „Die Frohe Botschaft" (SB S. 74–75)

Die Doppelseite 74–75 zeigt in Bild und Text die Verkündigung des Evangeliums während eines Gottesdienstes.
Die Seite 74 zeigt den Priester, der begleitet durch die Kerzenträger unter dem Kreuz die Frohe Botschaft verkündet. Die Gewänder, die Kerzen und die Körperhaltung der Menschen auf dem Bild verweisen bereits auf die besondere Situation, in der diese Worte aus der Bibel vorgelesen werden.
Die Seite 75 dokumentiert mit ihren beiden Bildern den liturgischen Beginn und das Ende der Verkündigung. Die Texte verweisen auf das vom Priester und den Gläubigen gesprochene Wort.
Der Auszug aus dem Matthäusevangelium 5,14 fasst den Missionsauftrag an uns alle in einem Bildwort zusammen. So wie wir das Licht nicht abdecken, sondern auf einen Leuchter stellen, so sollen wir auch unser christliches Bekenntnis und Handeln nicht im Verborgenen tun. Insofern stellt das Bildwort den direkten Bezug zu unserem liturgischen Handeln dar.

Lernmöglichkeiten

Nach einer Einstimmung betrachten die Kinder die Seiten 74–75. Die Lehrkraft sollte durch gezielte Fragen die Aufmerksamkeit der Kinder zunächst auf das große Bild der Seite 74 richten:

- Kennst du die Szene, die auf der Seite 74 zu sehen ist?

- Was geschieht auf dem Bild?

- Welche Gegenstände erkennst du?

Wenn deutlich geworden ist, dass das Bild den Teil eines Gottesdienstes abbildet, können sich Fragen um das Gottesdienstgeschehen anschließen:

- Was geschieht vor der abgebildeten Szene?

- Was danach?

- Welche Elemente des Gottesdienstes kannst du mit Namen benennen?

Die Begriffe der Kinder werden auf Karten oder an der Tafel gesammelt und durch die Symbolkarten (➤ M 4) ergänzt. So entsteht an der Tafel der Ablauf des Gottesdienstes. Die Symbolkarten stellen den Ablauf des Wortgottesdienstes als Lerngegenstand heraus.

Vergrößert können sie an die Tafel geheftet, zur Orientierung im Stuhlkreis oder als Spielkarten genutzt werden, um die Abfolge des Wortgottesdienstes legen zu lassen oder ein Memoryspiel damit zu ermöglichen.

Die Seite 75 nimmt den Verkündungsteil des Wortgottesdienstes genauer in den Blick. Vor und nach der Verkündigung des Evangeliums werden bestimmte Worte gemeinsam gesprochen.

Zusammen werden diese Worte gelesen und den Sprechern (Priester bzw. Gemeinde) zugeordnet.

Im Gottesdienst gibt es eine Reihe von Texten, die im Wechsel mit dem Priester gesprochen werden. Evtl. kennen die Kinder bereits andere Texte, die in der Liturgie immer wieder vorkommen (siehe hierzu Gotteslob ab Nr. 353).

Die Bilder auf der Seite 75 zeugen von der besonderen Verehrung des Wortes. Der Priester bezeichnet den Beginn des Evangelientextes mit dem Kreuzzeichen. Die Gläubigen tun dies auf der eigenen Stirn, dem Mund und der Brust. So bringt der Gläubige zum Ausdruck, dass er das Wort hören und verstehen, mit dem Mund verkündigen und im Herzen bewahren will. Der Text aus dem Matthäusevangelium will dem Gläubigen Mut zusprechen, genau das zu tun. Wir sollen das Wort Gottes feiern, anderen davon erzählen und in unserem Herzen erinnern.

Unter der Überschrift „Mein Besuch in einer Kirche" oder „Mein Besuch in einem Gottesdienst" können die Kinder nun aufgefordert werden, eine persönliche Gottesdiensterfahrung in ihr Geschichtenbuch zu schreiben. Kinder, denen dieses schwerfällt, weil ihnen die entsprechende Erfahrung fehlt, können entweder darüber fantasieren, wie es wohl sein könnte, oder sie schreiben ein Gespräch zwischen sich und anderen auf, in dem es um Gott und Glauben ging.

Weitere Anregungen

- **Spiel:** Die Symbolkarten (━━▶ M 4) können auch als Memory-Spiel verwendet werden. Dazu werden sie in den Text- und den Symbolbereich unterteilt. Umgedreht auf dem Tisch verteilt, entsteht so ein einfaches Memory-Spiel. Wenn alle Paare gefunden sind, können die Spieler noch versuchen, die Paare in die richtige Reihenfolge zu legen.
- **Vorbereitungen für einen gemeinsamen Wortgottesdienst:** Die Kinder schreiben ihre Gebetsanliegen auf und können in Gruppen auch weitere Texte und Lieder aussuchen, die im Gottesdienst ihren Platz finden.

 ### 6. leben + gestalten

Leitmedium: Wortgottesdienst (SB S. 76)

Die Seite 76 zeigt mit verschiedenen Symbolen und in einfachen Sätzen den möglichen Ablauf eines Wortgottesdienstes. Die einzelnen Elemente des Gottesdienstes sind extra so gewählt, dass der Gottesdienst auch ohne Beteiligung eines Priesters durchführbar ist. Der Gottesdienst kann in drei Teile aufgeteilt werden: Eröffnung oder Hinführung, Bibel teilen, Gebet und Segen. Die einzelnen Elemente werden den Kindern in der Vorbereitung auf die Wortgottesfeier nähergebracht. Dabei kommt dem Bibelteilen eine besondere Bedeutung zu. Es erfolgt in dem schon bekannten Ablauf aus dem Kapitel „Die Bibel entdecken" (S. 40).

Lernmöglichkeiten

Die Lehrkraft hat einige Gegenstände in die Mitte gelegt, die bei der Durchführung eines Wortgottesdienstes benötigt werden, z. B. eine Kerze, Tücher, Kinderbibeln, das Schülerbuch mit der Seite 76, Blumen, Lieder oder Liederbücher …

Zunächst können die Kinder sich frei äußern und vermuten. Die gemeinsame Betrachtung der Seite 76 führt schnell dazu, dass deutlich wird, was heute in der Religionsstunde gemacht werden soll.

Zur Vorbereitung des Gottesdienstes ist es gut, wenn unterschiedliche Gruppen verschiedene Aufgaben übernehmen. Eine mögliche Einteilung könnte sein:

- Einige Kinder kümmern sich um die Raumgestaltung.
- Einige Kinder suchen Lieder aus.
- Einige Kinder überlegen sich ein Eröffnungsgebet.
- Einige Kinder formulieren Bitten.
- Einige Kinder suchen aus einer Auswahl von Texten einen geeigneten Text für das Bibelteilen aus.

Das Arbeitsblatt „Unser Wortgottesdienst" (━━▶ M 5) gibt dabei den Kindern die nötige Orientierung für ihre Aufgaben.

Für den Gottesdienst sollten ca. 20 bis 30 Minuten zur Verfügung stehen. Bei der Durchführung können die Kinder mit ihrem Schülerbuch und dem Arbeitsblatt weitgehend selbstständig durch den Gottesdienst führen.

Weitere Anregungen

- **Bibeltext:** Als Bibeltext zum Bibelteilen eignet sich auch der Text aus dem Matthäusevangelium aus der vorherigen Unterrichtssequenz.
- **Schulgottesdienst:** Der Ablauf lässt sich ohne Schwierigkeiten auch gut für die Vorbereitung eines Schulgottesdienstes, dann evtl. auch mit einem Priester, nutzen.

M 1: Ein Buch mit leeren Seiten (Erzählvorlage)

Vor einigen Monaten hat mir Papa von einer Reise nach München ein Buch mitgebracht. Auf dem Einband sind die Erde und der Mond im Weltall zu sehen. Vor einem Meer von Sternen rollt eine wunderschöne Weltkugel ins Bild. Erde und Mond strahlen im Licht der Sonne und haben auch eine dunkle Seite. Über Afrika ist Europa zu erkennen. Also bin auch ich auf diesem Bild.

Als ich es aufgeschlagen habe, muss ich ziemlich ratlos geguckt haben: Alle Seiten waren leer. Dieses Buch wartete noch darauf, geschrieben zu werden. Papa meinte: Es wartet auf dich! Du kannst es erlösen, es füllen mit Buchstaben, Worten und Sätzen, denn dafür ist es doch gemacht. Ich habe nur gelacht. Ich und ein Buch schreiben – ich bin doch keine Schriftstellerin!

Seitdem steht das Buch bei mir im Regal. So wie heute, am ersten Tag des neuen Jahres, hole ich es manchmal heraus, lege mich auf mein Bett und starre auf die schneeweißen Seiten. Was sollte ich auf dieses Papier schreiben?

Ich bin dann wohl mit meinem ungeschriebenen Buch auf dem Bauch eingeschlafen und hatte einen seltsamen Traum: Es war Nacht. Ich lag auf einer Wiese. Über mir stand der Vollmond, weit und breit um mich herum war kein Mensch. Ich schlief unter meinem Buch. Das Buch aber war gewachsen. Es war genauso groß wie ich und bedeckte und wärmte mich wie eine Bettdecke. Es sah aus, als wäre ich das lebendige Lesezeichen meines Buches. Das Merkwürdige war: Obwohl ich in meinem Traum ja schlief, konnte ich mich selbst unter dem Buch sehen. War ich im Traum jemand anders, der mich unter einem Buch sah, während ich träumte? Oder träumte ich im Traum, dass ich mich selbst anschaute, während ich schlief? Ich fühlte mich auf eine schwer beschreibbare Weise mit dem Buch über mir und der Erde unter mir verbunden. Als wäre im Buch schon all das enthalten, was ich denke und frage und bin – als horchte ich auf den Herzschlag der Welt wie auf mein eigenes Herz.

Als ich wieder wach wurde, nahm ich dieses Bild aus dem Traum von mir zwischen Buch und Erde mit in mein Leben. Jetzt ist mir ganz klar, worauf die leeren Seiten warten: auf meine Gedanken, auf das, was ich erfahre und erlebe, was mich beschäftigt und bewegt. Weil ich immer noch nicht weiß, ob ich das alles so gut aufschreiben kann, nehme ich Gedichte und Geschichten von anderen hinzu, die mir gefallen und mir beim Denken helfen. Ich weiß aber schon, wie mein Buch heißt: Neles Buch der großen Fragen. Und nun fange ich an zu schreiben:

Vor einigen Monaten hat mir Papa von einer Reise nach München ein Buch mitgebracht. Als ich es aufgeschlagen habe, muss ich ziemlich ratlos geguckt haben: Alle Seiten waren leer. Jetzt schreibe ich es Seite für Seite. Das kannst du jetzt lesen …

Rainer Oberthür

Das kleine Buch

Ich nahm das kleine Buch zur Hand. Mir wurden die Augen groß, weil alles ringsumher verschwand. Und schon ging die Reise los.

Frantz Wittkamp

Traumbuch

Ich wollte schon immer ein Vogel sein.
Gestern im Traum bin ich einer gewesen.
Ich saß im höchsten Buchenbaum
und habe – was sonst? – ein Buch gelesen.
Es war ein Buch nach Vogelart,
mal federleicht, mal flügelschwer.
Ich flog mit ihm im Traum davon und wollte immer mehr!
Als dann der Traum zu Ende war,
bin ich kein Vogel mehr gewesen.
Geflogen bin ich immer noch.
Ich hab einfach weitergelesen.

Inge Meyer-Dietrich

Überall gibt's Bären

Der Eisbär wohnt nur dort, wo's kalt ist,
der Grizzly, wo Fels und Wald ist.
Der Panda mit der weißen Krause,
der ist im Bambuswald zu Hause.
Der Sonnenbär auf Borneo,
der ist nur in der Sonne froh.
Ameisenbär Tamandua genießt es in Amerika.
Wo's Wasser gibt, gibt's Waschbärn,
wo Bonbons sind, gibt's Naschbärn,
doch Zottelkuschelschmusebärn mit weichem Fell und Bauch, die mögen Kinderzimmer gern und Kinderhände auch!

Nortrud Boge-Erli

Einen Freund

Einen Freund fürs Leben, den hätte ich gerne.
Einen Freund zum Lachen, das wäre lustig.
Einen Freund, um zu schauen in die Ferne.
Einen Freund, mit dem ich mich mache schmutzig.
Einen Freund zum Reden über dies und das.
Einen Freund, bei dem ich niemals fühle Hass.
Einen Freund, der mir die Tränen trocknet, wenn ich weine.
Einen Freund, mit dem immer nur die Sonne scheine.
Einen Freund fürs Leben, den bräuchte man, oder auch 'ne Freundin, wie komm ich da dran?

Peter Ueter

Am Anfang

Am Anfang war ein Gedanke.
Am Anfang war ein Wort.
Es war nur so eine Idee.
Buchstabe an Buchstabe setzte sich zusammen.
Er war schön, der Gedanke.
Es war gut, das Wort.
Noch war nichts zu sehen von dem Gedanken.
Noch war nichts zu hören von dem Wort.
Wann würde sich jemand trauen, etwas zu tun?
Wann würde sich jemand trauen, es zu sagen?
Da trifft der Gedanke auf ein Wort.
Da trifft das Wort einen Gedanken.
FRIEDEN

Peter Ueter

M3: Die Bibel in unserer Mitte (Imaginationsübung)

Die Lehrkraft schafft eine Atmosphäre, in der wir zur Ruhe kommen können. Leise Musik und der Vortrag mit leiser, gedämpfter Stimme unterstützen die Betrachtung der Bibel in unserer Mitte.

Lehrkraft:

Ich sitze ruhig auf meinem Stuhl.
Ich spüre mit beiden Füßen den Boden.
Meine Hände liegen ruhig in meinem Schoß.
Ich lasse meinen Atem ruhig in mich hineinströmen
– und wieder heraus.
Mit geschlossenen Augen kann ich ganz bei mir sein.
Ich spüre meinen Atem.

(Pause)

Langsam öffne ich nun meine Augen.
In der Mitte finden meine Augen ein Buch. Ich habe nur noch Augen für dieses Buch.

(Pause)

Ich lasse meine Gedanken in die Ferne schweifen, zurück in die Vergangenheit: die letzten Minuten – Stunden – Tage – Wochen – Monate –Jahre.

(Pause)

Wo habe ich einmal ein Buch gesehen?
Wann war das? Wie war das für mich? Wo war ich da?
Ich erinnere mich an Einzelheiten:
Welchen Titel hatte das Buch? Habe ich darin gelesen?
Was stand in dem Buch?
Wie habe ich mich dabei gefühlt?
War es so wie bei dem Jungen, der unter dem Buch in unserem Schülerbuch liegt?

Wie es wohl sein muss, von dem Buch zugedeckt zu sein?

(Pause)

Das Buch in unserer Mitte ist die Bibel.
Zu diesem Buch kommen mir bestimmte Gedanken in den Kopf.
Es gibt Dinge, die mir an diesem Buch gefallen.
Die Bibel ist in manchem genau so wie jedes Buch.
Die Bibel ist in manchen Dingen anders als andere Bücher.
Manche Sachen in der Bibel verstehe ich nicht.
Wenn jemand aus der Bibel erzählt hat, dann habe ich mich: gefreut – gewundert – geärgert – gelangweilt.
Wo bin ich schon einmal einer biblischen Geschichte begegnet?
Wann war das? Wie war das für mich? Wo war ich da?
Ich erinnere mich an Einzelheiten:
War ich allein? Habe ich sie selbst gelesen? Wer hat sie mir erzählt?
Wie war die Umgebung? Der Raum – die Zeit – die Stimmung – das Licht? Gerüche – Farben – Gefühle?
Welche Geschichte war es?
Ich erzähle sie mir noch einmal stumm.

(Pause)

Ich sehe noch einmal auf die Bibel in der Mitte. Langsam verabschieden sich meine Augen von ihr. Ich sehe nun auch wieder die anderen Kinder in unserem Stuhlkreis.

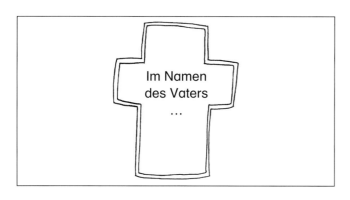

Eröffnung mit dem Kreuzzeichen

Herr, erbarme dich

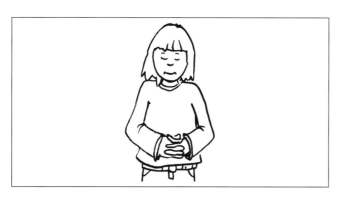

Tagesgebet

Lesung

Evangelium

Katechese

Fürbitten

Vaterunser

Segen

Fischer u. a.: Ich bin da 2, Lehrerhandbuch
© Auer Verlag GmbH, Donauwörth

Wann?		Was?	Wer?
Lied			
Eröffnung mit den Kreuzzeichen			
Gebet			
Bibel teilen		Wir werden still. Wir hören die Erzählung. Wir machen eine Sprechsteinrunde. Wir lesen die Erzählung gemeinsam. Wir versuchen, die Erzählung zu verstehen.	
Fürbitten			
gemeinsames Gebet		Vaterunser	
Segen			

Die Umsetzung der verbindlichen Unterrichtsgegenstände des Lehrplans in „Ich bin da 2"

Ich bin da 2 ↓	Bereiche des Faches →	3.1 Ich, die anderen, die Welt und Gott	3.2 Religion und Glauben im Leben der Menschen	3.3 Das Wort Gottes und das Heilshandeln Jesu Christi in der biblischen Überlieferung	3.4 Leben und Glauben in Gemeinde und Kirche	3.5 Maßstäbe christlichen Lebens
1. Ich kann etwas		■ Nach sich und anderen fragen ■ Die eigenen Fähigkeiten erkennen	■ Sich im Gebet Gott anvertrauen ■ Gebete	■ David und Goliat		
2. Streiten		■ Nach sich und anderen fragen ■ Über das Zusammenleben nachdenken	■ Miteinander reden – sich einander anvertrauen	■ Gen 4: Kain und Abel ■ Psalm 62		
3. Gottes Welt – uns anvertraut		■ Woher kommen wir? Wohin gehen wir? ■ Fragen und Antworten aus dem Glauben an Gott ■ Die Welt um uns herum ■ Spuren von Gottes Schöpfung in der Welt	■ Sich im Gebet Gott anvertrauen ■ Kindgemäße Liturgien – Segensfeiern	■ Noach	■ Feste im Kirchenjahr – Erinnerung an Gottes Zuwendung ■ Erntedank – Gott schenkt Gaben zum Leben	■ Die Heiligen – beispielhafte Menschen in der christlichen Tradition: Franziskus …
4. Wasser des Lebens		■ Erfahrungen im Zusammenleben mit anderen: Gemeinschaft, Geborgenheit … ■ Menschliche Fürsorge – Zeichen der Liebe Gottes ■ Das Lob des Schöpfergottes	■ Zeichen und Symbole „sehen" und „hören" ■ Bilder und Bildworte „lesen" ■ Symbole, Bilder und Musik in Religion und Glauben ■ Sich im Gebet Gott anvertrauen	■ Worte aus Lob- und Klagepsalmen	■ Gemeinschaft in der Familie, der Klasse, der Gemeinde ■ Die Kirche – das Haus der christlichen Gemeinde ■ Das Sakrament der Taufe: Aufnahme in die Gemeinschaft der Christen	

Ich bin da 2 ↓	Bereiche des Faches →	3.1 Ich, die anderen, die Welt und Gott	3.2 Religion und Glauben im Leben der Menschen	3.3 Das Wort Gottes und das Heilshandeln Jesu Christi in der biblischen Überlieferung	3.4 Leben und Glauben in Gemeinde und Kirche	3.5 Maßstäbe christlichen Lebens
5. Weihnachten		■ Leben in Freude, Angst …	■ Zeichen und Symbole „sehen" und „hören" ■ Symbole in Religion und Glauben	■ Erzählungen um die Geburt Jesu	■ Die Kirche – das Haus der christlichen Gemeinde ■ Feste in der Gemeinschaft ■ Feste im Kirchenjahr – Erinnerung an Gottes Zuwendung: Weihnachten – Jesus wird geboren ■ Einsatz für andere am Beispiel der Sternsinger	
6. Die Bibel entdecken			■ Den Glauben an Gott zum Ausdruck bringen ■ Miteinander reden, sich anvertrauen	■ Die Bibel als Sammlung von Büchern entdecken ■ Eine Bibel, zwei Teile: das Alte Testament – das Neue Testament		
7. Gott begleitet		■ Woher kommen wir? Wer sind wir? Wohin gehen wir? ■ Fragen und Antworten aus dem Glauben an Gott		■ Die Josefgeschichte in Auszügen		
8. Feste feiern		■ Über das Zusammenleben nachdenken	■ Den Glauben an Gott zum Ausdruck bringen ■ Symbole, Bilder und Sprechweisen verstehen lernen	■ Passions- und Auferstehungsgeschichten ■ Die Botschaft der Engel am leeren Grab	■ Den Jahreskreis der Kirche erleben und deuten ■ Gottesdienstliche Feiern kennen- und verstehen lernen ■ Gemeinschaft erfahren	

Ich bin da 2	Bereiche des Faches	3.1 Ich, die anderen, die Welt und Gott	3.2 Religion und Glauben im Leben der Menschen	3.3 Das Wort Gottes und das Heilshandeln Jesu Christi in der biblischen Überlieferung	3.4 Leben und Glauben in Gemeinde und Kirche	3.5 Maßstäbe christlichen Lebens
9. Zusammenleben		■ Nach sich und den anderen fragen ■ Über das Zusammenleben nachdenken ■ Nach Gott suchen und fragen	■ Symbole, Bilder und Sprechweisen verstehen lernen ■ Verschiedene Religionen kennenlernen	■ David ■ Die Goldene Regel		■ Verantwortung erkennen und übernehmen ■ Schuld erkennen ■ Sich an Vorbildern orientieren
10. Vertrauen		■ Erfahrungen im Zusammenleben mit anderen: Gemeinschaft, Geborgenheit, Konflikte … ■ Menschliche Fürsorge – Zeichen der Liebe Gottes ■ Jesu Botschaft von Gott, dem Vater	■ Zeichen und Symbole „sehen" und „hören" ■ Jesu Botschaft von Gott in Gleichnissen	■ Das Vaterunser ■ Erzählungen Jesu über Gott, den Vater		■ Die wohltuende Erfahrung der Versöhnung untereinander ■ Jesu Botschaft von Gottes Vergebungsbereitschaft
11. Worauf hoffen		■ Leben in Freude, Angst … ■ Gottes Ja zu jedem Menschen ■ Die Zuwendung Jesu zu den Menschen ■ Die Welt um uns herum	■ Bilder und Bildworte lesen	■ Worte vom Reich Gottes	■ Einsatz für andere am Beispiel der Sternsinger ■ Kinder in Armut und Unrecht	■ Lebensspuren beispielhafter Menschen: helfen, teilen, sich für andere einsetzen ■ Die Heiligen – beispielhafte Menschen in der christlichen Tradition
12. Dem Wort vertrauen			■ Miteinander reden – sich anvertrauen ■ Sich im Gebet Gott anvertrauen	■ Das Land der Bibel ■ Umwelt und Menschen zur Zeit Jesu ■ Die Bibel im Gottesdienst	■ Gottesdienstliche Feiern kennen- und verstehen lernen ■ Der Wortgottesdienst ■ Die Kirche der Christen	

Quellenverzeichnis

Texte

22 © Klaus Kordon

36 Frantz Wittkamp: Warum sich Raben streiten. Aus: Hans-Joachim Gelberg (Hrsg.): Überall und neben dir.

38 Marianne Kreft: Petra. Aus: Hans-Joachim Gelberg (Hrsg.): Geh und spiel mit dem Riesen. Beltz & Gelberg, Weinheim und Basel 1971

38 Eva Rechlin: Der Frieden. Friedrich Oetinger Verlag, Hamburg

53 Der Regenbogen. Aus: Arbeitshilfe Religion Grundschule 2, 1. Hb., S. 243, Stuttgart 2003

54 Noach und die große Flut. Aus: Meine Schulbibel. Ein Buch für Sieben- bis Zwölfjährige, Stuttgart 2003

150 Eine Schulordnung zu Karneval.
Aus: Reinhard Abeln, Mein Jahrbuch zur Erstkommunion, © 2000 Butzon & Bercker GmbH, D-47623 Kevelaer, 2. Auflage 2001, S. 28

158 Irmela Wendt: Schöne Buchstaben. Aus: Hans-Joachim Gelberg (Hrsg.): Erstes Jahrbuch der Kinderliteratur. „Geh und spiel mit dem Riesen". Geschichten Bilder Gedichte Rätsel Texte Spiele Szenen Comics. Beltz&Gelberg 1971, Weinheim und Basel

158 Rolf Krenzer: Schon dreimal verboten. Aus: Rolf Krenzer/Anneliese Pokrandt/Richard Rogge (Hrsg.): Kurze Geschichten zum Vorlesen und Nacherzählen im Religionsunterricht. Band 1. Verlag Ernst Kaufmann/Kösel 1985

184 ff. Michael Brückner (ADVENIAT): Berichte aus Kolumbien

198 Rainer Oberthür: Ein Buch mit leeren Seiten. Aus: Rainer Oberthür, Neles Buch der großen Fragen, Kösel-Verlag, Verlagsgruppe Random House, München 2002

199 Frantz Wittkamp: Das kleine Buch. Aus: Wittkamp, Ich glaube, dass du ein Vogel bist.

199 Inge Meyer-Dietrich: Traumbuch. Aus: Hans-Joachim Gelberg (Hrsg.): Ozean.

199 © Nortrud Boge-Erli

Lieder

37 Sprechmotette: Die Geschichte von Kain und Abel © Wolfgang Gies

55 Wolfgang Gies (Text und Melodie): Tanz unter dem Regenbogen © Wolfgang Gies

56 © Text + Musik: Rolf Krenzer Erben, Dillenburg

67 Jutta Richter (Text)/Ludger Edelkötter (Melodie): Weil du mich magst. © KiMu Kinder Musik Verlag GmbH, 45219 Essen

108 Gottes Wort ist wie Licht in der Nacht: Text und Melodie aus Israel

135 Paul Ernst Ruppel: Vom Aufgang der Sonne. © by Möseler Verlag, Wolfenbüttel

151 Hans-Jürgen Netz (Text)/Peter Janssens (Musik): Die andern dürfen alles. Aus: He du, mich drückt der Schuh, 1975. Alle Rechte im Peter Janssens Musik Verlag, Telgte-Westfalen

Abbildungen

52 Annegert Fuchshuber: Franziskus redet zu den Vögeln. Aus: Willi Fährmann: Franz und das Rotkehlchen. Echter Verlag

156 Walter Habdank: Natan vor David © VG Bild-Kunst, Bonn 2007

166 Aus: e. o. plauen „Vater und Sohn" in Gesamtausgabe Erich Ohser © Südverlag GmbH, Konstanz, 2000

167 Junge am offenen Fenster, Anna de Riese

187 f. © Jürgen Escher/ADVENIAT: Fotomaterial zu den Berichten aus Kolumbien